새 미국사 제1권

미합중국의 탄생

19세기 초까지

새 미국사 제1권

미합중국의 탄생

19세기 초까지

와다 미쓰히로 지음
이용빈 옮김

한울
아카데미

SERIES AMERICA GASSHUKOKUSHI
1 SHOKUMINCHI KARA KENKOKU HE 19SEIKI SHOTO MADE

by Mitsuhiro Wada

ⓒ 2019 by Mitsuhiro Wada

Originally published in 2019 by Iwanami Shoten, Publishers, Tokyo.

This Korean edition published 2024

by HanulMPlus Inc., Paju-si

by arrangement with Iwanami Shoten, Publishers, Tokyo

간행사

　19세기 중엽, 페리 제독이 이끄는 흑선(黑船)이 일본을 내항한 이래 21세기의 현재에 이르기까지 일본인들은 미합중국(美合衆國)을 특별한 시선으로 바라봐 왔다. 일본어로 '합중국(合衆國)'이라고 부르는 명칭은 1840년대에 만들어진 것으로 추정되는데, 이 명칭이 오늘날까지 이르고 있다. 이 명칭은 1844년에 미국과 청나라 간에 체결된 왕샤조약에서 유래되었다. 왕샤조약에서 채택된 번역어를 페리 제독이 에도 막부의 역인(공무원)에게 전했던 데서 이 명칭이 비롯되었으며, 미일 화친조약(1854)에서도 공식 국명으로 이용되었던 것으로 알려져 있다.

　일본이 개국해서 근대화를 시작한 기점을 미국 함대가 우라가항에 상륙한 시기로 삼는다는 것은 잘 알려진 사실이다. 일본이 근대화의 모델로 삼았던 서양 문명은 어디까지나 영국, 독일 등 유서 깊은 유럽 국가들이었다. 하지만 근대 일본은 신흥의 미합중국에도 일관되게 관심을 기울였다.

　1860년에 간린마루호를 타고 미국으로 건너갔던 후쿠자와 유키치는 귀국 이후에 『서양 사정(西洋事情)』을 집필했다. 유키치는 해당 책의 제2권(1866)에서 독립선언과 미합중국 헌법을 번역해 싣고 '자유와 평등의 국가', '모든 국민이 동등한 권리를 지닌 국가' 등의 미국상을 널리 전파했다. 또한 이와쿠라 사절단(1871~1873)이 서양 문명을 흡수하고 조약을 개정하려는 열강의 의향을 탐색할 목적으로 바다를 건넜을 때 특히 관심을 보였던 것도 미합중국이었다. 당시 일본은 무진전쟁(1868~1869)이라는 내전을 경험하고 근대 국가를 형성해 가는 중이었다. 20세기 들어 다이쇼 시대가 열리자 영화와 음악, 야구 등 미국의 문화와 풍속은 일본 사회에 더욱 정착했다. 아시아·태평양 전쟁에서 일본이 패전한 이후 미일 관계는 '세계에서 가장 중요한 양국 관계'라고까지 일컬어졌다. 전후에도 미군 점령하의 일본 민주화 정책과 냉전 시기의 역사 경험이 남아 친미 및 대미 의존 정신이 일본인들에게 스며들어 있다. 일본인들은 제2차 세계대전 이전보다 더 미국 문화에 친숙해졌으며 미국적 생활양식에 익숙해졌다.

그러나 그렇다고 해서 일본인들이 미합중국이 걸어왔던 역사를 확실히 이해하고 있는 것은 결코 아니다. 오히려 친미라는 정치적 무의식이 때로 사람들의 눈을 흐리게 만들어온 것도 사실이다. 예를 들면 전후 일본은 평화국가로서의 발걸음을 구축할 때 군사적 안전보장을 미국에 위임했는데 미군 기지를 본토가 아닌 오키나와에 강제당했다. 일본인들은 전쟁국가로서의 미국의 폭력성에 대해 어디까지 이해하고 있는 것일까? 그리고 미국의 국내 사회에 대해서는 어디까지 이해하고 있는 것일까? 자유의 국가 미국에서는 왜 총기 범죄가 많이 발생하고 인종이나 종족 집단 간에 폭력이 빈번하게 일어나는 것일까? 자유 사회의 건설과 유지라는 이상을 추구하기 위해 현실에서는 폭력이라는 수단을 끌어들여야만 했던 미국의 딜레마를 일본인들은 어디까지 이해하고 있을까? 미국을 특별한 시선으로 바라봐 왔고 미국과 특별한 관계를 맺고 있다고 규정해 왔기 때문에 미국의 진면목을 제대로 보지 못하는 것은 아닐까?

이러한 문제의식에 입각해 '새 미국사' 시리즈는 미국이 현대 세계에 던지는 과제를 규명하는 한편, 전례 없는 통사(通史)의 가능성을 탐색하고자 했다. 이를 위한 축으로 크게 다음 세 가지를 들 수 있다.

첫째, 미합중국의 역사를 일국의 닫힌 역사로 이해하는 것이 아니라 더욱 커다란 공간적 문맥에 위치지우고 이해하는 것이다. 미국이 전 세계로부터 온 이민, 흑인 노예 등 사람의 이동으로 형성된 근대 국가라는 점만 보더라도 초국가적 시각을 제쳐두고서는 미국을 논할 수 없다. 또한 미합중국의 국제적 지위는 영국 제국의 일부라는 태생에서 시작했고, 건국 시기부터 오늘날에 이르기까지 환대서양, 환태평양, 서반구 세계와 연계함으로써 더욱 글로벌한 제국으로 전개되어 왔다는 점도 주목해야 한다.

둘째, 미국사를 관통하는 통합과 분열의 역동성을 이해하는 것이다. '여럿이 모여 하나(E Pluribus Unum)'라는 말을 정치적 좌우명으로 삼으며 탄생한 미합중국은 자유를 통합의 핵심으로 삼았다. 그렇다면 자유를 밑받침하는 가치관과 제도는 어떻게 생겨났을까? 또한 분열은 왜 끊임없이 일어났던 것일까? 이러한 상황을 이해하는 것은 트럼프 대통령 당선 같은 미국 정치에서의 이변을 이해하는 데 일조할 것이다.

셋째, 미국이 전쟁에 의해 사회적으로 변화되어 온 국가라는 사실을 이해하는 것이다. 독립전쟁에서부터 미국-영국 전쟁(1812년 전쟁), 남북전쟁, 미국-스페인 전쟁, 제1차 세계대전, 제2차 세계대전, 냉전, 베트남 전쟁, 걸프 전쟁, 테러와의 전쟁 등 항상 전쟁은 미국에서 역사의 리듬을 새겨왔다. 그렇다면 전쟁은 국민사회를 어떻게 규정해 왔는지, 또한 전쟁 자체가 지닌 의미는 어떻게 변화되어 왔는지를 이해하는 것도 결정적으로 중요하다.

즉, 이 책은 미합중국의 역사를 통사로서 전체상을 묘사하는 데 주력하면서 미국에 대한 독자들의 궁금증을 충족시키고자 한다.

'새 미국사' 시리즈는 전체 네 권으로 구성되어 있다.

제1권 와다 미쓰히로, 『미합중국의 탄생: 19세기 초까지』
제2권 기도 요시유키, 『남북전쟁의 시대: 19세기』
제3권 나카노 고타로, 『20세기 아메리칸 드림: 전환기부터 1970년대까지』
제4권 후루야 준, 『글로벌 시대의 미국: 냉전 시대부터 21세기까지』

제1권에서는 원주민의 세계부터 시작해서 17세기 초에 영국인의 식민지가 북미 대륙에 최초로 건설된 이후부터 독립에 이르기까지의 식민지 시대, 그리고 미국 독립혁명, 새로운 공화국 건설의 시기를 다룬다. 또한 근세 대서양 세계의 상호 관련성을 고찰하는 서양사의 시각을 취하면서 초기 미국의 역사를 역동적으로 묘사하는 동시에, 기념비와 건국 신화에 관한 연구 성과를 도입해 이 시대의 역사가 후세에 어떻게 이미지화되었고 미국을 형성했는지에 대해서도 초점을 맞춘다.

제2권에서는 1812년 미국-영국 전쟁이 일어난 이후부터 19세기 말까지를 다룬다. 이제까지는 미국의 19세기 역사가 영토 확대, 서부 개척, 대륙 국가로의 발전 같은 프런티어 학설에 기초한 일국사(一國史) 모델로 묘사되어 왔으나, 이 책에서는 제국사의 시각, 노예와 면화 같은 세계상품을 둘러싼 글로벌 역사, 자본주의사 같은 최신의 연구 성과를 받아들이고자 시도한다. 따라서 19세기를 '남북전쟁의 세기'로 파악하고 전례 없는 내전이 가져온 미국 사회의 통합과 분열, 노예국가에서 이민국가로의 대전환을 묘사한다.

제3권에서는 20세기 전환기부터 1970년대 전반에 이르는 시기를 다루면서, 미국이 사회국가(복지국가) 또는 총력전 체제를 통해 국민통합을 지향했던 과정을 거시적으로 파악한다. 19세기의 미국과 결별하고 20세기 미국의 국민질서를 형성했던 혁신주의 시대는 어떤 형태였을까? 공업화, 거대 도시 출현 등 커다란 근대사의 물결에 대응해 새롭게 탄생한 사회적인 민족주의는 대중을 두 차례의 세계대전에 총동원했으며, 동시에 인종 격리와 이민 배척 등 복잡한 분열을 내포한 국민사회를 만들었다. 제3권에서는 20세기 미국의 국민국가 체제를 재검토하는 한편, 1970년대의 탈공업화와 정부에 대한 불신으로 인해 그 제도가 맥없이 와해된 것이 어떤 의미를 지니는지 현재 미국이 안고 있는 어려움에 입각해 재검토한다.

제4권에서는 1970년대 후반 이래의 미국 사회를 장기적인 '통합 위기의 시대'라는 관점에서 살펴본다. 베트남 전쟁과 워터게이트 사건 이후, 전후 4반세기에 걸쳐 별다른 동요 없이 강하고 견고하게 보였던 미국의 국민통합은 당시 급격하게 동요했다. 분열의 위기를 수차례 극복해 온 미국에 1970년대 이래 일어난 국가통합 위기는 어떤 위상을 가질까? 다면적·복합적·장기적 성격을 지닌 분열과 단편화의 여러 형태를 살펴보면서 현재까지의 미국사를 관통한다.

집필자를 대표하여

기도 요시유키

차 례

1783년 파리조약 이후의 북미 세계

러시아령

허드슨만

뉴펀들랜드

미국-영국 분쟁 지역

생피에르 섬·
미클통 섬(프랑스령)

영국-스페인-러시아
분쟁 지역

루이지애나

보스턴
뉴욕

태평양

미합중국

대서양

미국-스페인
분쟁 지역

찰스타운

플로리다

멕시코

멕시코만

N

0   800km

온두라스
(영국령)

생도맹그(프랑스령)

자메이카(영국령)

카리브해

||||| 미합중국
영국령
스페인령

머리말

두 명의 '건국의 아버지' 사망

미국 남부 버지니아주의 오지 몬티첼로에 있는 저택의 작은 침대에는 토머스 제퍼슨(Thomas Jefferson)이 누워 있었다. 배뇨 장애 등으로 고생하던 제퍼슨은 83세의 목숨이 다한 듯이 보였다. 옆에는 제퍼슨이 사랑했던 흑인 노예 샐리 헤밍스(Sally Hemings, 제4장 참조)가 있었을지도 모른다.

몬티첼로에서 동북으로 약 900km 떨어진 북부 매사추세츠주의 퀸시에서는 90세의 존 애덤스(John Adams)가 역시 죽음의 침대에 누워 있었다. 애덤스는 임종을 앞두고 이렇게 말했다. "토머스 제퍼슨은 …… 아직 살아 있다." 숨소리가 사라져 가는 가운데 마지막 부분은 거의 알아들을 수 없었다고 한다.

그러나 그로부터 5시간 정도 전에 제퍼슨은 이미 이 세상 사람이 아니었다. 이리하여 미합중국 제2대 대통령 애덤스와 제3대 대통령 제퍼슨은 독립선언 50주년에 해당하는 1826년의 독립기념일인 7월 4일에 모두 사망했다.

그들은 각기 연방파와 공화파라는 서로 다른 정치 세력에 속했고, 격렬한 대립도 경험했지만 만년에는 화해하고 따뜻하게 친분을 나누었다. 훗날 위대한 '건국의 아버지들(founding fathers)'이 독립기념일 7월 4일에 동시에 사망했다는 사실이 알려지자 사람들은 경악했다. 이 같은 일은 12억 명에 한 번꼴로 또는 17억 명에 한 번꼴로 발생한다는 계산이 당시 제시되기도 했다. 이 때문에 사람들은 이것을 신의 뜻으로 받아들였다.

그 이후 7월 4일이라는 날짜는 신비한 색채를 띠었는데, 제5대 대통령 제임스 먼로(James Monroe)도 독립 55주년(1831) 되는 7월 4일에 사망하자 미합중국의 건국은 더욱 신성시되었다.

미합중국의 탄생

애덤스와 제퍼슨이 모두 사망했던 그날로부터 정확히 50년을 거슬러 올라간 1776년 7월 4일, 독립선언이 채택되어 미합중국이 탄생된 것으로 간주된다. 독립선언을 주로 기초한 인물은 제퍼슨이었다. 하지만 미합중국(United States of America)이라는 국호는 어떻게 정해졌던 것일까? 제3장에서 자세히 다루겠지만, 국호가 정해진 경위는 미국 독립혁명이 전개된 과정을 보여준다. 여기서는 국호가 생성된 최초 시기를 중심으로 간단하게 살펴보겠다(<그림 1> 참조).

독립혁명이 진행되는 가운데 영국령 13개 식민지의 연합체는 '식민지 연합(United Colonies)'이라고 불렸던 적이 있었다. 예를 들면 <그림 1>의 ①은 혁명 추진의 중추를 담당했던 대륙회의가 발행했던 정부 지폐에 해당하는 대륙지폐의 일부인데, 여기에도 'United Colonies'라는 명칭이 명기되어 있으며, 토머스 페인(Thomas Paine)도 1776년 1월 출간한 『상식(Common Sense)』에서 이 용어를 사용하고 있다.

한편 1776년 6월에는 본국인 영국으로부터 독립한다는 방침이 대륙회의에서 논의되었고, 독립선언을 기초하기 위해 5명으로 구성된 위원회가 소집되었다. 전술한 바와 같이, 독립선언을 기초하는 데서 중요한 역할을 맡았던 제퍼슨은 어눌하게 더듬으며 말하는 모습과는 대조적으로 유려한 문필가로서 명성을 떨쳤고, 필라델피아의 한 숙소에서 테이블 위에 램프 데스크를 설치하고 집필에 매진했다. 같은 달 말에 대륙회의에 제출된 초안의 앞부분이 <그림 1>의 ②이다. 여기에서 'United States of America'의 완성형을 볼 수 있다. 각 식민

<그림 1> 각종 역사자료에 등장한 미합중국의 국호 ① 대륙 지폐 7달러(1775년 11월 29일 결의), ② 토머스 제퍼슨의 독립선언문 초고(1776년 6월 28일 제출), ③ 스티븐 모일런의 서한[1776년 1월 2일 부(付)],④ 《버지니아 가제트》(1776년 4월 6일 발행), ⑤ 연합규약 제1조(1777년 11월 15일 채택), ⑥ 합중국 헌법 전문(1787년 9월 17일 채택), ⑦ 松山棟庵, 『地學事始』卷の三(1870), ⑧ 松山棟庵, 『地學事始』卷の二(이것만 영국을 의미함)

지가 각각 국가가 되어 함께 독립하는 것을 지향했기 때문에 이것은 자연스러운 표현이다.

그렇다면 이 용어를 최초로 사용한 것은 제퍼슨이었을까? 근래 다양한 역사자료가 전자화되어 검색이 용이해지면서 제퍼슨 이전에도 이 용어를 사용했던 사례가 지적되고 있다. 현재로서는 대륙군(아메리카군)의 군인으로 조지 워싱턴(George Washington)의 비서관을 담당하기도 했던 스티븐 모일런(Stephen Moylan)이 1776년 1월 초에 쓴 편지에서 이 용어를 최초로 사용한 것으로 간주된다(대문자/소문자 구별은 배제)(<그림 1>의 ③).

또한 인쇄물에서는 같은 해 4월 초에 신문 《버지니아 가제트(The Virginia Gazette)》에 게재된 논평에도 이 용어가 나오는데(<그림 1>의 ④), 이것은 시기가 가장 이르다. "버지니아 주민에게"라는 제목의 이 논평은 지면의 앞부분에 게재되었고 필자는 '한 명의 농장 주인'이라고 이름을 밝혔는데, 이 인물이 누구인지는 알 수 없다. 버지니아는 조지 워싱턴의 고향이므로 앞에서 언급한 비서관 모일런을 포함해 워싱턴의 주변에서 일찍이 이 용어가 사용되었다는 추측도

가능하다. 하지만 확정할 수는 없다. 어쨌든 이 용어를 처음으로 공식적으로 기록한 인물은 제퍼슨일 가능성이 높다[또 다른 대륙회의 의원인 존 디킨슨(John Dickinson)이 작성한 연합규약의 초고에도 제퍼슨의 초고와 거의 동일한 시기에 이 용어가 사용되고 있는데, 양자 간의 정확한 전후 관계는 상세하게 파악할 수 없다].

그 이후 7월 2일에 대륙회의에서 독립 결의가 이루어졌고, 4일에는 제퍼슨의 초안을 토대로 독립선언이 채택되어 곧바로 인쇄에 넘어갔다. 그렇지만 이것으로 국호가 공식적으로 표기되기 시작한 것은 아니었다. 상세한 내용은 제3장에서 다룰 예정이므로 여기서는 1777년 11월 채택되어 1781년 3월 발효된 연합규약의 제1조를 살펴보고자 한다. 왜냐하면 이 조문에서 공식적으로 'United States of America'로 명칭이 정해졌기 때문이다(<그림 1>의 ⑤).

다만, 제3장에서도 논하는 바와 같이, 이 용어 또한 국호라기보다 '연합의 명칭'에 불과하며, 머리글자에 대문자를 사용하더라도 '아메리카 연합'으로 번역하는 것이 맞다. 다소 현학적이지만 '미합중국'으로 번역한 것은 1787년에 채택된 미합중국 헌법의 전문(前文)에서부터라고 할 수 있다(<그림 1>의 ⑥).

'United States'를 '합중국'이라고 번역하는 것은 다소 광범위한 면도 있다. 합중국이라는 용어는 1844년에 미국과 중국(청나라) 간에 체결된 왕샤조약에서 공식적으로 사용되어 중국에서 일본으로 수입되었다고 추정된다. 이 용어에 관해서는 '합중(合衆)'에 민주와 공화가 함축되어 있으므로 그러한 정체(政體)를 지닌 국가라는 의미로 풀이하는 경향도 있다. 하지만, 예를 들어 메이지 초기에 간행된 마쓰야마 도안의 『지학사시(地學事始)』 제2권(1870)에서 '영국 연합왕국'을 '합중왕국(合衆王國)'으로 기록하고 있는 데서 알 수 있듯(<그림 1>의 ⑧), '합중'이라는 말은 'united'의 뜻으로 이용되기도 한다. 따라서 '합중국'은 넓게 보면 연방국가와 연합국가를 지칭하는 말이 될 것이다.

다만 『지학사시』 제3권에서는 미합중국을 단순히 '합중국'(<그림 1>의 ⑦)으로 번역하는 한편으로 'state'는 '주'로 번역했는데[그런데 오늘날 '준주(准州)'로 번역하는 'territory'는 '부(部)'로 기록되어 있다], 이로써 'state'가 개념상 '국가'와 명확하게 구별되었음을 알 수 있다.

또한 교과서를 보면, 나가타 호세이가 엮은 『만국사략 자인(萬國史略字引)』(제1권·제2권, 1875)과 오가키 겐쿠로가 엮은 『만국사략 자인(萬國史略字引)』(전권, 1878)에서도 미합중국은 '합중국' 또는 '아미리가 합중국(亞美理駕合衆國)'으로 표기하고 있다.

연방국가의 빛과 그림자

이와 같이 미국사에서는 원어에서도 일본어에서도 '국가'를 의미하는 단어가 자명하지 않다. 정치학자 베네딕트 앤더슨(Bennedict Anderson)이 적절하게 지적한 바와 같이, 미합중국은 '최초의 국민국가' 중 하나이며, 지금의 50개 주(나아가 컬럼비아 특별구와 몇 개의 해외 영토)에 이르기까지 남북전쟁으로 인해 그 프로그램이 파탄의 위기에 내몰렸는데, 이는 끊임없이 국가를 형성하는 과정이었다.

〈그림 2〉에서 보는 바와 같이, 미국은 오늘날 일본 국토의 약 25배, 일본 인구의 약 2.5배를 보유하고 있는 광대하고 강대한 국가이다(일본의 면적은 미국 전체에서 넷째로 큰 몬태나주와 거의 같다). 한 명의 군주 아래 통합되었던 영국은 단수형인 'United Kingdom'인 데 반해, 미국은 united를 덧붙이더라도 복수형인 'United States'로 표기한다. 실제로 건국 당시에는 문법상으로도 복수로 취급했지만, 남북전쟁 이후 한동안 단수로 취급했던 것으로 보인다(이 사실은 많은 자료를 한눈에 볼 수 있는 구글의 N그램 뷰어를 이용하면 쉽게 파악할 수 있다). 국가를 의미하는 state를 복수로 묶은 조직체는 역사상 유대가 취약하고 붕괴된 사례가 많지만, 미국의 연방 체제는 남북전쟁의 시련을 이겨내고 오늘날까지 계속 이어지고 있다.

또한 에이브러햄 링컨(Abraham Lincoln) 대통령이 1863년에 했던 "국민의, 국민에 의한, 국민을 위한 정치"라는 표현은, 예를 들면 지금의 프랑스 공화국 헌법에 근본 원리로 고스란히 명기되어 있는 바와 같이, 지켜야 할 민주주의가

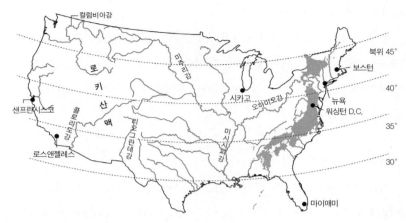

〈그림 2〉 미국 지도에 일본 열도를 겹친 모습

무엇인지를 세계에 제시했다. 다만 빛이 있는 곳에는 반드시 그림자가 있으며, 빛이 강할수록 그림자 또한 한층 짙어진다. 미합중국에는 노예제, 원주민에 대한 박해 등 많은 어두운 역사가 존재하며, 지금도 사회는 분열되어 있다.

하지만 인공적으로 창출된 이 다민족국가는 서양 문명이 육성한 민주주의 원리와 제어된 시장 원리 아래에서 인류라는 종의 인권 개념을 더욱 보편화시켰다. 따라서 인류가 심각한 차별과 모순을 극복하고 균형 잡힌 성장, 최적의 분배와 평등에 도달할 수 있는지를 실험하는 장을 제공하는 것으로 볼 수도 있다. 우여곡절을 겪긴 했지만 이 국가가 독립혁명을 통해 '여럿이 모여 하나'라는 말을 정치적 좌우명을 삼은 것처럼, 미국은 인류가 추구하는 다인종·다민족 공생 시스템의 최선의 모델일지도 모른다.

다음으로는 이 책의 각 장에서 다루는 각각의 시대와 관련된 전망을 미리 살펴보자.

식민지 시대의 위상

제1장에서는 최초의 아메리카인에 해당하는 원주민 세계에 대해 1만 년 이

상에 달하는 긴 역사를 간결하게 개관한다. 이어서 대항해 시대에 아메리카가 유럽의 사람들에게 인식되고 근세사가 시작된 과정을 묘사한다. 그것은 미합중국의 국호에 들어간 '아메리카'라는 말의 어원을 탐색하는 여정이기도 하다. 또한 제1장의 후반과 제2장에서 근세 유럽사가 전개되는 가운데 영국인이 건설한 영국령 식민지에 대해 주로 북미 대륙을 중심으로 다룬다.

미국사에서 이 시대는 '식민지 시대'라고 불린다. 전통적인 틀에서 말하자면 식민지 시대란 버지니아에 영국의 영구적 식민지 제임스타운[1]이 건설되었던 17세기 초부터 영국령 13개 식민지가 독립혁명을 일으킬 때까지의 한 세기 반 남짓을 지칭한다. 물론 그 이전에 북미에서 전개된 영국인의 탐험 활동과 이주 시도, 나아가 스페인령 식민지 및 프랑스령 식민지의 동향도 중요하지만, 미합중국에서 이 식민지 시대가 지니는 비중은 매우 크다.

이 긴 기간 동안 미합중국은 대서양을 매개로 세 인종, 즉 백인, 원주민, 흑인이 불행한 형태로 관계를 맺었다. 원주민을 축출한 자유로운 토지에는 본국의 잉여 인구가 이주했고, 나아가 부족한 노동력을 보충하기 위해 흑인이 아프리카에서 수탈되었다.

원래 식민지 시대라는 말은 나중에 독립 및 건국하는 합중국을 전제로 한 표현이며, 합중국이 특정 시대와 지역을 고려한 틀을 소급적인 형태로 제공하고 있다는 것은 자명하다. 그러나 '식민지 시대의 미합중국'이라고 표기하는 것은 '조몬 시대[2]의 일본국'이라고 표기하는 것과 마찬가지로 말이 되지 않는다.

즉, 식민지 시대사는 결코 미합중국의 이전 역사가 아니며, 고유의 시대상을 갖고 있다. 국가가 수립되기 이전의 역사에 대해서는 국가를 상대화하면서 더욱 넓은 시각에서 고찰해야 하는데, 이러한 접근법에서는 대서양사(大西洋史, Atlantic History)와 서양사가 최신의 도달점이라고 할 수 있다. 대서양사에서는

---

1   Jamestown Colony를 일컫는다. _옮긴이
2   일본 선사시대 구분 중 하나로, 조몬 토기를 사용했던 시기를 가리키는 용어이다. _옮긴이

대서양을 매개로 북미, 남미, 유럽, 아프리카의 4개 대륙 간의 상호 관련성에서 미국의 모습을 찾는다. 제1장과 제2장의 구체적인 서술의 배후에는 대서양사 관점이 자리하고 있다. 한 세기 반이 넘는 이 시대를 논할 때에는 각 식민지의 미시적인 역사적 사실에 집착하지 않을 것이며, 대서양사의 시각에서 거시적인 시대상을 더욱 체계적으로 파악할 것이다.

또한 이 책에서는 역사적 사건의 당시 양상뿐만 아니라 이러한 사건이 그 이후 어떻게 분석되어 왔는지에 대해서도 이른바 기억사 연구를 심화시켜 다루고자 한다. 이를 통해 오래된 역사적 사건이 지닌 현대적 의미를 더욱 명확하게 이미지화할 수 있을 것이다. 또한 화폐 등 관련된 구체적인 물품(저자 소장품 등)도 제시함으로써 역사의 현장으로 초대하고자 한다.

독립혁명과 건국

제3장에서는 독립혁명 시기를 다룬다. 일반적으로 미국 독립혁명이라고 불리는 역사적인 사건은 1763년과 1783년 2개의 파리조약(Treaty of Paris) 사이에 끼어 있는 약 20년간의 사건으로 볼 수 있다. 후술하는 바와 같이, 7년 전쟁의 결과로 체결된 1763년의 파리조약에 의해 영국 제1차 제국[신대륙 지배를 중심으로 하는 식민지 제국으로, 인도 등의 지배를 중심으로 하는 제2차 제국(신제국)과 구별된다]이 완성되었다. 하지만 1783년의 파리조약에 의해서는 미합중국이 공식적으로 독립하고 제1차 제국은 와해되었다.

또한 이 20년은 1773년 말 발발한 보스턴 차 사건을 경계로 전반과 후반으로 구분해 파악할 수 있다. 즉, 본국과의 대립이 끊어졌다 이어졌다 하면서 발생한 전반의 약 10년, 그리고 제1차 대륙회의가 개최된 이래 상황이 긴박해지고 전쟁이 시작되어 혁명이 본격적으로 전개된 후반의 10년으로 나눌 수 있다. 다만 그 이후 합중국 헌법이 제정되고 비준되는 5년도 신국가의 제도를 설계한 시기로 독립혁명에 포함할 수 있다. 이렇게 1763년부터 1788년까지 약 10년/10년/5년의 단계를 거쳐 1789년 워싱턴 정권하에 새로운 연방국가가 출범했다.

하지만 국가 운영이 순조롭기만 했던 것은 결코 아니었다. 처음에 상정하지 않았던 정당정치가 전개되는 와중에 '건국의 아버지들'은 다양한 시련에 내몰렸다. 제4장에서 다루는 건국 시기가 여기에 해당한다. 1789년 4월 30일, 워싱턴은 뉴욕시에서 대통령 취임식을 거행했는데, 그 이후 수도는 필라델피아로 옮겨졌다. 그 이후 수도는 다시 워싱턴으로 바뀌었고, 1800년에 새로운 수도 워싱턴에 처음으로 발을 들여놓은 대통령은 제2대 애덤스였다.

그리고 극적인 정권 교체를 이루고 새로운 수도에서 최초로 취임식을 거행한 제3대 대통령 제퍼슨 아래에서는 나폴레옹[3]으로부터 광대한 루이지애나를 수중에 넣었으며, 제4대 대통령 제임스 매디슨이 주도했던 1812년 전쟁(미국-영국 전쟁)에서는 수도가 영국군에 의해 공략당했다. 이 전쟁 시기에 만들어진 노래가 오늘날의 미국 국가 「별이 빛나는 깃발(The Star-Spangled Banner)」이다. 이 노래에서 높이 칭송하는 "별들이 새겨진 깃발"은 어떻게 해서 자유의 대지에 휘날릴 수 있었던 것일까?

이 책은 서양 문명의 모퉁이와 신대륙의 대서양 연안에서 시작해 합중국의 생성과 성장에까지 이르는 역사의 역동성을 추적한다. 전술한 바와 같이, 미합중국의 역사는 미합중국이 생성된 데서 시작되는 것이 아니라 합중국의 씨앗이 뿌려진 토양(이 토양은 근세의 영국사이자 유럽사이며, 세계사이자 인류사이다)에서 배양된 것이다. 이 책에서는 미국사의 원형이 깊이 내재된 이 풍요롭고 비옥한 토양에 대해 자세하게 밝히고, 나아가 탄생의 울음소리가 퍼졌던 새로운 공화국 미국의 발걸음을 더듬는다. 먼 과거에서 시작되는 그 발걸음에 이 국가의 영광과 시련, 빛과 그림자의 이야기가 수놓여 있다.

---

3   나폴레옹 보나파르트(Napoléon Bonaparte)를 일컫는다. _옮긴이

제1장

근세 대서양 세계의 형성

로어노크섬 엘리자베스 정원에 세워진 버지니아
데어의 상
미스 랜더(Miss Lander) 제작(1859년)

1. 원주민의 세계

최초의 아메리카인

합중국이 탄생하기 훨씬 전에 북미의 땅에는 원주민들의 역동적인 세계가 전개되고 있었다. 물론 아래에서 다루는 바와 같이, 그 원주민들도 긴 여로 끝에 아메리카 대륙에 정착한 사람들이었다. 유럽인과 접촉하기 이전의 그들의 모습을 묘사하는 것으로 이 장을 시작하고자 한다.

기원전 1만 년을 기점으로 삼는다면, 콜럼버스가 제1차 항해를 했던 15세기 말에 이르기까지 아메리카 대륙에서의 인류의 역사는 약 95%가 아메리카 원주민의 역사이다. 그런데 그 긴 역사 동안 이 광대한 대륙의 각지에 생겨난 다양한 원주민 문화(오늘날의 관점에서 이름 붙여진 명칭도 많다)는 복잡한 양상을 보였는데, 아래에서는 이에 대해 간결하게 살펴보자.

약 20만 년 전, 아프리카에서 탄생한 현생 인류의 한 무리가 동방과 아시아 방면으로 이동해 시베리아에 도달했다. 2만 수천 년 전에는 빙하기로 수위가 낮았기 때문에 이동을 하다 보니 그들의 눈앞에 약 1600km에 달하는 광대한 육지가 모습을 드러냈다. 신구 두 대륙을 잇는 베링 육교(Beringia)였다. 아메리카 원주민의 조상에 해당하는 몽골로이드(황인종)는 약 1만 수천 년 전에 이 육교를 건너 지금의 캐나다 서부에 얼음으로 덮여 있지 않는 곳을 통과했고, 기원전 9000년경에는 남미 대륙의 남단에까지 도달했던 것으로 추측된다. 한편 빙하기가 끝나 해수면이 상승하면서 베링 육교가 수몰되자 신구 두 대륙은 서로 폐쇄되어 버렸다. 이리하여 북미 대륙에서는 이른바 팔레오 인디언(고대 인디언)의 수렵 문화가 전개되었다.

팔레오 인디언 시기는 맘모스 등 대형 동물을 수렵하기 위해 찌르개라는 석기를 사용한 것을 특징으로 하며, 약 기원전 1만 1000년에서 기원전 1만 년에는 클로비스 문화가, 기원전 9500년에서 기원전 8000년에는 폴솜 문화가 번영했다(클로비스 문화 이전의 인류로 간주되는 흔적이 발견되었는데, 그들은 캐나다의 태평양 연안으로 남하했을 가능성이 있다).

클로비스 문화 때는 먼 곳의 사냥감을 정확하게 겨냥하기 위해 투창기를 사용했고, 창의 앞부분에 달린 찌르개는 대서양 연안은 물론 전미 지역에 넓게 분포하고 있었다. 이 지역의 찌르개가 유럽의 찌르개와 유사하다는 이유로 근년에는 원주민들의 기원을 유럽에서 찾는 경향도 일부 있으며 유전자의 형태가 이러한 주장을 뒷받침하는 것으로 여겨지기도 했다. 하지만 최신 연구에서는 부정적인 결과가 나왔고, 현재로서는 원주민의 기원을 베링 육교를 경유한 것으로 보는 기존의 설이 가장 유력하다.

기원전 8000년경이 되자 기온 상승과 수렵의 영향으로 대형 동물이 줄어드는 한편, 기후가 다양해지면서 북미 각지에 특색 있는 문화(북방 에스키모의 이누이트 문화, 서남부의 코치스 문화, 천연 구리를 이용한 5대호 주변의 올드 코퍼 문화 등)가 출현했다. 기원전 1000년경까지는 아케익 시기로, 아메리카들소(버팔로)와 카리부(야생 순록), 연어 등을 찾아 수렵, 어로, 채집의 이동 생활을 했다. 말기에는 농경도 시작해 옥수수 등을 경작했다.

미시시피강 유역에는 매장을 위해 다양한 형태의 마운드(둔덕)가 만들어졌고(마운드 문화) 하류 유역의 포버티 포인트에서는 수천 명이 주거하면서 각지를 잇는 교역망도 발달해 기원전 1500년경에는 이 지역이 북미 최대의 교역 거점으로 번영했다. 나중에 우드랜드 시기에 미시시피강의 지류에서 전개된 아데나 문화(기원전 1000년~서기 100년경)와 호프웰 문화(기원전 200년~서기 500년경)에서도 수많은 마운드가 만들어졌다(〈그림 1-1〉 참조).

아케익 시기에서 정착기로 이행하면서 사회가 점점 계층화되었고, 서기 9세기경부터는 미시시피강 유역에서 사회 구조도 점차 복잡해졌다. 결국 대규모의 신전 마운드를 핵심으로 하는 도시가 각지에 건설되어 12~13세기경에 융성해졌다(미시시피 문화). 미시시피강과 미주리강의 합류점에 위치하고 북미에서 가장 큰 마운드가 있는 카호키아가 그 전형이다. 이 도시에서는 족장 제도에 기초한 고도의 사회 구조 아래 수만 명이 살았고, 옥수수와 담배를 재배하거나 교역

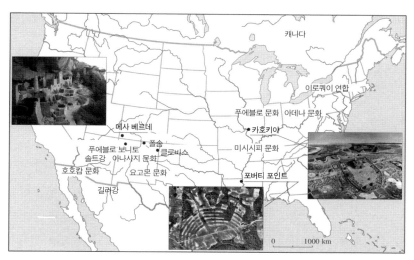

〈그림 1-1〉 원주민의 세계. 포버티 포인트(1938년의 항공 사진), 카호키아(과거의 상상도), 메사 베르데(현재)

하면서 매우 번영했다. 하지만 토지 고갈 등의 원인으로 14세기 후반에는 쇠퇴한 것으로 추정된다.

원주민 문화의 전개

한편 북미 남서부에서는 특징적인 토기와 바구니 제작으로 알려져 있는 농경 문화, 즉 모골론 문화, 호호캄 문화, 아나사지 문화가 개화했다.

북미에서는 기원전 2500년경에 토기가 출현했는데, 처음에는 농경이 수반되지 않았으나 농경의 진전과 함께 토기는 실용품으로서도 중요성이 증가했다. 모골론 문화는 전술한 코치스 문화에서 몇 단계 거쳐 발전해 뉴멕시코주 남부 등 산악 지대에서 일어났는데, 모골론 문화의 사람들은 3세기에 들어서자 토기 제작을 시작했다. 10세기 초에는 북방에 인접해 있는 아나사지 문화의 영향을 받아 흑백의 채색 토기, 밈브레스 토기를 제작했으나, 12세기 초에 쇠퇴했다. 역시 기원 전후부터 애리조나주 남부의 사막 지대에서 토기 제작을 시작했던 호호캄 문화의 사람들은 옥수수에 더해 면화도 재배했고 총연장이 수마일이나

되는 관개용 수로도 건설했다. 하지만 가뭄 등의 영향으로 14세기 말에 쇠퇴했다.

곡물 등을 담는 바구니 세공을 특징으로 하는 시기와 바구니 제작 시기를 거쳐 5세기경에는 지금의 애리조나, 뉴멕시코, 콜로라도, 유타의 4개 주가 교차하는 지점, 즉 포코너스(Four Corners)를 중심으로 푸에블로 사람들에 의해 아나사지 문화가 형성되었다. 아나사지 문화는 하얀 땅에 검은 문양을 묘사한 토기를 제작한 것으로 알려져 있다. 그들은 푸에블로라고 불리는 집합 가옥에 거주했고, 반지하의 원형 시설인 키바에서 종교 의식을 치렀으며, 터키석 등을 이용한 교역에도 폭넓게 종사했다. 10세기 이래에는 4층 건물의 거대한 반원형 공동 주택 유적인 푸에블로 보니토를 건축했으며, 외부로부터 자신들을 지키기 위해 절벽의 움푹 패어 있는 곳에 거주지 메사 베르데를 세우기도 했다.

아나사지 문화권은 12세기부터 모골론 및 호호캄 문화권을 평화적으로 편입해서 확대하면서 문화를 융합했으며, 토기에서도 각 문화의 양식이 합쳐졌다[루스벨트 적도(赤陶)(Roosevelt Red Ware) 양식 등]. 〈그림 1-2〉는 그중 하나로, 콜로라도강의 지류 길라강의 이름을 본떠 길라 다채색 토기라고 불린다. 이그림은 미국에서 출판된 전문 서적에도 실려 있는데, 이름이 알려진 미국의 수집가가 판매하는 것을 필자가 우연히 입수했다. 14세기경의 작품으로 추정되며, 루스벨트 적도 양식의 특징을 살펴볼 수 있다. 원주민의 토기는 오로지 여성이 제작했는데, 〈그림 1-2〉의 토기도 소박한 디자인이 인상적이다. 이 토기를 제작한 사람들은 살라도라고 불리며, 12세가 중반부터 15세기 중반까지 지금의 애리조나주에 있는 솔트강 주변의 넓은 분지에서 번영했다.

이처럼 북미의 각지에서는 다양한 원주민 문화가 분포했다. 그밖에도 태평양에 면한 북서 연안 지역에는 어로와 채집에 기초한 촌락이 형성되어 토템 폴을 세우고 포틀래치라고 불리는 증여 의식을 치렀다. 대평원 지대에서는 원추형의 텐트와 티피(원뿔형 천막)에 거주하면서 들소 등을 사냥하는 사람들이 있었다. 물론 거기에는 말은 없었다. 말의 조상은 북미에서 처음 등장한 것으로

<그림 1-2> 길라 다채색 토기
(직경 19.5cm, 높이 8.8cm)

추정된다. 말은 베링 육교를 통해 유라시아로 이동한 뒤 가축으로 생존했으며, 북미에서는 1만 2000년 전 무렵에 멸종한 것으로 보인다. 원주민들이 말을 타고 들소를 추격하면서 평원을 이동할 수 있었던 것은 스페인 사람들이 말을 다시 북미 지역으로 가지고 들어왔기 때문이다.

동부 삼림 지대인 오대호 지방에서는 사람들이 롱하우스라고 불리는 가옥에 거주했으며, 조개껍질을 모아 연결한 왐품을 화폐와 기록 장치로 이용했다. 이 지역에 사는 모호크, 오네이다, 세네카 등의 5개 부족은 하우데노사우니(이로쿼이 연합)라고 불리는 부족 연합을 형성해 백인과 접촉한 이후에도 결속하면서 대응했다.

지금까지 북미 대륙을 중심으로 1만 년 이상에 달하는 역사를 일궈온 풍요로운 원주민 세계에 대해 살펴보았는데, 1492년 남쪽 카리브해 모퉁이에서 한 유럽인이 등장하면서 원주민들의 역사가 바뀌기 시작했다. 그가 바로 크리스토퍼 콜럼버스(Christopher Columbus)이다. 콜럼버스는 이탈리아의 천문학자 토스카넬리(Toscanelli)[1]의 학설, 즉 원모양의 지구를 서쪽으로 돌아 항행하면 동쪽으로 도는 것보다도 단거리로 동양에 도착한다는 학설을 신봉해 과감하게 실행에 옮겼다. 고난의 항행 끝에 결국 육지를 발견해 낸 그는 인디아스(아시아)에 도착했다고 확신했고, 이 땅에 거주하는 사람들을 인디오(인디언)[2]라고 불렀다. 이리하여 베링 육교가 소멸된 이래의 봉인이 풀렸고, 인디언으로 간주된 사람들은 그 이후 멸종에 가까운 상태로 내몰렸다.

---

1 파올로 달 포초 토스카넬리(Paolo dal Pozzo Toscanelli)를 일컫는다. _옮긴이
2 콜럼버스는 정확하게 "una geste in Dios"라고 불렀으며, 이는 '신의 사람들(a people in God)'이라는 의미였다. 그 이후 인디언(Indians)이라는 호칭이 유럽 지역에서 자리 잡았다. _옮긴이

2. 근세의 태동

두 장의 지도

〈그림 1-3〉에는 두 장의 지도가 있다. 위의 것은 1506년에 이탈리아에서 출판된 조반니 콘타리니(Giovanni Contarini)의 지도이고, 아래의 것은 1507년에 스트라스부르 주변에서 출판된 『세계지 입문(Cosmographiae Introductio)』에 첨부된 마르틴 발트제뮐러(Martin Waldseemüller)의 지도이다. 콘타리니의 지도는 존재 자체가 장기간 잊혔는데, 현존하는 유일한 한 장을 1922년에 대영박물관이 매입해 현재는 대영도서관이 소장하고 있다. 12개의 시트로 분할된 거대한 발트제뮐러의 지도는 당시 약 1000장이 인쇄된 것으로 추정되는데, 이 지도도 현존하는 것은 한 장뿐이다. 이 지도는 20세기 초에 독일에서 발견되어 2001년에 미국 의회도서관이 1000만 달러를 지불하고 구입했다(거액이라서 2년 후에야 지불이 완료되었다).

귀중한 이 두 장의 지도를 서로 비교해 보면, 두 지도가 간행된 시기는 그다지 크게 차이나지 않지만 세계에 대한 인식에는 매우 큰 차이가 존재했음을 알 수 있다.

콘타리니의 지도는 인쇄 지도로는 최초로 신세계를 묘사한 것으로도 알려져 있는데, 남미 대륙에 해당하는 왼쪽 아래의 광대한 토지 상부에는 서인도제도가 있고, 그 서쪽에는 일본이 보이며, 북쪽에는 중국으로 보이는 대륙이 있다. 다만 중국의 극동부에 기록된 라틴어 설명에는 "포르투갈 왕의 승선이 발견되었던 땅"이라고 되어 있다. 1501년에는 지금의 캐나다, 뉴펀들랜드섬 방면으로 탐험을 떠났는데 그와 관련된 정보가 들어가 있으며, 중국 남쪽에 대한 설명에는 콜럼버스가 항해했던 땅으로 참바, 즉 동남아시아의 참파 왕국으로 추정되는 지명이 쓰여 있다. 그런데 남미 대륙에 해당하는 토지는 아시아의 일부로 해석될 수 있으며, 대서양과 구분되는 태평양은 존재하지 않는다. 즉, 이 지도에서는 발견된 토지에 관한 인식이 애매하고도 부정확한 상태였다.

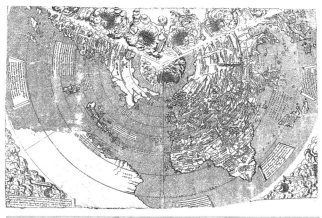

〈그림 1-3〉 조반니 콘타리니의 지도(위)와 마르틴 발트제뮐러의 지도(아래)

이에 반해 발트제뮐러의 지도는 오늘날의 세계 지도와 매우 비슷한 형태를 띠고 있으며, 극동에는 일본도 보인다. 서방에는 새로운 대륙(정확하게는 거대한 섬)에 해당하는 남북 아메리카 대륙이 묘사되어 있고, 그 때문에 사실상 태평양에 해당하는 대양이 출현하고 있다. 다만 태평양은 나중에 1513년에 발보아(Balboa)[3]에 의해 발견되고 1520년 페르디난드 마젤란(Ferdinand Magellan)에 의해 명명되기 때문에 이것은 실증되기 전의 이론적 귀결이라 할 수 있다.

---

3   바스코 누녜스 데 발보아(Vasco Núñez de Balboa)를 일컫는다. _옮긴이

이 지도에서 특히 주목해야 할 것은 탐험을 통해 북미에 비해 어느 정도 지식이 축적되어 있던 남미 대륙에 '아메리카'라는 명칭이 적혀 있다는 점이다. 여기서 역사상 최초로 신대륙 아메리카가 모습을 드러냈다고 할 수 있다. 『세계지 입문』의 해설에는 "아메리쿠스의 땅 또는 아메리카(Americus terram·America)"라고 되어 있는데, 아메리카라는 지명은 아메리고 베스푸치(Amerigo Vespucci)의 이름 아메리고의 라틴어 표기인 아메리쿠스의 여성형에서 유래했다. 『세계지 입문』은 이 책이 출간되기 얼마 전에 간행되었던 베스푸치의 저작에서 언급한 최신 견해를 전적으로 받아들였던 것이다. 지도에서도 상부에 프톨레마이오스와 베스푸치가 배치되어 있어 고대에 널리 알려졌던 프톨레마이오스의 세계상이 베스푸치에 의해 수정되었음을 상징적으로 보여주고 있다.

다만 발트제뮐러는 이후 견해를 후퇴시켜 1513년 개정판에서는 남미 대륙에서 '아메리카'라는 명칭을 삭제하고 단순히 '미지의 땅(Terra incongnita)'이라고 기록했다(<그림 1-3>의 지도에서도 위쪽 중앙의 작은 지도에는 남미 대륙에 이렇게 표기되어 있다). 어쨌든 1507년의 지도 때문에 신대륙 아메리카가 세계에 널리 받아들여졌던 것은 확실하다. 후세에 미합중국이 매우 높은 가격에 이 지도를 구입했던 이유도 여기에 있다. 그들에게 이 지도는 자국의 국호를 구성하는 단어의 연원이나 마찬가지였다.

하지만 이러한 인식상의 대전환이 이루어질 수 있었던 것은 물론 콜럼버스가 신대륙을 발견한 사건을 효시로 한다. 콜럼버스의 항해는 근세의 극적인 개막을 알리는 것이었다.

신세계의 발견

원래 근세(초기 근대)란 서양사에서 16세기부터 18세기 중반까지를 구획하는 개념으로, 미국사에 입각해서 정의를 내린다면 근세란 콜럼버스가 신세계를 발견한 때부터 역사가 존 포콕(John Pocock)[4]이 "최후의 고전적 혁명"이라고 일컫는 미국 독립혁명에까지 이르는 시대를 지칭한다. 즉, 동일한 근대라고 하더라도 오늘날로 연결되는 국민국가 시대에 해당하는 19세기와는 크게 다르다.

근세사의 기점으로는 1492년이 가장 적합하다. 이 해에 스페인(카스티야-아라곤 연합왕국)을 공동 통치하는 카스티야 여왕 이사벨 1세와 아라곤 왕 페르난도 2세는 이슬람 세력이 지배하는 그라나다를 공략해 국토회복전쟁(레콩키스타)을 종결시켰다[이들은 결국 교황 알렉산더 6세로부터 '가톨릭 두 왕(Catholic Kings)'이라는 칭호를 하사받았다]. 나아가 같은 해에 이사벨 1세와 페르난도 2세가 콜럼버스를 지원함으로써 그 유명한 항해가 실현되었다. 콜럼버스는 신세계를 향해 모두 4회에 걸쳐 항해했는데, 1492년의 제1차 항해로 그가 '신세계를 발견했다'라고 하는 것은 정확한 표현이 아니다.

물론 이 표현은 이른바 서양 중심 사관에 기초한 것이다. 예를 들면 콜럼버스가 신세계에 도달한 날은 미합중국에서 '콜럼버스의 날'로서 국가 경축일(지금은 10월 둘째 월요일)로 지정되어 있는데, 여기에 부정적인 견해를 보이는 주도 있다. 또한 특히 신대륙 발견 500주년이던 1992년에는 원주민을 대량 학살했던 콜럼버스에 대한 비판이 전 세계적으로 고조되었다. 하지만 순수하게 역사적 사실의 관점에서 보더라도 이 표현은 그다지 정확하지 않다. 왜냐하면 콜럼버스는 자신이 실제로 찾아낸 세계를 신세계로, 즉 유럽, 아프리카, 아시아에 다음가는 이른바 '제4의 대륙'으로 파악하지 못했고, 어디까지나 아시아의 일부로 믿었기 때문이다.

그렇다면 콜럼버스는 실제로 신세계와 신대륙이라는 말을 사용하지는 않았을까? 그가 기록한 한 통의 편지를 보자. 총 4회 가운데 제3차 항해에서는 식민 이주지 경영에 실패한 콜럼버스가 당국에 체포되어 죄수의 몸으로 귀국했다. 1500년 가을, 아마도 송환되는 선상에서 어떤 여성에게 편지를 썼는데, 여기에서 신세계라는 말의 유의어가 출현한다. 이 여성은 이사벨 여왕과 가까웠으므

---

4   존 그레빌 아가드 포콕(John Greville Agard Pocock)을 지칭하며, 주요 저서로 *The Machiavellian Moment: Florentine Political Thought and the Atlantic Republican Tradition*(Princeton University Press, 1975) 등이 있다._옮긴이

로 콜럼버스는 스페인 왕실, 특히 여왕에게 중재를 기대했을 것으로 보인다.

이 편지에서 콜럼버스는 "새로운 하늘과 땅(nuevo cielo é tierra)", "새로운 하늘과 세계(nuevo cielo é mundo)", "별세계(altro mundo)" 같은 표현을 각각 한 번씩 사용하고 있다. 제1차 항해와 제2차 항해에서는 크고 작은 섬에만 도달했던 그는 제3차 항해였던 1498년 처음으로 남미 대륙에 도달했다. 그 때문에 이러한 표현은 새로운 지식과 견문을 토대로 인식이 변화했음을 반영하는 것으로 추정된다. 하지만 그렇다고 해서 결코 제4의 대륙을 의미하는 것은 아니었으며, 성경에 기초한 전통적인 이해의 범주를 넘어서지는 않았을 것으로 추측된다. 1506년 실의 속에 생을 마친 콜럼버스는 인식상의 전환에는 평생 도달하지 못했던 것으로 보인다.

이에 반해 1503년경 소책자 『신세계(Mundus Novus)』를 라틴어로 간행한 아메리고 베스푸치는 1501~1502년 항해에서 남미 대륙 연안을 "적도의 남쪽 저편으로 50도까지 항해했다"라고 표현했는데, 그는 남쪽으로 뻗어 있는 대륙이 이미 알던 땅이 아니라고 확신했던 것으로 추정된다. 그렇기 때문에 베스푸치는 자신의 인식상의 전환을 이 책에서 공개하고 지도에 이름을 남겼던 것으로 보인다.

게다가 베스푸치가 집필한 「4회의 항해에서 새로 발견된 육지에 관한 아메리고 베스푸치의 서한」(1505년 또는 1506년에 출간되었으며, 이 내용은 『세계지 입문』에도 수록되어 있다)의 기술이 정확하다면, 베스푸치는 인식상에서뿐만 아니라 경험상으로도, 즉 신대륙 발견에서도 콜럼버스에 앞선 것이 된다. 즉, 베스푸치는 콜럼버스보다 먼저 신세계의 (도서부가 아닌) 대륙부에 도달했던 것이다. 하지만 오늘날에는 1497~1498년의 제1차 항해가 실제로 있었는지 자체가 강한 의심을 받고 있는 상황이다. 한편 전술한 바와 같이 콜럼버스는 1498년에 대륙부에 도달했으므로 대륙부 발견의 영예도 사실상 콜럼버스의 것이 되어야 할 것이다[다만, 뒤에서 살펴보겠지만, 북미 대륙에는 영국의 지원을 받은 존 캐벗(John Cabot)이 이미 1497년에 도달한 것으로 간주되기 때문에 이것은 어디까지나 남미 대륙에 한정된다.

인디언을 옹호했던 것으로 유명한 스페인의 도미니코회 사제 바르톨로메 데 라스 카사스(Bartolomé de Las Casas)도 베스푸치를 비판했다. 요컨대 베스푸치가 "말을 만들어냈기" 때문에 "실제로는 아메리고 외의 사람들에게 돌아가야 할 공적을 그에게 빼긴 자도 몇 명이나 있다"라고 했다. 실제로 베스푸치보다 앞서 1493년에 이미 신세계라는 개념에 도달했던 인물로 이탈리아의 인문학자 페드로 마르티르(Pedro Martir)도 거론할 수 있는데, 실제로 라스 카사스는 마르티르를 높이 평가했다.

이처럼 유럽인의 경험과 인식 양방에서 신대륙 아메리카가 홀연히 출현해 근세라는 시대가 크게 움직이기 시작했다.

그런데 신세계를 최초로 방문했던 유럽인이 누구인지 묻는다면, 정확하게는 콜럼버스가 아니다. 500년이나 이전에 노르만족(바이킹족)이 이미 이 땅에 도착했다는 설이 유력하다. 그린랜드의 정주지에서 레이프 에릭슨(Leif Erikson) 등이 항해했는데, 전하는 말에 따르면 그들은 빈랜드에 도달했다고 한다.

노르만족이 발견한 빈랜드는 오늘날 캐나다의 뉴펀들랜드섬으로 추정되는 경우가 많은데, 이들은 이곳을 매우 빨리 포기했던 것으로 추정된다. 그들이 이곳을 탐험한 사실은 그 이후 유럽에서 커다란 의미를 지니지 않고 역사의 어둠 속으로 사라져버렸다(미합중국에서는 오늘날 10월 9일을 '레이프 에릭슨의 날'로 기념하고 있지만 콜럼버스의 날처럼 국가의 경축일은 아니다. 그 이유는 이탈리아에서 태어난 것으로 알려진 콜럼버스를 내세우는 이탈리아계와 북미계가 벌인 주도권 경쟁에서 북미계 세력이 밀렸기 때문인 것으로 보인다).

그밖에 중세 말기에 서방에서 미지의 땅을 보았던 것으로 추정되는 영국 선원들의 증언도 완전히 부정할 수는 없다. 하지만 새로운 아메리카의 역사는 1492년에야 시작되었다고 할 수 있다. 신구 두 대륙 간에 봉인이 풀리자 고립되었던 2개의 세계는 놀랄 만한 기세로 교류를 개시했다. 금단의 판도라 상자가 열렸던 것이다.

콜럼버스의 교환

감자 없는 독일 요리, 토마토 없는 이탈리아 요리를 상상할 수 있을까? 하지만 중세 유럽에서는 이러한 식재료가 존재하지 않았다. 또한 오래된 일본 애니메이션 영화의 한 장면처럼 고대 로마의 카이사르가 잎담배를 피우는 일도 없었다. 모두 신대륙이 원산지이기 때문이다(다만 담배속의 야생종은 호주 지역에도 존재하며, 이는 대륙 이동의 증거로도 간주된다). 또한 말을 타지 않은 평원의 인디언 모습을 떠올리는 것은 어려운데, 앞에서 다룬 바와 같이 말은 스페인 사람들에 의해 유럽에서 반입되었다. 이로 인해 정주에서 수렵으로 생활양식을 바꾼 부족도 있었다.

동식물뿐만이 아니다. 사람과 물품, 그리고 세균과 바이러스까지 이 장대한 교류에 더해졌다. 원주민 인구를 현저하게 감소시킨 최대 요인으로는 유럽에서 유입된 천연두, 홍역, 인플루엔자 등의 전염병이 지적되고 있으며, 신대륙의 풍토병이었던 매독은 유럽 전역을 휩쓸었다(매독은 16세기 초에 일본에도 전파되었다). 이처럼 신구 두 세계가 모든 수준에서 생태계 교류를 한 것에 대해 미국의 역사가 앨프리드 크로스비(Alfred Crosby)는 "콜럼버스의 교환(Columbian exchange)"이라고 명명했다. 대서양은 더 이상 두 세계를 격리시키는 장애물이 아니라 오히려 양자를 잇는 고속도로로 기능하기 시작했던 것이다. 이 교환의 구체적인 형태는 대서양사의 중요한 테마가 되고 있기도 하다.

원래 서로 다른 세계와 문화가 교류하는 것은 쉬운 일이 아니다. 어떤 물품이 하나의 문화에서 다른 문화로 이식될 수 있는지는 받아들이는 측의 문화에서 이 새로운 물품에 의미부여를 할 수 있는지와 관련되어 있다. 예를 들면 담배의 경우(<그림 1-4> 참조), 16세기 후반에 스페인의 내과의사 니콜라스 모나르데스(Nicolás Monardes)는 자신의 저작에서 당시 정통 의학에 해당하는 클라우디오스 갈레노스(Claudius Galenus)의 사체액설[5]에 담배를 적절하게 수용했다.

---

5 고대 그리스와 로마 시대의 의사와 철학자들이 주장했던 인체의 구성 원리로, 인간의 신체는

이로써 담배에 의학적 의미가 부여되어 담배는 성공리에 유럽으로 문화적으로 이전할 수 있었다.

물론 담배에 대한 아메리카 원주민들의 접근법은 독자적인 우주관과 세계관을 배경으로 한 총체적인 것이었지만, 담배를 접한 유럽인들이 가장 감명받았던 것은 담배가 지닌 만능 의약으로서의 측면이었다. 이 같은 일종의 특화 현상, 즉 담배의 유럽화에 의해 지구 규모의 연쇄가 시작되었다. 유럽화된 담배는 세계 각지의 의약 체계를 문화적 수용체로 삼고 이들을 결합시킴으로써 초기에 발생하는 이문화에 대한 공포심을 쉽게 돌파했다. 공포심을 깨뜨린 이후에는 의존

〈그림 1-4〉 영국의 식물학자 존 제라드의 저서(1597)에 실린 담배종의 변종 목판화(초판은 1574년)

성이 이문화의 침투를 보장했다.

다만 이문화 간 접촉이 반드시 쌍방에게 복음을 가져온 것은 아니다. 원주민과 유럽인의 조우는 유럽인이 원주민을 정복하고 학살하는 것으로 귀결되었다.

유럽인의 탐험과 식민지 이주

1493년 교황 알렉산더 6세는 교황자오선을 설정하고 이듬해에 교황자오선을 개정한 토르데시야스 조약을 체결했다. 이에 따라 포르투갈과 함께 세계를 양분하던 스페인은 포르투갈령으로 간주되던 브라질을 제외하고 신대륙을 자신의 세력하에 두게 되었다. 스페인의 정복자들은 카리브해를 석권한 후 원주민들이 멕시코와 남미에 구축했던 아즈텍 왕국과 잉카 제국을 멸망시키고 나아가 북미의 플로리다와 아마존, 텍사스에까지 진출해 뉴스페인 등의 식민지를 건설했다.

기본적으로 혈액, 점액, 황담즙, 흑담즙 네 가지 체액으로 차 있으며 체액들 사이의 균형이 맞으면 건강한 상태라고 간주했다._옮긴이

아즈텍 왕국을 공략했던 정복자 에르난 코르테스(Hernán Cortés)는 당시 스페인 국왕 카를로스 1세에게 총 다섯 통의 보고용 편지를 보냈다. '가톨릭 두 왕'이 모친계 조부모이고 부친은 합스부르크가의 혈통을 잇고 있던 카를로스 1세는 코르테스가 신대륙에서 최초의 편지를 보내오기 얼마 전에 신성 로마황제의 제위를 놓고 프랑스 국왕 프랑수아 1세와 서로 다투었고 선거 자금 조달에 고민하고 있었기 때문에 신대륙의 황금에 기대를 걸었을지도 모른다. 어쨌든 카를로스 1세는 조부의 뒤를 이어 신성 로마 제국의 황제 카를 5세로 유럽에서 패권을 제창했고, 그의 아들 필립 2세는 부친 카를로스가 퇴위하자 스페인의 국왕이 되었다.

신대륙의 식민지를 포함한 광대한 영토를 상속받은 필립 2세는 부모의 사촌(즉, '가톨릭 두 왕'의 손자)에 해당하는 잉글랜드 여왕 메리 1세와 재혼했고 메리가 사망하는 1558년까지 잉글랜드 왕으로서도 공동 통치를 주장했다. 1580년부터는 포르투갈 왕을 겸임했고 포르투갈의 식민지도 지배하에 두었다. 1584년 일본에서 온 덴쇼 소년사절단[6]을 접견했던 필립 2세는 '해가 지지 않는 제국'에 군림했던 것이다.

토르데시야스 조약에 따라 세계가 분할되었으나 신대륙 진출의 뒤를 이었던 프랑스와 영국은 이에 관계없이 이 제국에 과감하게 도전했다. 특히 아시아로 향하는 항로에서는 아프리카 남단의 희망봉을 돌아 남동쪽으로 향하는 항로와 남미 남단의 마젤란 해협을 돌아 남서쪽으로 향하는 항로가 포르투갈과 스페인에 의해 개척되었기 때문에 프랑스와 영국은 북미의 북단을 돌아가는 북서 항로를 개척했다.

프랑스는 프랑수아 1세 시대에 카를로스 1세의 스페인에 대항해 1524년에 조반니 다 베라차노(Giovanni da Verrazzano)가 북미 연안으로 항해했으며, 자

---

6 1582년 일본 규슈의 여러 다이묘가 조정을 대신해서 교황을 알현하기 위해 파견한 4명의 소년을 중심으로 한 기독교 사절단이다. 예수회 알레산드로 발리냐노(Alessandro Valignano)의 제안으로 교황을 접견하고 1590년에 귀국했다._옮긴이

크 카르티에(Jacques Cartier)는 지금의 캐나다 북서부인 세인트로렌스만 연안을 탐험해 1534년에 그 땅을 뉴프랑스라고 명명하고 프랑스의 영유를 선언했다(캐나다와 세인트로렌스강도 카르티에가 명명한 것이다). 그 이후 뉴프랑스의 영역은 5대호 지역, 미시시피강 유역으로 확대되었고 유럽에서 수요가 늘어난 비버 모피를 원주민과 교역했다. 하지만 혹독한 기후 등으로 인해 이주는 순조롭게 진전되지 않았으며, 광대한 지배 영역은 촘촘한 '면'이라기보다 엉성한 '점과 선'의 양상을 보였다.

한편 영국은 튜더 왕조를 열었던 헨리 7세(메리 1세의 조부) 시대에 북서 항로를 개척하기 위해 1497년과 1498년에 존 캐벗이 북미 연안을 항해했는데, 이것은 나중에 북미를 식민지로 영유한 근거가 되기도 했다. 가톨릭 정책을 추진한 메리 1세의 뒤를 이은 이종어동생 엘리자베스 1세는 자신의 부친 헨리 8세가 창시했던 기독교 교회 제도에 해당하는 영국 국교회를 정착시킨 뒤 가톨릭을 국시로 삼는 스페인 및 프랑스와 대항했다.

그녀의 시대에는 사략선(국가로부터 특허장을 얻어 주로 전시에 적국 선박을 약탈하는 것을 인정받았던 민간 선박) 선장 마틴 프로비셔(Martin Frobisher)가 1570년대 후반 북서 항로를 추구하며 탐험했으며, 역시 같은 항로의 존재를 확신했던 험프리 길버트(Humphrey Gilbert)는 1583년 뉴펀들랜드섬에 도달한 뒤 이곳을 최초의 영국령 식민지로 삼았다. 또한 사략선 선장 프랜시스 드레이크(Francis Drake)는 스페인의 식민지와 선박을 약탈하면서 마젤란 해협과 희망봉을 돌아 1580년 영국인으로는 최초로 세계 일주 항해에 성공했다.

북서 항로를 탐험하는 것은 이후 시대에도 계속되었는데, 점차 북미 대륙을 식민지로 삼는 것을 중시하는 세력이 대두하자 길버트의 이복동생으로 엘리자베스 1세가 총애하던 신하 월터 롤리(Walter Raleigh)는 여왕의 칙허를 얻어 1584년부터 여러 차례에 걸쳐 탐험·식민 프로젝트를 추진했다(<그림 1-5> 참조). 여왕이 말렸기 때문에 월터 롤리가 직접 가지는 못했지만, 그 땅을 여왕의 이름을 따서 '버지니아'라고 명명했다. 튜더 왕조 최후의 군주인 엘리자베스 1세

<그림 1-5> 월터 롤리(1598년). 제임스 1세가 즉위한 이후 런던탑에 유폐되었다가 석방되었지만, 나중에 처형되었다.

는 사랑이 많은 여왕이었지만 스페인 왕을 남편으로 두었던 이복언니 메리 1세를 반면교사로 삼았기 때문인지 평생을 독신으로 살아 '처녀왕(Virgin Queen)'이라고 칭해졌기 때문이다(현재 이 자매는 런던의 웨스트민스터 사원 안에 같은 묘소에 안장되어 있다).

이리하여 버지니아 땅에 영국령 식민지의 역사가 시작되었다. 근세 유럽사의 역동성 가운데 생겨난 이 작은 씨앗은 약 200년 후에 미합중국의 수립으로 이어진다.

3. 영국령 북미 식민지의 초석

잃어버린 식민지의 수수께끼

현재 노스캐롤라이나주의 연안에 위치한 로어노크라는 작은 섬은 긴 다리로 본토와 연결되어 있다. 로어노크섬 자체는 월터 롤리가 추진했던 버지니아 탐험·식민 프로젝트의 핵심이었다. 롤리의 친구이자 천문학자 겸 수학자였던 토머스 해리엇(Thomas Harriot)은 1585년 탐험에 동행해 주변 땅의 자연 환경과 동식물, 원주민의 습속 등에 대해 상세하게 기록한 『버지니아 보고서』[7]를 집필했다. 이 책은 함께 조사했던 존 화이트(John White)의 정밀한 수채화까지 함께 실어 당시의 실상을 지금까지 전하고 있다. 같은 해 겨울을 이 섬에서 보냈던 해리엇은 원주민과의 불화, 식량 부족으로 식민 이주지를 유지하기가 어려워졌

---

[7] 전체 제목은 『버지니아의 새롭게 발견된 땅에 대한 짧고 사실적인 보고서(A Brief and True Report of the New Found Land of Virginia)』이다._옮긴이

고, 스페인 식민지를 습격하고 돌아오던 드레이크 함대에 도움을 받는 형태로 1586년에 귀국했다.

이듬해인 1587년, 롤리의 뜻에 따라 이번에는 여성을 포함한 100명 이상의 식민단이 조직되었고 화이트가 총독이 되어 이들을 이끌었다. 화이트의 딸 엘리너 데어(Eleanor Dare)도 자신의 남편[8]과 함께 이 식민단에 가담했으며, 로어노크섬에 도착한 뒤 8월에 딸을 낳았다. 이 여자아이가 신대륙에서 탄생한 최초의 영국인으로 추정되는 버지니아 데어(Virginia Dare)이다. 하지만 화이트는 식량과 물자 보급을 위해 딸을 섬에 남긴 채 같은 해 귀국길에 올랐다. 곧바로 다시 돌아올 예정이었지만 이 시기에 스페인과의 외교 관계가 악화일로에 빠져 다시 바다를 건너는 것이 순조롭지 않았다.

당시 엘리자베스 1세는 장기간 잉글랜드에서 망명 생활하던 전 스코틀랜드 여왕 메리 스튜어트를 심사숙고 끝에 그해 2월에 처형했다. 그러자 엄격한 가톨릭교도였던 메리를 잉글랜드의 왕위 계승자로 규정했던 펠리페 2세가 분노했다. 또한 네덜란드 독립을 둘러싼 정치적 대립도 발생해 스페인은 무적함대를 영국으로 파견하기로 계획했다. 해리엇이 『버지니아 보고서』를 이듬해인 1588년 2월경에 출판한 것도 이러한 상황하에서 화이트가 다시 신대륙으로 건너갈 수 있도록 광범위한 여론에 호소하려는 의도가 있었던 것으로 추정된다. 하지만 7월에 발발한 칼레 해전에서는 함대의 부사령관에 취임한 드레이크와 프로비셔의 활약으로 영국이 대승리를 거두었다.

결국 화이트가 로어노크섬으로 돌아온 것은 1590년 8월이었는데, 공교롭게도 그날은 손녀 버지니아 데어의 세 살 생일이었다. 하지만 화이트가 상륙해서 목도한 것은 아무도 없는 폐허였다. 시체 같은 것도 찾을 수 없었고 사랑하는 딸과 손녀의 행방도 알 수 없었다. 이리하여 로어노크 식민지는 실종되었다. 초기 미국사에서 최대의 미스터리로 간주되는 잃어버린 식민지의 운명, 특히 어린 버

---

8   아나니어스 데어(Ananias Dare)를 일컫는다. _옮긴이

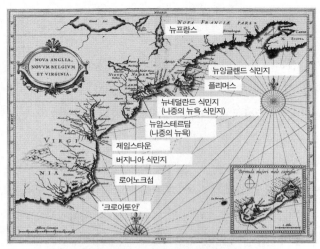

뉴프랑스

뉴잉글랜드 식민지

플리머스

뉴네덜란드 식민지
(나중의 뉴욕 식민지)

뉴암스테르담
(나중의 뉴욕)

제임스타운

버지니아 식민지

로어노크섬

'크로아토안'

〈그림 1-6〉 1630년 네덜란드에서 출판된 북미 대서양 연안의 지도

지니아 데어를 둘러싸고 후세의 미국인들은 역사적 상상력을 발휘하기도 했다.

그렇다면 과연 무슨 일이 있었던 것일까? 영국과 대립했던 스페인 사람들에 의해 몰살되었을 가능성은 낮다. 그렇다면 뭔가 다른 정보는 없을까? 상황 증거는 거의 없지만, 식민 이주지 기둥에 새겨져 있던 '크로아토안(CROATOAN)' 같은 단어는 중요하다. 크로아탄족은 로어노크섬보다 남쪽에 있는 도서 지역에 거주하는 원주민으로, 이 단어는 이들이 그 땅으로 이동했음을 의미한다고 해석할 수 있다(〈그림 1-6〉 참조). 만일 그렇다면 다른 원주민과의 대립, 가뭄 등의 환경 변화로 인해 로어노크 식민지 사람들이 크로아탄족이 있는 곳으로 이주해 함께 살면서 융합했을 것이라는 추측도 가능하다. 또한 최근 들어서는 고고학 조사의 결과를 토대로 대륙 지역의 원주민과 융합했을 가능성도 지적되고 있다.

다만 로어노크 식민지를 잃어버리고 나서 10여 년이 지난 후 버지니아에 건설된 제임스타운에 이주했던 사람들도 로어노크 사람들에 대해 확실한 정보를 파악할 수 없었다. 원주민들과 함께 살았다고 하더라도 예를 들어 버지니아 땅에서 강대한 부족 연합을 형성하고 있던 포우하탄족의 습격을 받아 전멸했을 수도 있다. 또한 원주민과 융합된 자손의 혈맥이 오늘날까지 이어지고 있다는 설도 있다.

20세기에 들어 엘리너 데어가 문자를 새긴 것으로 추정되는 돌이 차례로 발견되었는데, 일부 학자에 의해 인정을 받았다가 나중에는 날조된 것으로 밝혀지는 등 로어노크 식민지는 사람들의 흥미를 끊임없이 불러일으키고 있다. 수많은 문학 작품에서는 버지니아 데어가 원주민 여성의 모습으로 변장해 출현하거나 암사슴의 모습으로 묘사되고 있다. 현재 로어노크섬의 정원에는 19세기 중반에 만들어진 그녀의 대리석상이 세워져 있는데, 이 대리석상도 버지니아 데어를 원주민 부족에서 자라난 여성으로 표현하고 있다(이 장 맨 앞 그림 참조). 데어의 탄생 350주년에 해당하는 1937년부터 오늘날까지 로어노크섬에서는 매년 여름 〈잃어버린 식민지〉라는 연극이 상연되고 있는데, 이 연극의 시나리오를 집필했던 작가는 버지니아 데어가 유아 시절에 자주 놀았을 것으로 추정되는 장소를 선정하고 그곳에 그녀의 대리석상을 세웠다.

영구적 식민지 제임스타운

1603년 엘리자베스 1세가 사망하자 여왕 자신이 처형을 명령했던 메리 스튜어트의 자녀 중 한 명이자 모친의 뒤를 이어 스코틀랜드 왕이 된 기독교도 제임스 6세가 후계자가 되었다. 제임스 6세는 잉글랜드의 왕 제임스 1세이기도 한데, 그는 스튜어트 왕조를 창시하고 잉글랜드-스코틀랜드 동군(同君) 연합을 맺었다. 그리고 1607년 런던 회사가 칙허를 얻어 조직한 새로운 이주민단이 버지니아로 가서 그 땅에 식민지를 건설했다. 이곳을 제임스 왕의 이름을 따서 제임스타운이라고 명명했다.

비참한 기근 등 초기의 고난을 견뎌내며 간신히 존속된 이 식민 이주지는 '영구적 식민지'라고 불리는데, 여기에서 영국령 북미 식민지의 역사가 시작된다. 1607년은 후술하는 유명한 메이플라워호의 항해(1620)보다 10년 이상 이른 시기이다. 즉, 지금의 미합중국과 직접 연결되는 최초의 초석은 북부가 아니라 남부의 땅에 구축되었던 것이다(<그림 1-6> 참조).

식민지 이주의 최초 시기에 뛰어난 지도자였던 존 스미스(John Smith)가 전술한 원주민 포우하탄족에 의해 체포되어 처형되려던 찰나 족장의 딸 포카혼타스(본명 마토아카)의 도움으로 목숨을 건질 수 있었다는 이야기는 오늘날 미국에서 널리 알려져 있다(이 부족에서 이름을 딴 흑선 포우하탄호에서 막부 말기의 일본은 미일 수호통상조약을 체결한다). 스미스가 직접 집필한 『버니지아 역사』(1624) 제3권에 기술되어 있는 내용이 유일한 역사자료인데, 스미스는 1인칭이 아닌 3인칭 시점에서 다음과 같이 기록하고 있다. "그가 곤봉으로 머리가 깨질 듯한 상황에 처했을 때, 왕이 사랑하는 딸 포카혼타스는 …… 그의 머리를 두 팔로 감싸 안고 그의 위쪽을 향해 자신의 몸을 내던지며 그의 목숨을 구했다."

스미스는 1609년에 귀국한 이후 제임스타운으로 돌아가지 않았는데, 귀국 이전인 1608년에 그의 편지를 토대로 런던에서 출판된 책자에는 이 일화가 언급되어 있지 않아 신빙성에 큰 의심이 들지만, 식민지 이주에 부정적인 정보이기 때문에 스미스가 의도적으로 숨겼을 가능성도 있다. 또한 원주민의 의례를 오해했다는 설도 제기되고 있는데, 이러한 일화의 진위 자체는 불명확한 상태이다.

어쨌든 포카혼타스는 기독교로 개종해서 레베카라는 세례명을 부여받았고 1614년에 다른 영국인과 결혼했다. 포카혼타스와 결혼한 영국인이 바로 스미스가 『버니지아 역사』 제4권에서 끔찍이 생각하는 모습을 강조했던 존 롤프(John Rolfe)이다. 롤프는 담배 재배를 번영으로 이끈 인물이었다. 원래 식민 이주지에서는 담배 재배를 전혀 염두에 두지 않았으며, 유리 제작 등이 시도되었지만 그마저도 순조롭게 진행되지 않았다. 또한 담배를 재배하더라도 현지의 원주민이 이용했던 담배인 니코티아나 루스티카의 맛은 영국인들의 기호에 맞지 않았다. 하지만 롤프는 오늘날 재배종 가운데 하나인 담배종을 도입해 이식하는 데 성공했다(<그림 1-4> 참조). 이로써 영국령 북미에서 식민지 최대의 상

품 작물인 담배 재배가 개시되
었다.

롤프는 1616년에 아내 포
카혼타스와 아들 토머스 롤프
(Thomas Rolfe)를 데리고 영
국으로 건너갔다. 포카혼타스
는 '아메리카의 여왕'으로 제
임스 1세의 궁정에서 환대를
받기도 했지만, 이듬해에 식
민지로 돌아가던 길에 병을
얻어 런던에서 그리 멀지 않

〈그림 1-7〉 세인트 조지
교회의 앞뜰에 서 있는 포
카혼타스 동상(왼쪽). 오른
쪽은 제임스타운에 세워진
포카혼타스 동상이다.

은 템스강 강변마을 그레이브젠드에서 객사했다. 롤프는 아들을 영국에 남기고
홀로 식민지로 귀환했다. 포카혼타스의 시신은 그레이브젠드의 세인트 조지 교
회의 제단 아래에 매장된 것으로 추정되는데, 교회의 건물은 나중에 불타서 소
실되었다가 그 이후 재건되었기 때문에 정확한 매장 장소를 알 수 있는 표지가
상실되었다.

시간이 흘러 1957년, 제임스타운이 식민지 이주 350주년을 맞은 것을 계기
로 영국의 엘리자베스 여왕(엘리자베스 2세)이 제임스타운을 방문했고, 이듬해
에 버지니아주 주지사가 답례의 뜻을 담아 세인트 조지 교회에 동상 하나를 기
증했다(〈그림 1-7〉 왼쪽). 이 동상은 1922년에 제임스타운에 세워진 포카혼타
스 동상(〈그림 1-7〉 오른쪽)과 거의 똑같다(이 동상이 걸치고 있는 옷이 19세기 라
코타족의 것이라고 하여 비판을 받기도 했다). 오늘날에도 포카혼타스의 자손임을
자임하는 미국인들(완전히 백인으로 보인다)이 이 교회를 방문하기도 한다. 포카
혼타스의 아들 토머스는 장성한 뒤 미국으로 돌아가 영국인 여성[9]과 결혼해 자

---

9   제인 포이트레스(Jane Poythress)를 일컫는다. _옮긴이

손을 남겼기 때문에 포카혼타스의 혈맥은 오늘날까지 이어지고 있는 것으로 여겨진다.

이리하여 유골의 소재마저 불명확한 '아메리카의 여왕' 포카혼타스는 400년을 초월해 객사했던 곳에서 계속 생존하면서 미국과 영국의 유대를 강화하고 있다(한편 도널드 트럼프 대통령은 비하의 의도로 포카혼타스의 이름을 거론했다는 비판을 받기도 했다).

1619년의 빛과 그림자

제임스타운을 중심으로 식민 이주지를 확대한 버지니아 식민지는 이주민에게 토지를 제공하는 등 이주를 촉진했으며, 1619년 8월 초에는 영국령 아메리카 땅에서 최초로 식민지 의회를 개최했다.

다만 같은 해에 또 하나의 매우 흥미로운 역사적 사실이 확인된다. 존 롤프는 포카혼타스가 사망한 뒤 홀로 영국에서 미국으로 돌아와 쓴 편지에서 "8월 말 무렵, 네덜란드의 군함이 도착해 …… **20여 명의 흑인을 끌고왔다**"라고 적고 있다(<그림 1-8>의 ① 참조, 강조는 필자 추가). 이 군함은 실제로는 네덜란드 선박이 아니라 네덜란드가 발행한 사략 면허장을 보유한 영국의 사략선으로 "20여 명의 흑인"은 포르투갈의 노예선에서 약탈한 포로였다. 롤프는 사략의 책임을 네덜란드에 전가시키려는 의도로 이러한 표현을 사용했던 것으로 보인다.

이 편지는 "1619년 1월"이라고 서명되어 있다. 하지만 당시 영국 제국에서는 1752년 '체스터필드법'이 시행되기 전까지 가톨릭 국가들에서 1582년 이래 널리 이용하던 그레고리력(신력)이 아니라 율리우스력(구력)을 사용했으므로 이 무렵에는 10일이 늦었다. 또한 한 해의 시작도 1월 1일이 아니라 수태고지(마리아에게 예수 잉태를 알린 것) 경축일인 3월 25일로 삼았기 때문에 이 편지의 날짜는 신력 1620년에 해당한다. 따라서 편지에서 '8월 말 무렵'이라고 한 것은 1619년의 사건이 된다(다만 신력이 개시되기 전에도 16세기 중엽 전후부터 몇몇 유럽 국가는 1월 1일을 한 해의 시작으로 정했으며 영국 제국 내의 스코틀랜드도 1600년

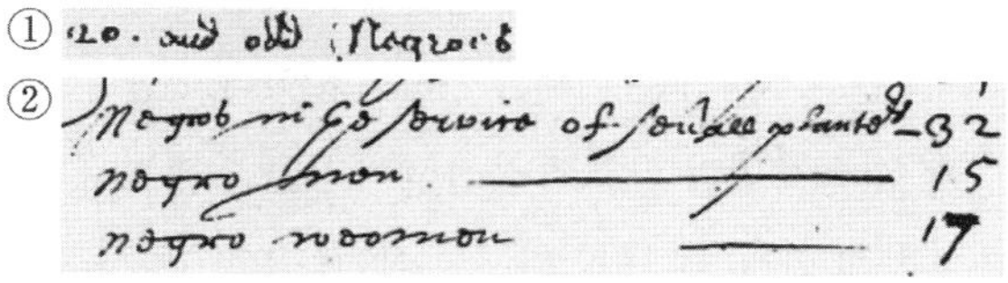

〈그림 1-8〉 역사자료에 처음 등장한 흑인
① 존 롤프의 편지, ② 제임스타운의 인구 조사

에 이를 모방했다).

　따라서 1619년은 버지니아에, 즉 나중에 미합중국이 되는 땅에 흑인 노예가 최초로 도착한 상징적인 해인 것이다. 하지만, 제2장에서 살펴보겠지만, 이 시점에서는 아직 이 땅에 노예제가 확립되어 있지 않았으며 법적으로 계약 하인[10] (계약 기간이 만료되면 해방되는 강제 노동력)으로 취급되었던 것으로 보인다.

　다만 1620년(역사자료상의 연차는 구력 1619년) 3월 초 버지니아에서 실시된 인구 조사 보고에 따르면 "여러 명의 이주민 및 농장주에게 봉사하고 있는 흑인"은 32명이며, 그 내역은 "흑인 남성 15명", "흑인 여성 17명"인 것으로 나타나 〈그림 1-8〉의 ② 참조) 이미 인종 구별이 강하게 의식되었음을 엿볼 수 있다. 이 32명이 전술한 20여 명을 합친 수치인지는 불명확하지만, 두 역사자료가 반년 정도밖에 차이나지 않는다는 점으로 미루어볼 때 20여 명이 포함된 수치일 가능성도 있다. 또한 거꾸로 1619년 '8월 말 무렵' 이전에 흑인을 들여왔을 가능성도 있는데, 롤프의 이 편지보다 앞서는 명확한 증거는 없다(예를 들면 1586년 드레이크의 함대가 로어노크섬의 이주민들을 구조했을 때 배의 공간을 확보하기 위해 타고 있던 흑인 노예들을 해방시키고 로어노크섬에 내리게 했다는 설도 있다).

　1619년에 최초의 자치적 의회를 개최하고 최초로 흑인 노예를 들여온 버지니아 식민지는 아메리카의 원형이라 할 수 있다.

　한편 원주민들은 1618년에 족장 포우하탄이 사망하자 이주민에 대한 태도가

10　계약 노예로 일컬어지기도 한다._옮긴이

경직되어 1622년 3월 22일 금요일, 일제히 봉기해 버지니아 이주민의 대략 1/3
을 살해한 것으로 추정된다. 다만 흑인에게는 위해를 가하지 않았다고 한다. 제
임스타운은 기독교로 개종한 한 원주민의 밀고로 간신히 재앙을 피했는데, 같
은 해에 사망한 롤프는 이 봉기에 의해 희생되었다는 이야기도 있고 병사했다
는 이야기도 있다.

4. 13개의 식민지 건설

영국령 북미 식민지의 건설 기반

지금까지 살펴본 영국의 탐험·식민 사업은 처음에는 단지 영국의 지배 계급
에 해당하는 지주, 즉 젠틀맨들이 자금을 대는 실험 기업으로서 사적인 형태로
운영되었다. 젠틀맨 계급은 귀족[영국 의회에서 상원(귀족원)을 구성한다]과 젠트
리[기사, 에스콰이어[11] 등의 신분을 보유하며 하원(서민원)을 구성한다]로 구성되며,
광대한 영지에서 나는 수익으로 생활하면서 여우 사냥 등의 사교 활동을 즐기
는 지주층을 뜻한다. 하지만 그들은 동시에 백성을 책임질 의무도 갖고 있었다.
식민도 이를 위한 다양한 사업의 하나로 자리매김했다. 국왕은 젠틀맨 계급이
추진하는 식민 사업에 대해 특허장(칙허장)을 발부해서 승낙했으며, 최종적으
로는 젠틀맨 계급이 직접 관할하게 되는 경우도 있었다.

이리하여 버지니아 식민지를 시작으로 영국령 식민지가 17~18세기에 신세
계에 차례로 건설되었다. 카리브해역의 서인도제도 식민지, 캐나다의 식민지
등을 합치면 독립혁명 전까지 건설된 영국령 식민지는 30개 이상이었으며, 계
산 방식에 따라서는 40개에 이르기도 했다(<그림 1-9> 참조). 그중에서도 북미
의 대륙부에 건설된 13개의 식민지는 나중에 미합중국을 형성했기 때문에 미국

---

11   기사 아래의 작위로, 기사의 장남과 귀족의 2남, 3남이 해당된다._옮긴이

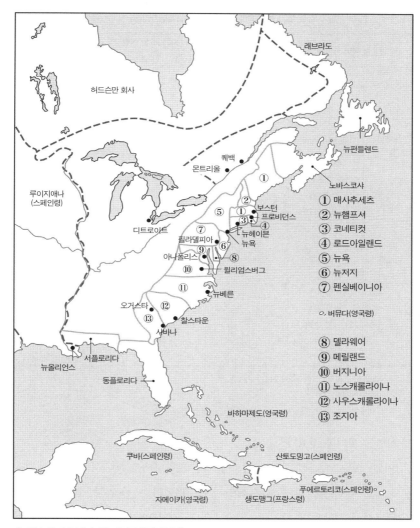

허드슨만 회사

래브라도

뉴펀들랜드

퀘백
몬트리올

루이지애나
(스페인령)

노바스코샤

디트로이트

① 매사추세츠
② 뉴햄프셔
③ 코네티컷
④ 로드아일랜드
⑤ 뉴욕
⑥ 뉴저지
⑦ 펜실베이니아

보스턴
프로비던스

뉴헤이븐
뉴욕

필라델피아
아나폴리스

윌리엄스버그

뉴베른

오거스타

찰스타운
사바나

서플로리다

뉴올리언스

동플로리다

o, 버뮤다(영국령)

⑧ 델라웨어
⑨ 메릴랜드
⑩ 버지니아
⑪ 노스캐롤라이나
⑫ 사우스캐롤라이나
⑬ 조지아

바하마제도(영국령)

쿠바(스페인령)

산토도밍고(스페인령)

자메이카(영국령)

생도맹그(프랑스령)

푸에르토리코(스페인령)o

〈그림 1-9〉 북아메리카와 서인도제도(1763년)

사에서 특히 중요시되며 '13개 식민지(Thirteen Colonies)'로 총칭된다. 13개 식
민지가 모두 독립한 것은 우연의 소산인 측면도 있지만(즉, 12개 아니면 14개가
될 가능성도 있었지만), 여기에서는 이 13개 식민지에 초점을 맞춰 식민지가 건설

영국령 북미 식민지		사회계약에 기초한 식민지	특허장에 기초한 식민지		왕령 식민지
			자치 식민지	영주 식민지	
뉴잉글랜드 식민지	플리머스	1620*			1691* ('매사추세츠'로)
	뉴헤이븐	1637(1639)	→ 1664 ('코네티컷'으로)		
	프로비던스	1636	→ 1644 ('로드아일랜드'로)		
	매사추세츠	1629*			→ 1691
	뉴햄프셔			(1629) →	1680*(1691)
	코네티컷	1636(1639)	→ 1662*		
	로드아일랜드		1644(1663)*		
중부 식민지	**뉴욕**			1664	1685*
	뉴저지			1664(1674)*	1702
	펜실베이니아			1681+	
	델라웨어			1664(1701)+	
남부 식민지	**메릴랜드**			1632+	
	버지니아		1607		→ 1624
	노스캐롤라이나		1633	1712	→ 1729
	사우스캐롤라이나			1712	→ 1720
	조지아			1732	→ 1752

* 뉴잉글랜드 왕령 시기(1686~1689)에 존재한 식민지
+ 왕령 시기에 존재한 식민지

된 기반을 살펴볼 것이다.

13개 식민지는 건설 경위와 지리상의 형태를 토대로 북에서 남으로 뉴잉글랜드 식민지, 중부 식민지, 남부 식민지로 구분된다. 또한 건설 기반과 통치 형태에 따라서도 크게 세 가지로 나눌 수 있다. 각 식민지의 통치 형태는 시간이 흐르면서 변했는데, 그 양상은 〈표 1-1〉에 알기 쉽게 정리했다.

첫째는 사회계약에 기초한 식민지로, 이 형태의 식민지는 국왕의 특허장 없이 본국 정부와 무관하게 건설되었다. 식민 초기의 뉴잉글랜드에서 나타난 형태로, 나중에는 특허장을 부여받거나 다른 식민지에 병합되어 17세기 말에는 사라졌다. 메이플라워호의 필그림 파더스(Pilgrim Fathers)[12]가 정착한 플리머

스도 처음에는 이 유형의 식민지였다. 둘째는 국왕의 특허장에 의해 보증받아 건설된 식민지이다. 이 유형은 특허장이 부여되는 대상에 따라 다시 두 가지 형태로 구분된다. 사단(회사·조합)에 대해 특허장이 부여된 경우를 자치 식민지라고 하며, 한 명 또는 여러 명의 개인에 대해 특허장이 부여된 경우를 영주 식민지라고 한다. 영주 식민지로 건설된 사례는 중부 식민지와 남부 식민지에 많았고 영주는 국왕과 가까운 인물로 임명되었다. 셋째는 왕령 식민지로, 국왕과 본국 정부의 직할하에 두었으며 다른 유형의 식민지를 왕령화함으로써 건설되었다.

이리하여 독립혁명 이전에는 자치 식민지 2개, 영주 식민지 3개, 왕령 식민지 8개인 상황에 이르렀다. 왕령화 정책은 17세기 말부터 점차 강화되었는데, 이는 영국 제1차 제국의 단속을 노린 정책이었다.

신대륙의 식민지 지배를 중심으로 하는 영국 제1차 제국은 구제국이라고도 일컫는다. 이후 미국 독립혁명과 영국 본국에서 일어난 공업화 진전을 계기로 제국의 중심이 서쪽에서 동쪽으로 이동하고 19세기에 인도 등을 지배한 때는 제2차 제국(신제국)이라고 일컫는다. 이 같은 견해는 영국 역사학자 빈센트 할로(Vincent Harlow)의 이름을 따서 '할로 테제'라고도 불린다. 최근에는 할로 테제에 대해 비판적인 견해가 제기되기도 하지만 이 견해는 여전히 중요한 구분법이다.

영국령 북미 식민지를 통치하는 기구

여기서는 왕령 식민지를 예로 들어 제1차 제국 내의 통치기구를 개관하도록 하겠다. 시대에 따라 달라지기도 하지만, 우선 본국에서 식민지 정책을 결정하고 수행하는 체계는 국왕, 추밀원(Privy Council), 남부 담당 국무장관(Secretary of

---

12 1620년에 영국의 종교적 탄압을 피해 메이플라워호를 타고 미국의 뉴잉글랜드에 처음 이주한 102명의 청교도를 일컫는다. _옮긴이

State for the Southern Department), 통상개척청(Lords of Trade and Plantations)
이었다. 식민지의 궁극적인 지배자에 해당하는 국왕은 추밀원에 의해 보좌를
받았으며, 추밀원의 판단에 따라 식민지 의회의 입법이 무효가 되는 일도 있었
다. 또한 각 왕령 식민지에서는 국왕의 대리인에 해당하는 총독(총독을 뜻하는
governor는 미국 독립 이후 주지사를 의미하게 되었다)이 통상개척청의 추천에 의해
임명되었다.

식민지에서는 총독의 지시 아래 식민지 의회가 소집·해산되었다. 식민지 의
회는 상원인 참의회(참사회)와 하원인 대의회로 구성되었다. 참의회 의원은 총
독의 추천을 받아 국왕이 임명했으며, 대의원은 선거에 의해 선발되었다. 원래
총독의 자문기관이던 참의회가 상원으로 자리매김하자 식민지에서는 본국 의
회를 모방해 양원제가 창설되었다. 대의원의 선거권은 백인 성인 남자에게만
주어졌고 본국을 넘어 광범위하게 행사되었다. 여성이 호주라면 여성에게 인정
되는 경우도 있었다. 대의회는 총독의 급여 지출에 관한 권한을 장악하는 등 때
로는 총독에 대한 권한을 크게 행사했으며, 왕령 식민지라고 하더라도 상당한
자치가 보장되었다.

또한 당시의 선거는 일반적으로 각자의 의견이 격렬하게 대립하는 장이 아니
라 지역 명망가의 지배를 추인하는 의례적인 측면이 강했다. 즉, 지배하는 측의
엘리트와 지배당하는 측의 대중은 사회 계층이 확실히 나뉘었으며, 전자는 후
자의 동의를 확보하면서 안정된 정치 지배를 유지했다. 이것을 '경의(敬意)의 정
치'라고 하는데, 오늘날 민주정치의 일반적인 관념에서 본다면 다소 이질적인
정치 형태라 할 수 있다.

한편 식민지의 지방 행정은 카운티(county)를 단위로 전개되었는데, 그 중심
에는 군청이 있었고, 치안 판사, 보안관 등이 임명·선거되었다. 군청을 중심으
로 지역 사회에 일정한 공동체적 틀이 부여되었던 것이다. 다만 미국에서 군으
로 간주되는 카운티라는 말이 잉글랜드 등에서는 주(州, shire)를 의미했다. 원
래 국가를 의미하는 state는 독립 이후의 미국에서는 주로도 간주되었기 때문에

국가-주-군의 대응 관계는 영국과 미국에서 차이가 난다.

식민지의 공식 명칭으로 자주 사용된 providence의 어원은 고대 로마의 provincia, 즉 속지(屬地)를 뜻하는 말로 소급될 수 있다. 13개의 식민지는 각각 독자적인 의회를 지니고 있고 그 아래 많은 카운티(영국 본국에서 보자면 주)를 보유한 13개의 국가와 같은 존재로 파악될 수도 있었다[다만 오늘날 매사추세츠, 펜실베이니아, 버지니아, 켄터키 등 4개의 주는 공식 명칭으로 주(state)가 아닌 커먼웰스(common wealth)를 사용하고 있으며, 영국 국왕을 군왕으로 모시는 캐나다에서는 지금도 주를 프로빈스(province)라고 칭한다].

역사가 존 엘리엇(John Elliott)과 하랄 구스타프손(Harald Gustafsson)이 밝힌 바와 같이, 스페인 왕실과 영국 왕실의 사례처럼 근세 유럽에서는 각각의 국가가 독자적인 신분제 의회를 갖고 있으면서도 군주 간 혼인이나 상속(혈통에 기초한 군주의 이른바 속인적 요소)을 통해 자주 동군 연합을 맺어 복합적인 국가가 나타났다. 이러한 국가를 19세기 이후의 국민국가와 대비해 근세적인 주권국가 체제에 해당하는 복합국가라고도 일컫는다.

아메리카 식민지를 포함하는 영국 제1차 제국을 이러한 시각에서 파악하면, 각 식민지는 독자적인 의회를 지니고 어느 정도의 독립성을 보유하면서도 동일한 군왕 아래 통합되어 있는 근세적인 복합국가를 구현했다고 할 수 있다. 또한 이러한 형태의 국가는 50개의 주가 한 명의 대통령 아래 모여 있는 오늘날의 연방국가인 미합중국으로 이어지고 있다고 볼 수도 있다.

남부 식민지

이제 13개 식민지가 건설된 과정에 대해 지역별로 구체적으로 살펴보자. 우선 영구적인 영국령 북미 식민지가 최초로 건설된 남부 식민지에서는, 〈표 1-1〉에 제시된 바와 같이, 최종적으로 5개의 식민지가 형성되어 흑인 노예제 농장이 광범위하게 전개되었다. 온난한 기후를 이용해 버지니아와 메릴랜드에서는 담배를, 캐롤라이나와 조지아에서는 쌀과 인디고(마디풀과에 속하는 식물)

등의 환금 작물을 재배했다. 즉, 식민지가 경제적으로 발전하는 데서는 대서양 저편에 있는 유럽 시장의 존재가 반드시 필요했다.

버지니아 식민지에서는 1622년 원주민 봉기가 발발한 이후 1624년 런던 회사가 해산되었고 식민지는 왕령화되었다. 버지니아의 수도는 17세기 말에 제임스타운에서 더욱 내륙에 위치한 미들 플랜테이션으로 이전했는데, 이곳은 당시 국왕 윌리엄 3세(네덜란드 총독으로 제3차 영국-네덜란드 전쟁을 치렀으며 1688~1689년의 명예혁명 이후 영국 국왕으로 즉위한 인물이다. 공동으로 통치했던 아내 메리 2세는 사촌누이이며 그와 함께 제임스 1세의 증손이다)의 이름을 본떠 윌리엄스버그로 개칭되었다. 워싱턴과 제퍼슨이 활보했던 이 마을은 주요 건물의 배치가 훗날 워싱턴 D.C.를 방불케 했는데, 오늘날에는 과거의 모습을 재현한 콜로니얼 윌리엄스버그(Colonial Williamsburg)로 많은 관광객을 모으고 있다.

1632년 버지니아 식민지의 북부를 분할해 건설된 메릴랜드 식민지는 볼티모어 남작 캘버트(Calvert) 가문을 영주로 하는 영주 식민지였으며, 나중에 청교도혁명으로 처형된 찰스 1세(제임스 1세의 아들)의 아내 앙리에트 마리(Henriette Marie)를 본떠 이름을 지었다.

초대 볼티모어 경은 자신이 신앙하는 가톨릭의 피난소로 삼고자 처음에 뉴펀들랜드섬에 식민지(아발론 식민지)로 이주하려고 시도했지만 열악한 기후로 인해 실패했다. 이 과정은 오늘날 메릴랜드주 주장(州章)에 그 흔적이 남아 있다

〈그림 1-10〉 과거 메릴랜드 식민지의 수도인 세인트메리스시티에 세워진 기념비의 일부

[흔히 사용하는 주장 안쪽(〈그림 1-10〉 참조)에는 메릴랜드를 표상하는 농민과 아발론을 표상하는 어민이 묘사되어 있으며, 앞면에는 '메릴랜드와 아발론의 절대군주 볼티모어 남작'이라고 라틴어로 표기되어 있다]. 아들인 제2대 볼티모어 경은 초대 메릴랜드 영주로서 이 남방의 땅에 이주민단을 파견했다. 명예혁명 이후 20여 년 동안 왕령 시기를 제외하

고 독립혁명 때까지 6명의 영주가 이곳을 통치했는데, 그들은 영국에 거주하는 일이 많았다.

메릴랜드 식민지에서는 장원제(영주의 토지와 농노로 구성된 자급자족적인 경제 체제)를 도입해 봉건적인 면역지대(농민이 부역과 현물 대신 영주에게 납부하는 현금 임대료)를 징수했지만, 이러한 봉건제는 뿌리를 내리지 못하고 곧 유명무실해졌다. 또한 이주민 가운데 가톨릭 신자가 적어 1649년에 '종교 관용법'을 제정했다. 이 법은 기독교 이외의 신앙에 대해서까지 자유를 보장하는 것은 아니었지만, 당시 신구 두 대륙의 종교 상황을 고려하면 정교 분리를 최대한 보장했던 법률이다. 메릴랜드 식민지는 미국 종교의 특성으로 간주되는 정교 분리와 교파주의의 공존을 모색한 최초의 실험장이었던 것이다.

결국 본국의 명예혁명에 편승해 영국 국교회가 공정해지고 제3대 영주도 개종하지만, 가톨릭 세력은 일부가 계속 온존했다. 1776년에 독립선언에 서명했던 56명 가운데 메릴랜드에서 선출된 찰스 캐럴 오브 캐럴턴(Charles Carroll of Carrollton)은 유일하게 가톨릭교 교도였다(그는 56명 중 최후까지 생존했던 인물로 1832년에 사망했다).

캐롤라이나 식민지는 1660년의 왕정복고로 청교도 혁명이 종결되고 왕위에 취임했던 찰스 2세가 공적이 있는 8명의 귀족을 영주로 해서 건설한 영주 식민지로, 명칭은 이곳의 칙허를 최초로 공표했던 부친 찰스 1세의 이름을 본떴다[찰스는 라틴어로 카를로스(Carlos)이다]. 식민지 건설의 청사진으로 존 로크(John Lock)가 마련한 '캐롤라이나 기본법'을 내세웠지만 이상에 멈추었으며, 최종적으로 남북으로 나뉘어 왕령화되었다.

조지아 식민지(Georgia Colony)[13]는 13개 식민지 가운데 가장 늦게 건설되었다. 제임스 오글소프(James Oglethorpe)가 채무자를 구제할 목적으로 건설한 이 식민지는 조지 2세(스튜어트 왕조는 메리 2세의 여동생 앤 여왕에서 끊어지고 조

---

13 Province of Georgia로 일컬어지기도 한다._옮긴이

지 1세가 그 뒤를 이어 하노버 왕조가 열렸는데, 조지 2세는 조지 1세의 아들이다)의 이름을 본떠 명명되었다. 당시에는 채무를 변제하지 못하면 채무자 감옥에 수감되는 경우도 있었는데, 이러한 사람도 이주민으로 상정해 사바나 마을에서부터 식민지 건설이 시작되었다. 조지아 식민지는 플로리다로 침공하는 스페인 세력에 대항하는 방어벽의 역할도 담당했다.

남부 식민지(및 중부 식민지)의 오지에서는 프런티어 활동이 전개되었는데, 이들 지역에는 스코틀랜드와 아일랜드 등 본국 주변 지역의 사람들이 이주해서 독특한 사회를 구축했다. 그들은 원주민과 대립하는 최전선에 위치해 있었으며, 식민지 정부에 대해서도 자주 폭력적인 형태로 불만을 표출했다. 예를 들면 1676년 버지니아에서 일어난 베이컨의 반란에서는 민주적인 요구를 내세우는 한편으로 원주민 정책과 관련해 한층 강경책을 요구했다.

아울러 독립혁명 직전인 1760년대 후반을 중심으로 남북 캐롤라이나에서는 식민지 시대 최대 규모의 내란인 레귤레이터 운동[14]이 일어났는데, 이 운동에서 서부의 농민들은 동부 연안 지역의 지배층에 대해 불만을 품고 무기를 들고 봉기하기도 했다. 그리고 이러한 움직임을 미국의 포퓰리즘 전통으로 간주하는 견해도 있다.

뉴잉글랜드 식민지

앞에서 언급한 것처럼, 제임스타운에서 본국으로 귀환했던 존 스미스는 1610년대 중반에 북미 북동부를 탐험한 뒤 그 땅을 뉴잉글랜드라고 불렀다. 다만 그 이전에 제임스타운으로 이주하던 해와 동일한 1607년에 지금의 메인주에 식민지(포팜 식민지)를 건설했는데, 1년 남짓 후에 이곳을 포기했다. 그 이후 뉴잉글랜드 식민지는 주로 본국의 종교적 박해로부터 도피해 온 사람들에 의해 건설되었다.

---

14 War of the Regulation으로 표기하기도 한다._옮긴이

뉴잉글랜드 식민지 건설의 효시는 1620년 영국 국교회로부터의 분리를 주장하며 메이플라워호를 타고 신대륙으로 건너온 분리파 청교도들이었다. 스스로를 '성도(Saint)'라고 칭했던 이들은 플리머스에 상륙하기에 앞서 식민 이주지 운영을 위한 계약인 메이플라워 서약을 체결했다. 전술한 바와 같이, 당시만 하더라도 영국인과 원주민은 탐험과 어업 활동을 통해 서로 접촉했으며, 값진 땅에는 영어 명칭을 붙였다. 영어를 구사하던 원주민 스콴토(Squanto, 스미스와 함께 탐험을 수행했던 선장에게 체포되어 스페인으로 노예로 팔려간 인물로, 영국에서 거주했던 경험도 있다)도 대대적으로 그들을 환대했다.

그로부터 200년이 지난 1820년에 정치가 대니얼 웹스터(Daniel Webster)가 메이플라워호의 102명을 '필그림 파더스'라고 일컬었는데, 그 이후 이 호칭이 보편화되었다. 또한 필그림(Pilgrim, 순례자)들이 상륙할 당시 최초로 발을 내디뎠던 바위인 플리머스 바위는 오늘날 해안에 모셔져 있다. 알렉시 드 토크빌(Alexis de Tocqueville)도 『미국의 민주주의』 제1권(1835)의 주석에서 군주제 하에서 국민이 '왕궁의 문'에 무관심했던 것과 비교하면서 이 바위를 높게 평가했다.

플리머스 식민지는 원주민의 도움으로 초반의 위기를 극복하고 포카노켓족(또는 왐포노아그족)의 족장 마사소이트와 함께 1621년 광장에서 최초의 감사제를 올리기도 했다. 하지만 반세기 후 많은 원주민을 이끌고 이주민에게 도전했던 마사소이트의 아들 메타캄(일명 필립왕)은 같은 광장에서 목이 잘렸었다(일명 필립왕 전쟁이라고 불린다).

훗날 플리머스를 흡수하는 매사추세츠만 식민지는 성서에서 말하는 '언덕 위의 마을'처럼 조성하기 위해 회중파 청교도들이 건설한 바이블 커먼웰스(Bible Commonwealth)로, 총독 존 윈스럽(John Winthrop)이 초석을 구축했다. 매사추세츠만 식민지는 타운십(township)이라고 불리는 일종의 주민 공동체와 타운회의를 통해 지방자치를 실시하는 것을 특색으로 하는 한편, 17세기 말 세일럼[15]에서 일어난 마녀사냥에서 보이는 것처럼 종교적 불관용도 함께 갖고 있었다. 이른바 신권정치가 등장한 곳이었다. 세일럼에서 발생한 마녀사냥은 근세 유럽에서 왕성하게 행해진 마녀사냥의 말기적 사례에 해당하며, 공동체 내부의 대립 등으로 200명 이상이 고발되었고 그중에 10%가 처형되었다.

당시 신권정치에 대해 교회와 정치권력의 분리를 주장했던 로저 윌리엄스(Roger Williams)와 도덕률 폐기론(반율법주의)을 제창한 것으로 알려진 여성 앤 허친슨(Anne Hutchinson)은 추방에 처해졌는데, 로저 윌리엄스는 로드아일랜드 식민지를 새로 개척했다. 토머스 후커(Thomas Hooker)도 자신의 이상을 내세우며 코네티컷 식민지를 건설했다. 또한 1730년대부터 1740년대까지는 목사 조너선 에드워즈(Jonathan Edwards) 등이 주도한 신앙 부흥 운동인 대각성 운동(Great Awakening)(제1차 대각성)이 고양되어 북미 식민지 전역에 영향을 미쳤다.

뉴잉글랜드의 토지는 그다지 비옥하지 않았기 때문에 뉴잉글랜드 식민지에서는 어업, 조선업, 무역업 등이 왕성했다. 많은 남성이 승선 경험이 있었고 노예무역에 종사하는 자도 있었다. 1680년대 후반에는 식민지 지배 강화를 지향하는 국왕 제임스 2세(찰스 2세의 동생) 등이 뉴잉글랜드에서부터 중부 식민지 일부까지 통합해 한 명의 총독 아래에 두는 광대한 뉴잉글랜드 왕령을 건설했다. 하지만 이 전제적인 체제는 본국의 명예혁명과 더불어 일어난 봉기로 인해 해체되었고 매사추세츠만 식민지는 특허장이 새로 부여되면서 왕령 식민지로 이행했다.

중부 식민지

중부 식민지란 1660년 왕정복고 이후에 허드슨강과 델라웨어강 유역에 건설된 4개의 영주 식민지를 지칭한다. 곡물의 생산과 수출을 특징으로 했기 때문에 '빵의 식민지'[16]라고도 불린다. 허드슨강 유역에는 일찍부터 네덜란드인이 진출

---

15 지금의 댄버스이다._옮긴이

해서 패트룬 체제(대지주제)를 실시했으며, 맨해튼섬의 뉴암스테르담은 무역항으로 발전했다. 이때 구축된 방호벽이 월스트리트의 기원이다. 또한 나중에 대통령이 된 시어도어 루스벨트(Theodore Roosevelt)와 프랭클린 루스벨트(Franklin Roosevelt)의 선조도 네덜란드에서 식민지로 이주한 사람들이었다.

민족적으로도 다양했던 뉴네덜란드 식민지는 제2차 영국-네덜란드 전쟁이 발발하기 전인 1664년, 영국이 점령하고 요크 공작(나중의 제임스 2세)의 이름을 본떠 뉴욕으로 개칭되었으며, 1685년에는 왕령 식민지가 되었다. 1735년, 이 식민지의 총독을 비판하는 신문을 발행했다는 이유로 체포된 존 피터 젠거(John Peter Zenger)가 배심 재판에서 무죄를 쟁취한 사건은 보도의 자유가 승리한 것으로 기억되고 있다.

델라웨어강 유역에는 스웨텐인이 정주했는데 이들은 오두막집을 짓는 공법을 가지고 들어왔다. 이곳은 뉴네덜란드에 통합된 이후 영국령이 되었다. 이 땅의 이주에 중심적인 역할을 담당했던 것은 내면의 빛 같은 내면적 체험을 중시하는 절대평화주의를 내세우는 신교도 퀘이커 교도였다. 각지에서 박해를 받던 그들은 뉴저지 식민지를 피난소로 삼기 위해 시도했지만 완벽하게 성공하지는 못했고, 결국 식민지는 왕령화되었다.

한편 퀘이커 교도로 개종한 윌리엄 펜(William Penn)은 해군 제독이던 부친이 국왕 찰스 2세로부터 채권을 상속받았는데, 이 채권과 교환해 국왕으로부터 델라웨어강 서쪽의 광대한 토지를 획득했다. 이것이 '펜의 숲'이라는 뜻을 지닌 펜실베이니아 식민지가 탄생한 기원이다. 펜은 퀘이커 교도뿐만 아니라 오늘날까지 자급자족 생활을 하고 있는 아미시파(개신교 재세례파 계통의 분파) 등 유럽의 여러 종파에도 넓게 문호를 열었고, 원주민과의 우호를 추구하는 등 자신이 말하는 신성한 실험을 시도했다. 펜이 이름을 지은 필라델피아는 헬라어로 '형제애의 도시'를 뜻하는 말로, 이곳은 정치·경제의 중심으로 번영했다. 또한 필

16　정확하게는 '빵바구니 식민지들(Breadbasket Colonies)'이라고 불린다._옮긴이

라델피아에는 독일에서 온 이주민이 많았는데, 영어가 섞인 독일어를 의미하는 펜실베이니아 더치(Pennsylvania Dutch)라는 말에서 지금도 그 흔적을 찾을 수 있다.

한편 펜실베이니아 식민지와 메릴랜드 식민지의 경계를 둘러싸고는 두 곳의 특허장이 뒤섞였기 때문에 분쟁이 끊이지 않았다. 최종적으로 제5대 메릴랜드 영주로 제6대 볼티모어 경이었던 프레더릭 캘버트(Frederick Calvert, 강간 사건을 일으켜 영국 사교계로부터 추방당한 인물로, 유럽 각지를 전전하면서 사치스럽고 방탕한 생활을 일삼았다)가 펜 가문과 이전에 맺었던 합의를 받아들여 1760년대에 찰스 메이슨(Charles Mason)과 제러마이아 딕슨(Jeremiah Dixon)이 측량한 내용을 기준으로 경계를 확정하도록 했다. 이 경계선은 메이슨-딕슨 라인이라고 불리는데, 이 선이 결국에는 자유주(북부)와 노예주(남부)의 경계를 규정했다. 경계선을 따라 설치된 돌 표식은 지금도 많이 남아 있다.

제2장

근세 대서양 세계의 영국령 북미 식민지

사람, 물자, 자금

소나무 은화의 앞면과 뒷면(1실링, 직경 2.3cm)

1. 영국령 북미 식민지를 보는 시선: 근대 세계체제론에서 대서양사까지

근대 세계체제론

이 장에서는 각 식민지의 미시적인 역사 사실과 현상에 대해 더 깊게 파고드는 것은 잠시 멈추고, 그 배후에 있는 메커니즘을 거시적인 시각에서 살펴볼 것이다. 즉, 근세 대서양 세계 가운데 13개 식민지, 나아가 영국령 식민지의 전체상을 사람, 물자, 자금의 관점에서 체계적으로 기술함으로써 식민지 시대의 고유한 시대상을 탐색하는 작업이다.

이 절에서는 먼저 관련된 주요 이론적 접근법을 몇 가지 개관하고, 역사학적 전개를 통해 시대상을 더욱 거시적으로 파악하기 위한 방법론을 제시한다.

처음으로 다루는 것은 근대 세계체제론(world-systems theory)이다. 대서양 세계에서뿐만 아니라 전 지구적 규모에서도 장대한 역사관을 자랑하는 세계체제론은 유럽 중심 사관이라는 비판도 있지만 1980년대 이래 일본에서도 폭넓게 지지를 받았다. 그렇다면 세계체제론 관점에서는 신세계의 북미 식민지를 어떻게 규정하고 있을까?

세계체제론의 주요 제창자인 이매뉴얼 월러스틴(Immanuel Wallerstein)에 따르면, 세계체제란 복수의 문화체를 포함한 단일한 분업 체제를 지칭하며 정치적으로 통합된 '세계 제국'과 경제적으로 구축된 '세계 경제'로 분류된다. 그리고 근세 이래에는 자본주의적 세계 경제가 유럽을 중심으로 구축되었고 신대륙의 식민지를 탐욕적으로 빼앗으면서 성장해 왔다고 주장한다.

즉, 근대 세계체제는 유럽 세계 경제에서 탄생했는데, 그 계기는 중세 말기에 유럽을 뒤덮은 봉건제의 위기였다. 봉건제에서 탈출하는 열쇠는 유럽을 지리적으로 확대하는 것이었다. 핵심부인 유럽의 국가들은 강력한 주권국가를 창출하고 식민지를 반(半)주변부와 주변부로 체제에 편입시키면서 상호 간에 치열한 경쟁을 전개해 나아갔다. 핵심부에서는 헤게모니를 둘러싸고 영국과 프랑스 간의 경쟁이 격화되었고, 스페인과 포르투갈은 반주변부로 지위가 저하되는 흐름이 형성되었다.

콜럼버스 이래 급속하게 전개된 일체화는 근대 세계체제와 세계 각국 및 지역이 서로 관련된 방식으로 파악할 수 있다. 체제 외부에 위치해 있던 아프리카와 아시아는 유럽과 상업적 관계를 맺고 아프리카는 노예를, 아시아는 면화와 차를 교환했는데, 나중에는 체제에 편입되어 주로 주변부로서 식민지 지배를 당했다. 한편 일찍이 체제에 편입되어 뉴잉글랜드 등 자유노동이 지배적이었던 북미의 자유로운 식민지는 반주변부의 지위를 얻었다. 하지만 북미 남부부터 라틴 아메리카에 걸쳐서는 흑인 노예제 등의 강제 노동이 전개되면서 주변부로 자리매김했다.

근대 세계체제가 확대되는 과정에서 처음에는 체제 바깥에 놓였던 아시아의 동인도(차 생산)와 일찍부터 주변부로 체제 안쪽에 놓였던 카리브해의 서인도제도(사탕 생산)도 이 체제에 탐욕적으로 녹아들면서 유럽을 중심으로 하는 세계적인 분업 체제는 더욱 활발히 구축되었다.

발전 모델과 영국화

한편 잭 그린(Jack Greene)은 아메리카사에서 사회사 연구가 부상한 과정과 관련해 근세의 영국령 아메리카 식민지를 이론적으로 파악하는 시각을 제시해 커다란 영향을 미쳤다. 그린의 발전 모델에 따르면, 체서피크 식민지(메릴랜드 식민지와 버지니아 식민지 등 체서피크만 연안의 담배 생산 식민지)의 발전은 영국령 식민지의 전형적인 사례로 규정되고, 기존의 규범으로 여겨졌던 뉴잉글랜드는 오히려 예외로 간주된다.

다양한 영국령 식민지의 상황을 통일적으로 이해하기 위한 틀에 해당하는 모델에서는 식민지 사회의 전형적인 역사 전개가 3단계로 조정된다. 1단계에서는 본국에서 계승된 사회가 신대륙의 환경에서 단순화된다. 2단계에서는 환경에 적응해 나가는 가운데 사회가 복잡화된다. 3단계에서는 사회층이 분화·고정화되고 18세기 중반까지 영국 사회의 복제판이 식민지에 만들어진다. 즉, 최종적으로 본국 사회를 복제하는 데 도달한 것이다.

이 과정의 배후에는 두 종류의 매개체가 작용했다. 하나는 본국에서 유입된 것을 식민지 환경에 적응시키는 크레올[1]화의 힘이고, 다른 하나는 본국의 전통, 문화 규범, 사회질서 등을 중시하는 영국화의 힘이다.

17세기에는 크레올화 작용에 따라 뉴펀들랜드에서 서인도제도까지 신대륙의 영국령 식민지에서 다양한 환경에 대응하는 다양한 사회의 형태가 만들어졌는데, 18세기에는 영국화 힘이 강해져(즉, 영국화가 진행되어) 본국 사회를 목표로 삼은 결과 각 식민지는 상호 간에 매우 흡사한 양상을 드러냈다. 이리하여 영국화는 식민지사 연구에서 주요한 키워드가 되었으며, 이는 독립혁명을 미국화(크레올화)의 귀결로 보는 기존의 견해와도 대치되었다.

후세의 이민은 미합중국이라는 호스트 사회에 적응할 것(즉, 미국화할 것)을 요구받았지만, 식민지 시대의 최초 시기에는 이주민들이 적응해야 할 호스트 사회가 존재하지 않았다(원주민 사회는 그러한 기능을 수행하지 못했다). 영국인 이주민들은 자신이 구축하려는 사회의 모델로 본국을 상정할 수밖에 없었으므로 신대륙의 환경에서 단순한 형태의 영국 사회를 이식하고 영국인으로서 들어갔다. 본국과 크게 다른 사회를 건설하고자 의도했던 지역도 대안이 없었다.

대서양사의 패러다임

또한 오늘날에는 대서양을 둘러싼 4개의 대륙(남아메리카 대륙, 북아메리카 대륙, 유럽 대륙, 아프리카 대륙) 간 상호 연관성을 연구 대상으로 삼는 대서양사 접근법이 넓게 지지받고 있다.

대서양사에서 주목할 것은 이민과 국제 상품의 사적 전개이다(즉, 대서양을 무

---

1 크레올(creole)은 미국 루이지애나주의 프랑스계 이민들이 사용하고 있는 혼합 프랑스어처럼 혼합 언어, 또는 서인도제도 등에서 태어나 자란 백인 등을 일컫는 말이다. 여기에서는 혼합화의 개념으로 사용되었다. 크레올화는 creolization으로 표기한다. _옮긴이

대로 하는 사람, 물자, 자금의 역동성). 이러한 이른바 글로벌 역사가 중심적인 주제이다. 내셔널 역사의 틀에서는 근세의 국제 상품이었던 사탕과 담배, 이민사와 관련한 승선이나 해적 같은 주제가 수렴되지 못했으나, 국경을 손쉽게 초월하는 대서양사에서는 이들이 중요한 연구 대상이다[마르쿠스 레디커(Marcus Rediker)의 『해적들의 황금시대』[2]가 대표적인 저작이다. 당시에는 대서양 세계 내부의 상호 간 영향과 변화 과정을 탐색하는 환대서양적인 관계사에 주목했는데, 환대서양 관계사에서는 제1장에서 설명했던 콜럼버스의 교환 등이 자아내는 세계상에 초점을 맞춘다.

그렇다면 대서양사에 속하는 시간축은 어떻게 계산할까? 대서양사 연구의 권위자 버너드 베일린(Bernard Bailyn)은 대서양사는 "유럽인과 서반구 간의 최초의 만남에서부터 혁명 시대까지를 다룬다"라면서 "300년에 걸친 근세 대서양 세계의 역사"를 대상으로 삼는다. 즉, 16세기부터 18세기 후반까지의 근세를 대서양사의 주요 범위로 규정하고 있지만, 대서양사의 단서는 15세기 말로 소급되며, 라틴 아메리카 국가들의 독립을 포함한 환대서양 혁명의 시대, 즉 19세기 전반까지로 시대 폭을 상정한다. 대서양사가 끝나는 시점에 대해서는 노예제가 막을 내린 시기(브라질에서 노예제가 폐지되었던 1888년)로 삼는 연구자도 있으며, 오늘날까지를 범위에 넣는 논의도 있다.

어쨌든 기존의 제약에서 해방된 광대한 역사 연구에 배를 띄운 것과도 같은 대서양사 접근법은 그 의의가 크다. 향후 가령 그 배가 미합중국 고유의 영해로 돌아가더라도 동일한 항구로 다시 돌아오는 것은 아닐 것이기 때문이다.

아래에서는 대서양사 시각에 의거해 근세 대서양 세계의 역동성을 세 가지 형태로 고찰한다. 그 세 가지란 바로 근세 대서양을 종횡하며 왕래했던 사람, 물자, 자금이다. 물론 영국 제1차 제국의 주요한 구성 요소는 영국령 북미 식민지

---

2   원서 제목은 Marcus Rediker, *Villains of All Nations: Atlantic Pirates in the Golden Age* (Beacon Press, 2004)이다._옮긴이

이기 때문에 여기서는 이 틀 속에서 기능했던 근세 대서양 세계의 구도를 규명하는 것이 과제이다.

2. 영국 제1차 제국의 인적 체제: 사람

영국령 북미 식민지로의 인구 이동

먼저, 영국 제1차 제국에서 북미 식민지가 차지하는 위상을 사람과 관련된 시각에서 확인해 보자. 이주민이 없으면 식민지의 모든 메커니즘은 작동할 수 없기 때문이다.

뉴잉글랜드의 이민에 대해서는 청교도 이민이라는 이미지가 널리 퍼져 있는데, 그들은 기본적으로 자유 이민으로 분류된다. 이들은 종교적 요인과 경제적 요인 때문에 자유로운 신분으로 아메리카로 이주했던 사람들이다. 구세계에서 온 백인의 이민은 자유 이민, 계약 하인, 유배죄수 등 세 가지 종류로 구분된다. 〈표 2-1〉에서 제시한 바와 같이, 식민지 시대 당시 13개 식민지로 건너온 자유 이민의 비중은 전체 이민의 대략 46%로 추계된다.

이에 반해 계약 하인이란 고액의 뱃값을 지급하는 대신 4년 정도 강제 노동에 종사했던 비자유 이민으로, 주로 남부와 중부 식민지에 이주했으며 전체의 약 42%를 차지했다(17세기 메릴랜드 식민지에서는 70% 정도였다). 또한 이들과 동일하게 비자유 이민에 해당하는 유배죄수와 흑인 노예의 수치까지 포함하면 대서양을 건너온 사람들의 대다수는 어떤 형태로든 자유를 속박받고 있었다고 해도 과언이 아니다.

계약 하인은 주로 하층민 출신인 20대 초반의 독신 남성으로, 본국에서 많은 청년이 경험했던 입주 하인 제도의 연장선상에 자리매김하고 있었다. 전반적인 위기 상황에 처했던 17세기 전반의 영국에서는 대량의 실업이 발생해 고향에서 일자리를 얻지 못한 하층 청년들이 대도시로 유입되었다. 이들은 국내 이동의

〈표 2-1〉 13개 식민지로 건너온 이민 수 추계(1607~1775)

이민 유형	사람 수	비중
자유 이민	217,900명	46.1%
계약 하인	200,200명	42.4%
유배죄수	54,500명	11.5%
합계	472,600명	100.0%
흑인 노예	311,600명	-

연장선상에서 해외 도항을 결의하고 계약 하인이 되기 위해 계약을 맺었다(정식 계약을 맺지 않는 경우도 있었다). 계약 하인은 가족 단위로 계획적으로 이주했던 청교도 대이주와는 결정적으로 다른 형태의 이민이다.

또한 빈곤 때문에 중죄를 범한 자는 유배죄수로 아메리카 식민지로 보내져 7~14년간 계약 하인과 동등한 강제 노동에 종사했다. 강제된 계약 하인에 해당하는 유배죄수들은 범죄라는 우회로를 경유하기는 했지만 그 프로필은 임의의 계약 하인과 공통되는 부분이 많았다. 즉, 계약 하인 제도는 영국 제국의 핵심인 본국에서 사회 문제를 일으키기 일쑤인 하층민, 범죄자 등의 잉여 인구를 나라에서 내쫓아 제국의 주변으로 이주시키고 그 땅의 노동력 수요도 만족시키는 것으로, 대서양 약 5000km를 매개로 인구를 재배치하는 장대한 체제였다. 영국 제국에 내장된 이 같은 인적 차원의 안정 장치를 통해 제국의 핵심은 사회적 안정을 보장받았고 식민지는 경제적 발전을 약속받았다(18세기에는 독일 등에서도 비자유 이민이 유입되었다).

계약 하인의 계약 기간 중 실태에 대해서는 낙관론과 비관론 모두 존재하므로 그중 하나로만 단언하기는 어렵다. 법률상 여러 권리가 보호되었기 때문에 본국에서 악평한 것만큼 상황이 심각하지는 않았을 것으로 추정된다. 계약 하인들은 계약 기간이 끝나면 농장주로 신분이 상승하는 사례도 있었는데, 메릴랜드 식민지에서는 1680년대 무렵부터 사회적 상승의 기회가 축소되자 이민을 유인하는 유입 요인이 사라졌다. 한편 본국에서도 여러 상황이 호전되어 이민을 밀어내는 배출 요인이 둔화되었기 때문에 백인 계약 하인의 유입이 감소되었다.

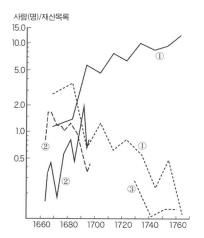

사람(명)/재산목록

〈그림 2-1〉 메릴랜드 식민지에서 강제 노동력을 소유한 수
실선은 노예, 점선은 계약 하인을 나타냄
① 앤 아룬델 카운티, ② 메릴랜드 저지대, ③ 프린스 조지스 카운티

배출 요인과 유입 요인에 따른 설명은 고전적이기는 하지만, 다각적인 형태의 인적 이동을 두 가지 점 사이에 초점을 맞춰 고찰할 때에는 여전히 유효하다. 백인 계약 하인이 감소되자 농장주들은 대체 노동력으로 흑인 노예에 주목했고, 17세기 말부터 흑인이 대량 유입되기 시작했다. 그 결과 〈그림 2-1〉에서 나타나는 것처럼, 남부 농장의 강제 노동력은 백인 계약 하인에서 흑인 노예로 크게 이동했다.

인구 형태와 가족 형태

식민지는 원래 사람의 이동으로 생성되는 사회이므로 인구는 식민지의 발전을 확인하는 데서 가장 중요한 요소가 될 수 있다. 이른바 인구학적 방정식에 따르면, 인구 증감은 자연 증가(출생에서 사망을 뺀 수)와 사회 증가(유입에서 유출을 뺀 수)의 두 가지 요인에 의해 제어된다. 백인에 의한 식민지 건설에만 초점을 맞춰 해석하면, 이민 유입에만 의존하는 것이 아니라 자연 증가로도 인구가 성장해야 비로소 본국에서 자립하는 형태의 독자적인 사회 발전이 보장된다. 다시 말해, 이민 유입이 중단되면 머지않아 인구가 감소하는 불안정한 변경 식민 이주지(frontier settlement)에서 자연 증가가 가능하므로 인구학적으로 안정된 식민지 자생 형태의 식민지 사회로 전환되는 것이다. 물론 여기에는 자연 환경, 가족 형태 등 다양한 요소가 연관된다. 이민이 많은 변경 식민 이주지에서는 수명이 짧고, 남성이 많고, 늦게 결혼하고, 아이들의 수가 적고, 자연 증가가 어려운 특징을 보이는 반면, 식민지에서 출생한 사람을 많이 보유한 식민지 사회에서는 수명이 길고, 성비 균형이 잡혀 있고, 일찍 결혼하고, 아이들의 수가 많고, 자연 증가가 가능한 흐름을 보인다. 아래에서는 이러한 실상을 지역별로 개관할 것이다.

전술한 바와 같이, 독신 남성이 계약 하인으로 많이 이주했던 남부 식민지에서는 특히 저지대에서 높은 기온과 습도 때문에 비위생적인 환경이 초래되었고 말라리아 등의 전염병이 만연했다. 이주 초기에 이민은 신대륙의 풍토에 적응하지 못해 신세계에 도착한 이후 1년 이내의 사망률이 17세기에는 적어도 30% 이상이었을 것으로 추계된다. 이민보다 식민지에서 출생한 사람들이 장수한 이유 중의 하나는 유아기에 면역을 획득했기 때문일 것이다.

이처럼 사망률이 높았던 남부 식민지에서는 계약 하인의 계약 기간이 길었다. 이 때문에 결혼을 늦게 하는 경향이 있어 한 가족당 아이 수는 평균 3명이었다. 다만 고아가 고아 재판소에서 사회적으로 구제받거나 과부가 재혼을 통해 가족으로 재편성되는 것이 매우 일반적이었으므로 이복형제 등을 포함한 확대 가족이 가족 형태의 전형이었다. 한편 전체 인구에서 성비는 남성이 현저하게 높았고, 평생 독신으로 사는 남성도 4명 중 1명 정도였다.

하지만 이러한 인구 형태가 점차 개선되면서 인구 전환이 일어났다. 메릴랜드 관련 자료에 따르면, 메릴랜드 식민지의 인구 전환은 1680년대 무렵부터 식민지에서 출생한 제1세대를 핵심으로 시작되어 1720년대 무렵에는 대체로 완성되었다. 그 이후로는 상대적으로 긴 평균 수명과 자연 증가가 뒷받침되어(물론 이민도 유입되고 있었지만) 인구 규모가 연쇄 반응적으로 확대되었다.

또한 가정에서는 밭일에서 해방된 아내가 가사노동만 전담하고(이것도 당시에는 가혹한 노동이었지만) 남편은 농장 경영을 담당하는 성별 역할 분업이 진행되었다. 또한 아버지의 권한이 강화되어 남부 스타일의 가부장주의적인 가족이 형성되는 흐름이 출현했다.

한편 가족 단위로 이주하는 경우가 많았던 뉴잉글랜드 식민지에서는 추운 기후 때문에 사망률이 상대적으로 낮았고 한 가족당 아이 수는 평균 7명이었다. 이것은 당시 서유럽 국가들에 견주어 보더라도 상당히 높은 수치였다. 즉, 뉴잉글랜드에서는 처음부터 안정된 자연 증가의 조건이 어느 정도 갖춰져 있었던 것이다. 가족 형태는 핵가족 구성이 일반적이었고, 가정 내에서는 종교적 뒷받침하에 연령을 기준으로 다양한 질서가 형성되었으며, 식민지 당국이 개입하는 경우도 있었다. 하지만 세대를 거치면서 교회 신도 자격이 애매해졌고 공동체적 규범이 점차 무너졌다.

중부 식민지의 자연 환경은 뉴잉글랜드와 남부 식민지의 중간적인 상황이었으며, 가족 양식도 두 지역의 중간적인 색채를 띠었다. 한 가족당 아이 수는 평균 5명이었는데, 퀘이커 교도 사이에서는 유대감이 강조되었다. 또한 혼외자 출생률 등 성적 규범에서 일탈하는 지표가 다른 지역에 비해 상당히 낮았다.

흑인 노예제 확립과 노동력 전환

가혹한 강제 노동에 종사하는 흑인 노예는 서인도제도 등에서 이미 도입되고 있었으나 북미에서는 다른 인종에 대한 혐오감과 공포감이 작용해 계약 하인의 감소를 보완하는 비숙련 노동력으로만 이용되었다. 흑인 노예는 구매 비용도 계약 하인보다 3배 이상 높았는데, 부를 축적했던 연안 지역의 대농장주 등이 이니셔티브를 쥐고 대량 도입에 나서면서 백인 계약 하인에서 흑인 노예로 노동력이 전환되었다. 흑인이 황열병, 말라리아 등의 전염병에 일정한 내성과 면역을 갖춘 점도 노예로 이용된 요인 중의 하나로 간주되고 있다. 1720년대 이래 흑인이 자연 증가하고 기술을 습득함에 따라 숙련 노동에도 노예가 이용되었으며, 농장주에게 노예 투자는 수익률이 높았다.

원래의 노예 제도는 고대 이래 보편적인 역사 사실이자 현상이었는데, 근세 대서양 세계에서 전개된 흑인 노예제는 특정한 인종만 노예로 규정하는 인종 노예제였다는 점이 특징이다. 특히 북미에서는 흑인의 피가 섞여 있을 경우 흑인으로 간주된다는 원칙(피의 비중과 용모에 따라 백인으로 간주되는 경우도 있었지만), 이른바 백인·흑인의 이분법적 이해가 넓게 받아들여졌다. 그리고 노예를 소나 말과 동일하게 동산(動産)으로 간주하는 법적 노예제가 확립되면서 흑인 노예를 대량 도입할 수 있게 되었다.

제1장에서 다룬 바와 같이, 최초 시기에는 계약 하인으로 취급되었던 흑인도 결국 인종적·종교적 요인으로 인해 각종 판례와 법률 제정을 거쳐 종신 계약 하인으로 규정되는 노예 신분이 법적으로 분화·형성되었다.

버지니아 식민지에서 간접적이지만 최초로 흑인에 대해 종신 계약 노예가 법적으로 승인된 것은 1662년 버지니아 의회 제정법 제102호에서였다. 여기에는 "계약 연한의 추가에 의해 (도망죄를) 속죄하지 않은 흑인"이라는 문구가 나온다. 그 이후 노예를 더욱 명확하게 규정하기 위해 몇 가지 법률이 연달아 제정되었다. 같은 해에는 "태어난 아이가 비자유 신분인지 자유 신분인지에 대한 판단은 모친의 신분만 기준으로 삼는다"라면서 본국의 법체계와는 다른 모계제 원리를 도입할 정도로 백인의 피의 순결성을 확보했다. 이와 함께 백인 남성이 흑인 여성을 성적으로 착취하는 것을 암묵적으로 정당화했다. 또한 1667년 법률에서는 "세례를 수여했는지 여부는 비자유 신분과 자유 신분을 구별하는 데 아무런 영향을 미치지 않는다"라고 정해 기존 노예 신분의 최대 근거 중 하나로 간주되었던 이교성(異教性)을 법적으로 완전히 배제하고 차별 논리로서의 인종 요인만 간접적으로 선택했다.

강제 노동력에 관한 버지니아 식민지의 여러 법률은 1705년 '계약 하인·노예법'으로 집대성되었다. 전체 41개 조로 구성되어 있는 이 법률은 과거의 관련법을 정리·통합한 것이었다. 이때에 이르러 버지니아 식민지의 인종 노예제는 법

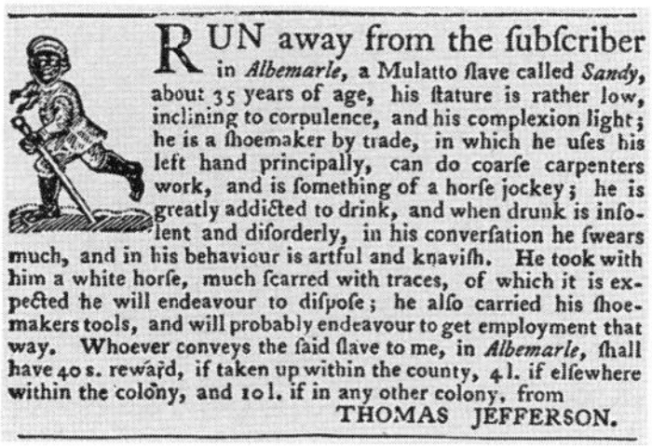

RUN away from the ſubſcriber in *Albemarle*, a Mulatto ſlave called *Sandy*, about 35 years of age, his ſtature is rather low, inclining to corpulence, and his complexion light; he is a ſhoemaker by trade, in which he uſes his left hand principally, can do coarſe carpenters work, and is ſomething of a horſe jockey; he is greatly addicted to drink, and when drunk is inſolent and diſorderly, in his converſation he ſwears much, and in his behaviour is artful and knaviſh. He took with him a white horſe, much ſcarred with traces, of which it is expected he will endeavour to diſpoſe; he alſo carried his ſhoemakers tools, and will probably endeavour to get employment that way. Whoever conveys the ſaid ſlave to me, in *Albemarle*, ſhall have 40 s. reward, if taken up within the county, 4 l. if elſewhere within the colony, and 10 l. if in any other colony, from

THOMAS JEFFERSON.

〈그림 2-2〉《버지니아 가제트》에 토머스 제퍼슨이 게재한 도망 노예 관련 광고(1769.9.14). 제퍼슨은 4년 후에 구두 제작 직공이던 이 노예를 팔아넘겼다.

적으로 완성되었다.

하지만 인종 노예제라는 질곡에 대해 주체적으로 저항한 흑인도 있었다. 당시 신문에 게재되었던 도망 노예와 관련된 광고에서 이와 관련된 일단을 살펴볼 수 있다(〈그림 2-2〉 참조). 집단적인 노예 반란이 적었던 북미 대륙에서는 일상적인 저항은 태업 같은 형태로 나타났고 적극적인 저항은 도망 같은 형태로 나타났다. 도망 관련 공고는 물론 지배자 측이 만들어낸 역사자료이지만, 거기에 포함된 풍부한 정보는 피지배자에 해당하는 노예들이 지배 체제에 맞선 흔적을 생생히 보여준다.

세 인종의 조우

그 결과 영국 제1차 제국의 안팎으로부터 백인과 흑인의 노동력이 이식되는 한편으로, 원주민을 청소하는 작업이 진행되었다. 원주민은 흑인과 마찬가지로 제국의 외부에 위치했으므로 제국으로서는 원주민의 인적 손실이 부담으로 간주되지 않았다.

원주민을 청소하는 수단으로는 전염병과 함께 제1장에서 언급한 전쟁을 들 수 있다. 신세계 정복이 만들어낸 야만에 의해 이곳에서는 폭력이 합법적으로 허용되었고, 유럽 내부의 전쟁과는 완전히 성격이 다른 전투, 즉 제노사이드(집단 학살)가 초래되었다.

특히 화약무기의 도입으로 파괴력이 증가하면서 백인이 직접 원주민과 교전하는 것은 물론, 원주민의 부족 간 대립을 조장해 원주민끼리 원주민을 청소하는 정책도 수행되었다. 화약무기는 유럽에서 반입된 주류(알코올도수가 높은 증류주 등)와 함께 원주민들에게 매우 선호되었기 때문에 이러한 것과 교환하기 위해 원주민끼리 원주민을 노예 사냥하는 일이 벌어졌으며, 유럽에서 수요가 많아진 비버 모피를 마련하기 위해 비버를 난획하는 일도 생겨났다. 그 때문에 생태계 균형이 무너지고 음주에 의해 생활양식이 격변함에 따라 원주민 문화가 총체적으로 파괴되었다.

한편 백인 이주민에게는 광대한 토지가 무료로 개방되었다. 그들은 발견된 땅은 모두 국왕의 것이고 점유·정주에 의해 소유권이 발생한다면서 자신들의 수탈을 정당화했지만, 이것은 원주민의 토지에 대한 관념(배타적으로 소유하는 것이 아니라 필요한 범위를 이용하는 것)과 양립할 수 없는 논리였다.

그 결과 북미 대륙에서 세 인종은 불행한 형태로 조우했다. 원주민을 청소했던 자유 토지(자유로운 땅, 공짜인 땅)에 본국(그리고 다른 유럽 국가들)의 잉여 인구가 식민 차원에서 도래했고, 부족한 노동력을 보완하기 위해 흑인이 아프리카에서 수탈되어 강제로 이주되었다. 이 인적 체제에 의해 핵심의 여러 문제는 제국의 주변부로, 나아가 외부로 전가되었고, 원주민과 흑인은 막대한 피를 흘리는 비용을 부담해야 하는 상황에 내몰렸다.

근세 대서양 세계를 구동시킨 이 거칠 것 없는 메커니즘(흑인 노예제와 원주민 억압)은 죄가 많은 카인의 표식이 되었다. 원주민과 흑인이 혼혈의 사람들과 함께 사회에서 자리 잡았던 라틴 아메리카와 달리, 영국인이 북미에 구축했던 사회는 원주민과 흑인을 배제한 뒤 백인의 공화주의와 민주주의를 추구하는 형태였다.

3. 중상주의 체제와 생활수준: 물자

항해조례 체제 확립

본국을 핵심으로 하는 체제에 주요한 구성 요소로 편입된 영국령 북미 식민지가 본국 및 다른 지역과 맺은 관계는 이제까지 논해온 인적 측면(사람)과 경제적 측면(물자·자금)으로 구분할 수 있다. 여기서는 후자, 특히 물자에 대해 살펴볼 것이다.

<표 2-2> 항해조례 및 관련 법률

항해에 관한 규제		- 1651년 항해조례(올리버 크롬웰의 항해조례) - 1660년 항해조례(해상헌장)
식민지 무역에 관한 규제	수출	- 1660년 항해조례 - 1673년 항해조례(수정법) - 1705년 선박자재조례
	수입	- 1693년 항해조례(시장법) - 1733년 당밀조례
식민지 산업에 관한 규제	금지	- 1699년 모직조례 - 1732년 모자조례 - 1750년 철조례
	장려	- 선박자재조례

근세에서 영국 제1차 제국과 식민지 간의 경제적 관계는 일련의 항해조례와 관련 여러 법률에 의해 규정되어 항해조례 체제라고 불리는 중상주의 체제가 수립되었다(<표 2-2> 참조). <표 2-2>에 제시된 바와 같이, 항해 자체에 관해서는 외국 상인, 특히 네덜란드 상인의 개입을 배제하기 위해 1660년 항해조례 등에 따라 제국 내의 무역은 원칙적으로 자국선(식민지 내에서 건조된 것도 포함)으로만 실시하는 것으로 정해졌다.

식민지 무역에 대해서는 담배, 사탕, 인디고, 선박자재 등 군사상 또는 생활상 중요한 식민지 산물이 열거 품목으로 지정되어 제국 외부로의 직접 수출이 금지되었다. 이와 함께 식민지 간 거래에서도 본국의 관세에 해당하는 식민지 수출세가 부과되었다. 한편 식민지가 유럽의 산물과 상품을 수입할 때에는 본국의 관세를 거치는 것이 의무화되었고, 나아가 외국산 열거 품목을 수입할 때에는 금지적 관세가 부과되어 사탕 등에 강력한 보호시장이 형성되었다.

식민지 산업에도 규제를 가해 본국의 중요한 제조업과 경합할 우려가 있는 물자는 금지되었고, 거꾸로 선박자재 등 외국에 어느 정도 의존하지 않을 수 없는 중요한 물자는 제국 내로 조달하도록 보조금 등의 수단을 통해 생산이 장려되었다. 예를 들면, 영국 본국에서는 당시 목재 자원이 고갈되기 시작해 나무에서 생산되는 피치, 타르 같은 방수 및 부패 방지를 위한 선박용 필수품뿐만 아니라 목재 자체도 외국, 특히 북유럽에서 수입해야 했다. 이러한 선박자재는 군사적·경제적으로 가장 중요한 물자였으므로 제국 내의 식민지, 가령 노스캐롤라이나 등에서 공급을 대체하도록 했다.

이와 같이 구축된 항해조례 체제는 본국을 핵심으로 하고 외국의 개입을 배제한 일종의 폐쇄된 체계로, 본국의 이해에 따라 식민지와 공존했다. 하지만 폐쇄된 체계라고는 해도 이동의 자유까지 규제하지는 않았으며 경제적 측면에 한정되었다. 그러한 의미에서는 이른바 쇄국과는 성격이 달랐다. 또한 식민지에서는 여러 규정을 반드시 따르는 것은 아니어서 밀무역이 왕성하게 이루어졌다. 밀수를 눈감아주는 대가로 세관의 관리에게 지불하는 뇌물의 표준 액수를 기록한 매뉴얼이 인쇄된 지역도 있었는데, 뇌물은 공무원 급여의 일부를 구성했다고도 할 수 있다.

밀무역을 통해 획득한 외화로 본국의 제품을 구입하기도 했으므로 5000km나 떨어져 있던 본국도 이런 상황에 엄격하게 대처하지 않았다(물리적으로도 대처하기 어렵긴 했다). 이로 인해 독립혁명 직전까지 '유익한 방임(salutary neglect)'이라고 불리는 상태가 계속되었다. 항해조례 체제의 실상에 내재된 이 같은 장치에 의해 식민지와 본국 쌍방을 배려하는 형태로 경제적 발전이 이루어졌는데, 나중에 본국이 이 유익한 방임을 일방적으로 재검토하려 하자 균형이 무너져 혁명이 발발했다.

삼각 무역의 전개

〈그림 2-3〉은 항해조례 체제 아래에서 전개되었던 당시 무역 경로를 영국령 북미 식민지를 중심으로 제시한 것이다. 이 그림에서는 대서양을 끼고 영국 제국의 외부 세계까지 포함했던 거대한 무역망이 부각되고 있다. 식민지 선박(이주민이 주요 선주인 선박) 중에서도 대형 선박은 이른바 삼각 무역을 구성하는 몇 개의 삼각형(13개 식민지-아프리카-서인도제도를 잇는 경로, 13개 식민지-남유럽-서인도제도를 잇는 경로)을 항해했다. 특히 아프리카가 편입된 경로에는 로드

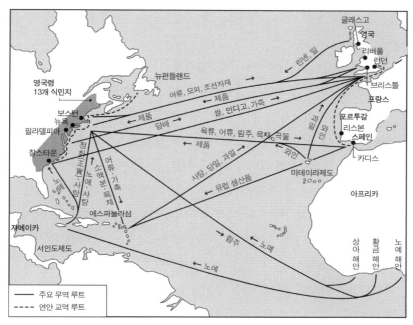

지도 내 라벨:
글래스고 / 영국 / 리버풀 / 런던 / 브리스틀 / 프랑스 / 포르투갈 / 리스본 / 스페인 / 카디스 / 아프리카

뉴펀들랜드
영국령 13개 식민지
보스턴 / 뉴욕 / 필라델피아 / 찰스타운
어류, 모피, 조선자재
제품
쌀, 인디고, 가죽
담배
육류, 어류, 럼주, 목재 / 곡물
제품
사탕, 당밀, 과일
유럽 생산품
마데이라제도
정화(正貨) / 노예·사탕 / 소맥·분·목재 / 어류·가축
에스파뇰라섬
자메이카
서인도제도
림주
노예
노예
과일 / 와인
와인
상아 해안 / 황금 해안 / 노예 해안

—— 주요 무역 루트
---- 연안 교역 루트

〈그림 2-3〉 근세 대서양의 무역 경로

아일랜드 상인 등이 출자해 전용으로 의장[3]된 노예선이 투입되었다.

아프리카와 신세계를 잇는 경로, 즉 중간 항로는 잔혹한 것으로 악명을 떨쳤다. 아프리카 서안에 모여든 노예들(아샨티 왕국 등에서는 흑인이 흑인을 잡아 노예로 팔기도 했다)은 옷이 벗겨진 채 사람으로서가 아니라 단순한 물자(검은 화물)로 선박으로 이송되어 감금되었으며, 매우 비위생적인 환경에서 가혹한 여행을 강요받았다. 자살한 사람을 포함해 사망률이 높았으며, 사망한 노예는 대서양에 버려졌다. 물론 본국 선박(본국 상인이 주요 선주인 선박)도 본국, 아프리카, 서인도제도 등을 왕래하는 삼각 무역에 가담했다. 노예무역은 높은 리스크, 높은 수익의 비즈니스였던 것이다(노예무역을 통해 축적된 부로 인해 본국의 항구 도시인

---

3   선체가 진수된 후 배를 운용하는 데 필요한 모든 장치를 설치하는 작업을 일컫는다._옮긴이

브리스틀, 리버풀이 윤택해졌고 리버풀의 배후지에 면화 도시로 불리는 맨체스터가 부상했다).

다만 보스턴항의 선박 역사자료를 정밀하게 조사했던 가사이 도시카즈의 연구에 따르면, 많은 소형 식민지 선박과 북미 식민지와의 무역에만 종사했던 본국 선박은 두 점 사이만 잇는 왕복 무역에 특화되었다. 가령 식민지 선박은 자메이카의 항구도시 포트로열과 보스턴항 사이를 왕래했다. 이러한 경로는 상호 연결되어 강력하고 확고한 네트워크를 형성했다. 여기에는 물자와 함께 다양한 정보도 흘러들어 왔는데, 특히 불확실성이 높은 해외 무역에서는 상인 간의 인적 유대가 중요시되었다[편지가 상대방에게 전달된다는 보장이 없었기 때문에 중요한 편지는 레터북(서신 발송 대장)에 복사본을 마련해 두고 같은 내용의 편지를 여러 통 송부하는 일도 있었다].

네트워크의 주요한 삼각의 정점 가운데 두 곳에는 13개 식민지와 서인도제도가 위치했는데, 이 지역에서는 영국의 대규모 식민지 무역이 전개된 양상, 즉 영국 상업혁명에서 이러한 식민지가 수행했던 중요한 역할을 엿볼 수 있다.

주요 산물 가운데 특히 주목해야 하는 것은 국제 상품에 해당하는 사탕과 담배이다. 사탕과 담배는 동일한 국제 상품이긴 했지만, 사탕을 산출하는 서인도제도의 식민지와 담배를 산출하는 북미의 남부 식민지가 영국 제국 내에서 차지하는 위상은 달랐다. 서인도 식민지에서는 지주나 농장주가 본국에 거주하여 식민지에 부재하는 것이 일반적이었으며, 사탕 농장에서 나오는 막대한 부를 통해 사치스러운 생활을 영위해 이목을 모을 정도였다. 반면 남부 식민지에서는 지주나 농장주가 식민지에 부재하지 않았고 사회적으로나 인구적으로도 자율화로 향했다. 또한 담배는 본국에서 재수출됨으로써 국제 경쟁력을 보유했던 반면, 사탕은 프랑스령 서인도산에 비해 가격 면에서 열등했고 제국의 보호시장을 필요로 했다. 이러한 차이는 결국 두 지역의 이후 운명에 커다란 변화를 가져왔다.

한편 영국의 라이벌인 프랑스도 중상주의 체제를 확립하고 대서양을 두루 돌아다니면서 네트워크를 구축했다. 유럽에서 일어난 양국의 충돌은 신대륙의 정세와도 연동되어 식민지까지 휘말렸으며, 네 차례에 걸쳐 커다란 전쟁이 일어났다. 유럽에서 스페인 왕위 계승 전쟁이 일어날 때 북미 식민지에서는 앤 여왕 전쟁(1702~1713)이 일어났고, 오스트리아 계승 전쟁 때에는 조지왕 전쟁(1744~1748)이 일어났으며, 7년 전쟁 당시에는 프렌치-인디언 전쟁(1754~1763)이 병행해서 일어났다. 후세의 한 역사가는 이 같은 영국과 프랑스의 대립을 제2차 100년 전쟁이라고 명명했는데, 이러한 상황이 신구 두 대륙에서 발생했다.

생활수준과 소비 혁명

대서양 무역의 활발한 전개는 영국령 북미 식민지의 영국화를 촉진했으며 식민지 사람들의 일상생활에도 큰 영향을 미쳤다. 최근 연구에서는 당시의 생활수준, 즉 넓은 의미에서의 의식주를 정확하게 파악하기 위해 소비재의 소유 상황을 조사함으로써 소비 수준을 측정하고 있다. 이때 주로 이용되는 역사자료가 재산 목록이다.

서양사에서는 재산과 유산을 목록 형태로 만들기 위해 기록하는 행위가 상당히 보편적이었다. 언뜻 보면 잡다한 물자와 수량, 가격을 나열하고 있는 듯한 역사자료도 주의 깊게 들여다보면 당시 사람들의 일상생활과 생활수준을 제시하는 일종의 타임캡슐이 될 수 있다.

다만 재산 목록은 대부분 유산 목록으로 작성되었기 때문에 통계상 편향이 있다. 따라서 거시적인 시계열 데이터를 도출할 때에는 이를 조정하는 작업이 반드시 필요하다. 이러한 역사자료를 이용해 식민지 시대의 경제 성장과 부의 분배 상황 등 거시 지표를 추계하는 연구는 급속하게 진전되었다. 또한 이 같은 자료는 미시적인 생활 세계를 재현할 때에도 매우 유용하다. 의복 등 다양한 일상의 물자를 통해 당시 생활의 구체적인 모습에 접근할 수 있기 때문이다.

남부 식민지를 대상으로 한 연구에 따르면, 17세기의 소비 수준은 전술한 바와 같이 단순화된 사회 때문에 본국에 비해 대체적으로 낮았으며, 식민지 내부에서도 남부 식민지가 북부의 뉴잉글랜드보다 약간 낮았다(다만 북미 식민지의 전반적인 식품류 상황은 영양학적으로 볼 경우 본국을 능가했을 가능성이 있다). 하지만 18세기까지 소비혁명이 사회의 하층을 포함해 질과 양 모두에서 급격하게 진행된 것으로 추정된다. 뉴잉글랜드에서도 다소 늦기는 하지만 거의 동시기에 소비혁명이 전개된 것으로 확인되고 있다.

소비혁명이 진행된 메커니즘을 보면, 상층의 사람들(예를 들면 남부에서는 대농장주)이 제국의 메트로폴리스(대도시)에 해당하는 런던에서 다양한 소비재와 소비양식을 도입하면 이것이 사회적 경쟁으로 하층의 사람들에게 파급되고 나중에는 사회층의 저변으로까지 침투되었다고 할 수 있다. 제국의 중심에서 식민지로 전파되고 식민지 내부에서도 상층에서 하층으로 전해졌음을 알 수 있다.

구체적인 사례로는 식생활에서 차를 마시는 습관, 사탕 소비, 포크 사용, 주거에서 조지 왕조의 양식 도입, 의복에서 본국과 대륙의 방식 도입 등 대체로 의식주 전체가 변화되었다. 그리고 이러한 변화를 가능케 한 물자는 본국에서 또는 본국을 경유해서 식민지에 반입되었다. 물자와 함께 관련 정보도 발신되었기 때문에 소비양식과 생활양식에서 본국과 유사해지면서 사회의 복잡화 및 영국화가 진행되었다.

여기서는 하나의 사례로 본국 남성과 식민지 남성의 의복에 대해 살펴볼 것이다. 남성 의복은 당시 여성 의복에 비해 훨씬 큰 변화를 경험했기 때문이다. 16세기에는 허리까지 올라오는 타이츠 형태였던 호스가 스타킹(긴 양말) 부분과 분리되어 투피스화되었으며, 상의로는 더블릿을, 목둘레에는 러프(주름 옷깃)를 착용했는데(〈그림 1-5〉 참조), 17세기에 들어서자 점차 러프는 사용하지 않고 늘어뜨린 옷깃(크고 평평하게 접은 옷깃)이 일반화되었다. 1630년대에는 하의가 평퍼짐한 트렁크 호스로 교체되었고 낙낙한 브리치스(퀼로트)를 입었다.

1680년대에 이르자 이른바 3종 세트의 원형에 해당하는 코트(옷깃이 없는 상의), 웨이스트코트(조끼), 브리치스가 완성되었다. 가발도 착용했고 삼각모 사용도 확산되었으며 수염을 깔끔하게 깎았다(〈그림 2-4〉 참조). 여기에 부응해

〈그림 2-4〉 『우아한 행동의 기초(Rudiments of Genteel Behaviour)』(1737)에 묘사된 인사하는 모습. 가발은 길며 오른손에 삼각모를 들고 있다.

코담배[4]도 유행했다. 18세기 중엽이 되면서 코트는 더욱 슬림해졌고 웨이스트코트는 더욱 짧아졌으며 브리치스는 더욱 타이트해졌다. 한편 가발은 더욱 짧아지고 가벼운 형태로 변화했다(〈그림 3-7〉 참조). 바로크풍에서 로코코풍으로 이행했던 것이다(다만 식민지에서는 수수한 색깔이 선호되었다고 한다). 또한 가발에는 밀가루 성분 등의 파우더(분말)가 뿌려졌다.

이러한 복장 형태를 통해 신체에 매너가 강요된 결과, 당시 사람들의 체형은 오늘날의 미국인과 상당히 달랐다는 사실도 밝혀지고 있다. 또한 17~18세기에는 전신 입욕의 습관이 없어졌기 때문에(물이 털구멍으로 침투하면 신체를 해롭게 하는 것으로 간주되었다) 웨이스트코트 아래에 착용하는 순백색의 셔츠는 청결함을 표현하는 가장 좋은 수단으로 여겨졌다.

의식주에 걸친 다양한 소비재는 흔히 신분을 상징하는 것으로 기능했으며 일상생활에서 계층 차이를 보여주었기 때문에 (이제까지의 신분제 질서에 기초하는 것이 아니라) 경제력에 기초한 새로운 계층 구분을 만드는 요인이 되기도 했다. 그 결과 18세기 중반까지 소비 사회가 영국령 북미 식민지에 출현했고, 각 식민지와 본국은 일상의 소비 활동을 통해 더욱 강하게 결부되었다. 수요를 환기시킨 이 거대한 소비 시장의 형성은 다가올 본국의 공업화(산업혁명)의 전제가 되기도 했다.

---

4   콧구멍에 발라서 냄새를 맡는 가루 형태의 담배를 일컫는다. _옮긴이

4. 화폐로 보는 근세 대서양 세계: 자금

국경을 초월한 화폐

이 절에서는 물자와 함께 또 하나의 경제적 측면에 해당하는 자금 측면에서 근세 대서양 세계의 구체적인 모습을 묘사해 보고자 한다. 관리 통화제도가 시행되는 오늘날과 달리, 당시에는 경화(硬貨)에 국경이 없었기 때문에 마치 혈액처럼 근세 대서양 세계를 순환했던 돈은 매우 중요한 존재였다. 따라서 돈이 통용된 양상을 파악하는 것은 당시 세계를 총괄하는 하나의 원리를 찾아내는 것이라 할 수 있다.

이러한 문제를 고려하는 데서 매우 흥미로운 사례를 제공하는 것은 문예 작품이다. 예를 들면, 로버트 스티븐슨(Robert Stevenson)의 유명한 소설 『보물섬(Treasure Island)』(1883)에는 해적의 보물을 묘사하는 장면에서 많은 금화와 은화가 나온다(실제로는 해적이 보물을 매장하는 경우가 거의 없었던 것으로 보인다). 소년 짐 호킨스는 이렇게 말한다. "스페인의 더블론, 프랑스의 루이도르, 영국의 기니, 스페인의 8레알 은화 외에 내가 알지 못하는 다양한 것이 뒤죽박죽 섞여 있었다." 또한 해적 존 실버의 앵무새는 "엄청나게 빠른 말로 '8레알 은화! 8레알 은화! 8레알 은화!'라고, 듣는 이가 걱정할 정도로 숨을 헐떡이며 외쳤다"라고 쓰여 있다.

이 소설이 쓰인 것은 19세기 말이었는데, 작중 연대는 18세기이므로 스페인의 더블론(8에스쿠도) 금화, 8레알 은화, 프랑스의 루이도르 금화, 영국의 기니 금화 등 근세 대서양 세계에서 통용되었던 금화와 은화가 대거 등장한다(〈그림 2-5〉는 당시 통용되었던 금화의 실물이다).

경화에 새겨진 라틴어 명문(銘文)에서는 유럽 각국에 공통되는 일정한 패턴을 찾아볼 수 있다. 우선 군주 명칭을, 다음으로는 D. G. 라는 표현을, 그리고 통치를 주장하는 국가의 명칭을 소유격으로 새겨 넣었다. D. G. 는 'Dei Gratia'의 약칭으로, '신의 은총으로'라는 뜻이다.

〈그림 2-5〉 근세 대서양 세계의 금화. 왼쪽부터 1/2에스쿠도(포르투갈), 1더컷(네덜란드), 1루이도르(프랑스), 1기니(영국), 4에스쿠도(브라질), 8에스쿠도(볼리비아)

중세 초기에 이처럼 스스로를 칭하는 형식이 만들어진 이래 오늘날에 이르기까지 화폐에 국한되지 않고 다양한 문서에 이 같은 특정한 형식의 정형문이 등장한다. 이러한 양식에 주목해 보면 각 왕조의 군주가 어떤 국가의 왕을 자임했는지를 명료하게 알 수 있다. 예를 들면, 튜더 왕조의 마지막 군주인 엘리자베스 1세는 잉글랜드, 프랑스, 아일랜드의 여왕으로서의 명칭을 사용했다. 또한 스코틀랜드에서 잉글랜드로 올라타서 동군 연합의 왕으로서 스튜어트 왕조를 창시했던 제임스 1세는 처음에는 잉글랜드, 스코틀랜드, 프랑스, 아일랜드의 왕을 자임했다. 다만 앤 여왕의 통치 시기에는 잉글랜드와 스코틀랜드가 공식적으로 통합되었는데, 이것은 문장(紋章)의 변화에 여실히 나타나고 있다.

앞에서 언급한 『보물섬』에서 앵무새가 외쳤던 8레알 은화는 매우 유명한 스페인 경화이다. 근세 대서양 세계를 대표하는 경화로 영국령 북미 식민지에서도 넓게 통용되어 스페인 달러라고도 불렸다.

〈그림 2-6〉 18세기의 8레알 은화
(왼쪽) 과테말라에서 조폐됨(직경 3.9cm)
(오른쪽) 말리에서 조폐됨. 영국 왕의 부마크(counter mark)가 들어감(직경 4.0cm)

〈그림 2-6〉에 제시한 것처럼, 8레알 은화(및 보조 화폐)는 시대에 따라 의장(意匠)이 변했는데(왼쪽은 기둥 타입이고 오른쪽은 앞면에 국왕의 초상을 새겨 넣은 초상 타입이다), 이 두 기둥은 오늘날 스페인 국기의 문장에도 그려져 있다. 2개

의 기둥(헤라클레스의 기둥)은 지중해에서 대서양으로의 출구와 지브롤터해협 동단에 위치한 유럽 아프리카 양안의 곶을 의미하는 것으로 간주되며, 해협에서 멀리 떨어진 신대륙의 식민지와 스페인 본국을 가리켜 "둘은 하나이다(Utraque Unum)"[5]라는 명문을 경화에 새겨 넣었다.

경화의 헤라클레스 기둥에는 약간 생략된 형태로 "더욱 앞을 향해"라는 문구가 새겨져 있다. 이것은 기둥에 기록되어 있던 것으로 추정되는 경구인 "이것보다 앞은 없다"에서 부정사를 제외시킨 것이라 할 수 있다. 기둥의 저편에 있는 신세계까지 지배하에 두었던 스페인 왕의 권세를 반영한 문구라고 할 수 있다. 그리고 조폐소를 나타내는 모노그램[6]의 각인으로부터 이들 화폐가 포토시, 멕시코시티 등 신대륙 각지의 스페인령 식민지에서 조폐되었음을 알 수 있다.

신대륙에서 타국의 경화였던 8레알 은화가 자국의 경화 이상으로 폭넓게 사용된 상황은 미국의 제3대 대통령 토머스 제퍼슨이 집필한 저작 『버지니아 보고서』[7](1781~1782년 집필)에서도 엿볼 수 있다. 이 책은 다양한 질문에 대답하는 형식으로 기록되었는데, 당시 버지니아에서 통용되던 화폐를 묻는 '질문 21' 항목에 대해 일람표의 형태로 답하고 있다. 이 답변에는 각 조폐소의 8레알 은화 외에 많은 외국의 금화와 은화가 목록에 포함되어 있으며, 그러한 화폐에 대한 평가가 변화한 상황도 18세기 초에 이르기까지 간략하게 기록되어 있다.

경화 부족과 경화 이외의 결제 수단

당시 경화가 물자로서 자유롭게 국경을 넘나들긴 했지만, 본국의 경화가 존재하는데도 불구하고 왜 영국령 식민지에서는 다양한 타국의 금화와 은화를 사용했던 것일까? 이 질문은 왜 자국의 금화와 은화가 부족했을까 하는 질문으로 치환할 수 있다.

---

5   영어로는 "Both are one"으로 해석된다._옮긴이
6   2개 또는 3개 이상의 문자나 자소를 조합한 기호를 일컫는다._옮긴이
7   *Notes on the State of Virginia*(1785)를 일컫는다._옮긴이

경화 부족의 첫째 요인으로는 금과 은이 북미 식민지에서 발견되지 않았다는 근본적인 사실을 들 수 있다. 즉, 스페인 식민지에서는 귀금속이 풍부하게 발견되었던 데 반해, 영국령 북미 식민지에서는 귀금속이 발견되지 않았다. 토머스 페인(Thomas Paine)도 『상식(Common Sense)』에서 "금과 은이 나오지 않은 덕분에 미국에 침입하는 사람도 존재하지 않는다"라고 쓴 바 있다. 새로 합중국의 영토가 된 캘리포니아에서 금이 발견된 것은 훨씬 뒤의 일이다.

경화가 부족했던 둘째 이유는 본국이 식민지에서 금화와 은화를 조폐하는 것을 금지했기 때문이다. 즉, 귀금속이 생산되지 않기도 했지만 기존의 금화와 은화를 재주조해서 조폐하는 것도 금지되었다(다만 후술하는 바와 같이 본국에서 청교도 혁명이 일어났을 때 보스턴에서 일시적으로 조폐가 허용되었다).

셋째 이유는 본국이 자국의 금화와 은화, 특히 은화를 식민지로 수출하는 것을 규제했기 때문이다. 이것은 앞에서 언급한 항해조례 체제하에 실시된 식민지 통제의 일환이었다. 본국은 식민지가 정화(본위 화폐)를 수중에 넣고 타국과 자유롭게 무역하는 것을 방해하려 했던 것으로 보인다. 당시 영국 본국도 경화 부족 사태에 처했었다. 예를 들면 18세기 말에는 스페인에서 8레알 은화를 수입해서 스페인 국왕의 초상 위에 당시 영국의 왕 조지 3세의 동상을 덧새겨 법화(법률상 화폐)로 전용해 영국 내에서 통용시킨 일도 있었다(<그림 2-6> 오른쪽의 중심부 참조).

영국령 식민지에서 경화가 부족했던 넷째 이유로는 본국에 대한 무역 수지가 전체적으로 수입을 초과하는 기조(특히 18세기 중반 이래)였다는 점을 들 수 있다. 안 그래도 부족한 식민지의 금화와 은화가 본국과의 무역을 통해 본국으로 흡수되었던 것이다.

그렇다면 당시 경화 이외에는 결제 수단이 없었던 것일까? 한정적인 형태였지만 존재하기는 했다. 식민지 최초 시기에는 바터 거래와 같은 형태가 있었고, 원주민이 이용했던 왐품(조가비 구슬)은 이주민들에 의해 17세기 중반 정도까지 공식 화폐로 사용되었으며 뉴욕 등 일부 지역에서는 18세기 초까지 소액 화폐로 잔존했던 것으로 추정된다. 또한 상품 자체를 화폐로 취급하는 상품화폐도 이용되었는데, 옥수수, 밀, 담배 등의 농산물, 나아가 비버의 모피 등이 그 대상이었다.

우리에게 가장 익숙한 것은 물론 지폐이다. 지폐는 대략 17세기 말부터 식민지에서 전개되다가 1764년에 본국에 의해 규제되었다. 지폐는 크게 네 종류로 분류할 수 있다. 상품증권, 신용증권, 토지은행권, 환어음이다.

상품증권은 상품화폐를 증권화·지폐화한 것으로, 현물을 다루는 불편함을 개선한 것이라고 할 수 있다. 예를 들면, 창고에 수납되어 있던 담배의 검사표가 이서·양도되어 'tobacco note'로 유통되었는데, 이 경우 tobacco note는 담배를 뒷받침하는 사실상의 담배 태환지폐였다. 신용증권은 일반적인 지폐(다만 은행권이 아닌 정부 지폐)에 해당하는데, 이 신용증권은 식민지 정부가 세수로 뒷받침했다. 한편 토지은행권은 담보로 취득한 토지에 의해 뒷받침되었다.

특정 공동체 내부에서 가장 간결한 결제 수단은 상호 간의 신용에 기초한 방법일 것이다. 하지만 이것은 공간과 시간상 매우 한정적인 수단에 불과했다. 이처럼 경화를 대체하는 결제 수단은 모두 한정적이었고, 글로벌한 지역 간에 결제 수단이 될 수 있는 금화와 은화[또한 지역 내의 결제 수단인 동화(銅貨)]에 대한 수요와 필요성은 일관되게 높았다.

경화를 식민지 내에 머물게 하는 첫째 방법: 경화의 가치를 높인다

그렇다면 영국령 북미 식민지는 외국의 경화를 식민지 내부로 어떻게 유입하려 했을까? 여기에는 방향이 다른 두 가지 방법이 있었다.

첫째는 경화의 가치를 높게 평가하는 방법이다. 앞에서 언급한 경화의 도판에서 알 수 있듯이, 당시의 경화에는 메달처럼 액면 가격이 표시되지 않은 것이 다수 존재했다. 그 자체로 고유의 가격을 지니고 있지 않은 오늘날의 경화는 액면에 각인이 필요하지만, 영국의 동전 등은 시대가 상당히 흐른 뒤에도 액면에 각인이 되지 않은 경우가 있었다.

당시에는 경화의 가치를 판단하는 것이 경화를 사용하는 자의 책임이었다. 다만 스페인 경화 등은 예외적으로 금화와 은화 모두 매우 체계적으로 액면에 각인이 되고 있었다. 또한 영국에서도 소액의 은화에는 액면에 각인이 되었다. 하지만 각인이 있든 없든 간에 모든 경우에 자유롭게 경화의 가치를 평가할 수 있다는 데에는 변함이 없었다. 금화와 은화는 중량이나 품위[8]가 다양하더라도 결국 금과 은 자체이기 때문이었다.

이 때문에 영국령의 각 식민지는 시장과 동조하는 형태로 경화의 고가치 정책을 채택하고 각국의 금화와 은화(물론 본국의 것도 포함해)를 흡수해 식민지 내에 머무르게 하려 했다. 미국 독립선언이 발표된 1776년에 출간된 애덤 스미스의 『국부론』에도 펜실베이니아 식민지의 사례로 다음과 같이 적혀 있다. "식민지 의회의 법령에 의해 잉글랜드 정화 5실링(크라운 은화)이 식민지에서는 6실링 3펜스로 통용되어야 한다고 정했고, 나중에는 6실링 8펜스로 정했다. …… 금은 수출을 방지한다는 것이었다." 즉, 본국에서는 5실링으로 간주되는 크라운 은화(8레알 은화와 거의 동일한 크기이다)가 펜실베이니아 식민지에서는 6실링 이상의 평가를 얻었던 것이다.

앞에서 언급한 펜실베이니아의 일람표에서도 크라운 은화가 본국보다 높게 평가되었다고 제시했는데, 특히 1727년의 6실링 3펜스에 대해서는 그러한 흐름이 완전히 일치했다(경화를 축으로 고려하면 이것은 본국과 펜실베이니아 식민지 간의 환율이라고 할 수 있다). 이처럼 식민지가 고가치 정책을 채택해서 금화와 은화를 흡수하는 것에 대해 본국은 달갑게 여기지 않았고, 18세기 초에는 규제를 가했지만 그다지 효과가 없었다.

그렇다면 당시 시장의 시세와 정책 유도 간의 균형 속에서 금화와 은화는 사람들에게 어느 정도로 평가받았을까? 이것을 보여주는 역사자료의 하나로 달력을 들 수 있다. 당시 달력은 단순히 캘린더인 것이 아니라 유익한 다양한 정보가

---

8   주조된 화폐에 함유되어 있는 금 또는 은의 비율을 일컫는다._옮긴이

들어 있었으며 각종 경화의 평가표와 환산표도 포함되어 있었다. 18세기 후반의 상황을 종합적으로 분석하면, 각 식민지에서는 본국에 비해 1.3배, 1.6배, 1.7배 등으로 금화와 은화가 다양하게 고평가되었다는 것을 알 수 있다. 특히 화폐 수요가 높았던 뉴욕 식민지에서는 1.7배였다.

그렇다면 금과 은의 가격 비교에 주목해 보면 어떠할까? 애덤 스미스는 『국부론』에서 "이전 세기(17세기) 중엽 무렵, 금과 은의 가격은 1 대 14와 1 대 15 사이의 비율"이었다고 지적했는데, 조폐국 수장을 맡았던 아이작 뉴턴(Isaac Newton)이 1717년에 정한 금은의 가격 비교(이른바 뉴턴의 금은 비가)는 1 대 15.21이었다. 18세기 후반의 달력에 기록된 각 식민지의 금은 가격 비교를 보면 본국을 포함해 1 대 14.5 또는 15 정도였으며 시간적으로나 공간적으로 어느 정도 안정되어 있었다는 것을 알 수 있다. 이 사실은 근세 대서양 세계가 정상적이고 보편적인 화폐질서를 지니고 있었음을 의미한다.

경화를 식민지 내에 머물게 하는 둘째 방법: 경화의 가치를 낮춘다

경화를 식민지 내에 머물게 하는 방법으로 이제까지 설명했던 고가치 정책과는 정반대의 방법도 채택되었다. 즉, 경화의 가치를 높이는 것이 아니라 오히려 낮춤으로써 역외로 유출되는 것을 방지하는 방법이다. 경화의 가치를 낮추는 것은 경화를 변조·훼손하거나 위조하는 것을 의미한다. 예를 들면, 카리브해 서인도제도의 식민지에서는 8레알 은화에 식민지별로 고유한 형태의 구멍을 뚫어서 경화의 가치를 떨어뜨린 후 자신의 식민지에서의 통화로 삼는 일도 있었다(그 과정에서 도려낸 조그만 조각은 소액 경화로 이용되기도 했다).

매사추세츠만 식민지에서는 본국의 청교도 혁명에 편승해 보스턴 조폐국을 설치했는데 전술한 바와 같이 금은을 생산하지 못했기 때문에 스페인 은화 등을 재주조해서만 조폐했다. 재주조할 때에는 고의로 품질을 떨어뜨려 나쁜 품질의 은화를 주조한 것으로 추정된다. 일례로 각인된 의장에 따라 소나무라고 불리는 은화에서는 1652년의 연명(年銘)이 새겨져 있다(이 장 맨 앞 그림 참조).

실제로 독립전쟁에서 활약했던 새뮤얼 애덤스(Samuel Adams)와 폴 리비어 (Paul Revere)(모두 뒤에서 자세히 살펴볼 것이다)가 약 220년 전에 매립했던 것으로 추정되는 타임캡슐이 2015년 초 개봉되어 조사가 이루어졌는데, 이 연명이 새겨진 소나무 은화[9]가 발견된 바 있다.

1652년은 보스턴 조폐국이 설치된 해로, 이후 이곳에서 주조된 경화 대다수에 연명이 새겨져 있다는 것은 청교도 혁명 당시 올리버 크롬웰(Oliver Cromwell) 에게 경화를 주조할 수 있도록 허가해 주었음을 의미한다. 즉, 책임을 크롬웰에게 전가함으로써 일종의 도망칠 구멍을 확보했던 것으로도 추측된다. 하지만 1682년을 마지막으로 주조는 중단되었고 조폐국은 1684년에 폐쇄되었다.

금화와 은화를 위조하는 것은 매우 무거운 중죄였다. 하지만 지역 내에서 간편하게 통용되었던 동화의 경우 19세기 전반까지 그렇게 중요하게 다루어지지 않았다. 이 때문에 위조된 낮은 품질의 화폐도 식민지에 대거 반입되었다. 이것은 "나쁜 돈이 좋은 돈을 몰아낸다"는 그레샴의 법칙을 역으로 이용한 것으로, 나쁜 돈을 도입함으로써 역외로 경화가 유출되는 것을 방지하는 교묘한 방법이었다.

근세 대서양 세계의 유산

8레알 은화(스페인 달러, 나중의 멕시코 달러)는 또한 이른바 갤리언 무역[10] 또는 아카풀코 무역[11]을 통해 동아시아로도 대량으로 유입되어 태평양 세계를 석권했다. 이 은화는 대서양 세계와 태평양 세계를 잇는 열쇠였다. 은 경제가 보급되었던 중국에서는 은 함량이 안정된 8레알 은화가 귀하게 여겨지고 널리 유

---

9 Pine Tree Silver Coin을 일컫는다._옮긴이

10 갤리언은 16~17세기 유럽의 전형적인 외항용 범선을 일컫는다. 여기에서는 스페인의 과거 식민지였던 필리핀의 마닐라에서 멕시코의 아카풀코에 이르는 지역 간에 이루어진 무역 등을 일컫는다._옮긴이

11 마찬가지로 스페인의 과거 식민지였던 멕시코의 아카풀코에서 필리핀에 이르는 지역 간에 이루어진 무역 등을 일컫는다._옮긴이

<그림 2-7> 아시아에서 통용되던 8레알 은화
(스페인 달러)
(왼쪽) 狩穀懷之, 『新校正孔方圖鑑』에서 인용.
(오른쪽) 멕시코시티에서 제조됨. 중국에서는 불
두(佛頭)라고 불렸음(직경 3.9cm).

통되었다.

<그림 2-7> 오른쪽은 카를로스 4세의 초상이 새겨진 8레알 은화인데, 앞면에는 작은 기호 같은 것이 여러 곳에 걸쳐 각인되어 있다. 이것은 당시 중국에서 외화를 거래하던 상인이 개인적으로 박아 넣은 장인(도장집)으로, 처음에는 경화의 진위를 판별하기 위한 용도였다. 장인이 많이 박혀 있을수록 널리 통용되었음을 입증하는 것이므로 경화의 신뢰성이 높아졌다.

<그림 2-7> 왼쪽은 가리야 가네유키의 『신교정공방도함(新校正孔方圖鑑)』 (1815)의 일부인데, 이 책은 외국의 화폐를 포함해 다양한 경화를 망라하고 있는 매우 유명한 서적이다. 이 서적에는 카를로스 3세의 8레알 은화가 '왕면전(王面錢)'으로 실려 있어 에도 시대의 일본에도 이 은화의 존재가 알려졌음을 알 수 있다.

이처럼 근대의 태평양 세계에도 다양한 충격을 가져왔던 근세 대서양 세계의 유산, 특히 화폐질서, 금은 비가의 안정성은 시대 변화에 따라 크게 동요했다. 은광산 발견과 추출법 개량, 그리고 금본위제로 향하는 세계의 흐름 속에서 은은 금에 비해 가치가 크게 떨어졌고, 19세기 말에는 1 대 35 정도까지 이르렀다. 은의 상대 가치가 하락했던 1890년대에는 미국사에서 유명한 제3의 정당 인민당의 강령에 과거의 근세 대서양 세계를 방불케 하는 (그리고 1830년대의 개정을 반영한) 금은 비가 1 대 16을 기준으로 하는 은화 자유 주조(Free Silver)가 삽입되는 일도 있었다. 이것은 앞에서 언급한 『보물섬』이 출판된 지 약 10년 후의 일이었다.

제3장

미국 독립혁명의 전개

(위) 폴 리비어가 제작한 동판 원본을 이용해 1970년에 인쇄된 보스턴 학살 사건 판화
(아래) 사건의 현장을 표시한 원형의 돌표지판(화살표의 앞부분)

1. 첨예해지는 대립

혁명과 독립의 의미

미국 독립혁명이라고 일컬어지는 역사적 사건은, 이후의 프랑스 혁명과 러시아 혁명처럼, 영어로 'American revolution'(미국 혁명)이라고 부른다. 하지만 동시대의 역사자료인『대륙회의 의사록』전 34권(1904~1937)에서 각 연도별로 표시된 색인에서는 제9권에서 단 한 번만 이 용어가 나온다. 그리고 거기에 기록된 것은 'American revenue'(미국의 세입)이라는 사략선의 선박 명칭이다. 이 유일한 사례조차도 오자인 것이다. 즉,『대륙회의 의사록』의 색인에는 실제로 '미국 혁명'이라는 용어를 사용하고 있지 않다.

현재 이 의사록의 디지털판은 미국 의회도서관의 웹사이트에 무상으로 공개되어 있는데, 전문 검색을 실행하면 이 용어가 의사록에 등장하는 것은 겨우 몇 차례에 불과하며 게다가 처음 등장하는 것도 1779년임을 알 수 있다. 즉, '미국 혁명'이라는 용어가 혁명 추진의 핵심 기관이던 대륙회의의 의사록에 처음 등장한 것은 독립선언으로부터 약 3년 후의 일이었다. 이 용어는 이전에도 다양한 경우에 사용된 것으로 추정된다. '미국 독립전쟁(War of American Independence)'이라는 단순한 표현을 선호했던 영국 영어와 달리, 미국 영어에서는 이 전쟁을 '혁명전쟁(Revolutionary War)', 워싱턴을 '혁명가(revolutionary)'라고 일컬어왔다.

미국 독립전쟁에 혁명이라는 명칭이 부여된 이유는 군주제에서 공화제로 전환했기 때문이다. 프랑스 혁명에 의해 수립된 제1공화정은 나폴레옹 제1제정으로 변모했고 러시아 혁명을 계기로 수립된 소비에트 연방은 한 세기도 유지되지 못했던 반면, 독립혁명의 피바다 속에 출현한 미합중국은 오늘날까지 면면히 계속되고 있다. 이 때문에 미국 독립혁명에 대해 아는 것은 미국의 오늘을 아는 것으로 연결된다.

이 장에서는 국가 창출의 하드웨어에 해당하는 정치적인 제도 설계뿐만 아니라, 국민 창출의 소프트웨어에 해당하는 장치, 특히 건국 신화를 둘러싼 이미지 형성에 대해서도 다룸으로써 이 시대가 어떻게 미국을 창출해 냈는지 그리고 어떻게 계속 창출해 가고 있는지를 고찰하고자 한다.

머리말에서 설명했지만 재차 강조하자면, 미국 독립혁명은 1763년과 1783년의 2개의 파리조약을 둘러싼 약 20년간의 사건이라고 할 수 있다. 이 20년은 1773년 말의 보스턴 차 사건을 경계로 전반의 10년과 후반의 10년으로 나누어 파악할 수 있다. 나아가 이후의 합중국 헌법의 제정 및 비준에 이르는 5년도 새로운 국가의 제도를 설계한 시기로 독립혁명에 포함시킬 수 있다. 그 결과 1763년부터 1788년까지 약 10년/10년/5년의 흐름을 거쳐 새로운 공화국 미국이 탄생했다.

영국 제1차 제국의 정점

1754년, 영국과 프랑스 간의 이른바 제2차 100년 전쟁의 일환으로 전쟁이 발발했다. 1756년 본격적인 전투가 시작되어 파리조약이 체결된 1763년까지 7년간 계속되었기 때문에 7년 전쟁이라고 명명되었다. 영국의 조지 2세는 남부 담당 국무장관이던 윌리엄 피트(일명 대피트[1])에게 지휘를 맡겨 루이 15세의 프랑스와 대치했다.

영국은 프리드리히 2세가 이끄는 프로이센을 자신의 편으로 끌어들였다. 프로이센은 오스트리아 왕위 계승 전쟁에서 마리아 테레지아(Maria Theresia)의 오스트리아로부터 슐레지엔을 탈취했고, 이 지역의 탈환을 노리는 합스부르크 왕가의 오스트리아는 장기간 숙적이던 부르봉 왕가의 프랑스와 손을 잡았다(이른바 외교 혁명). 역시 부르봉 왕가였던 스페인(스페인 합스부르크 왕조가 단절된 이후 스페인 왕위 계승 전쟁을 거쳐 프랑스와 합동하지 않는다는 조건으로 부르봉 왕조의

---

1   윌리엄 피트(1708~1778)를 대(大)피트, 동명이인인 그의 둘째 아들 윌리엄 피트(1759~1806)를 소(小)피트로 구분해 일컫기도 한다._옮긴이

왕위가 인정되었다)도 당연히 프랑스에 가담했고, 기타 러시아와 스웨덴도 프랑스 측에 가담했다.

이 전쟁은 유럽뿐만 아니라 신세계와 아시아 등 전 지구적인 규모로 전투가 벌어진 세계 전쟁이었다. 북미에서는 프랑스군이 원주민과 함께 영국군과 대치했기 때문에 프렌치-인디언 전쟁이라고도 불린다. 유럽에서는 전쟁 중에 즉위한 러시아의 표트르 3세가 프리드리히 2세를 본보기로 삼아 러시아군이 우세했던 전선에서 이탈했고, 북미에서는 조지 워싱턴 등 식민지 사람들도 활약해 최종적으로 영국이 승리했다.

그 결과 신세계에서 이루어졌던 프랑스의 식민지 지배, 즉 뉴프랑스는 종언을 맞이했다. 1763년의 파리조약으로 프랑스는 캐나다와 미시시피강 동쪽의 루이지애나를 영국에 양도했고, 미시시피강 서쪽의 루이지애나는 스페인에 양도했다. 한편 스페인도 영국에 플로리다를 할양했다. 뉴펀들랜드섬 앞바다에 있는 생피에르 미클롱 등의 작은 섬들에 대한 지배권은 프랑스가 계속 유지했는데, 오늘날 이 섬들은 프랑스의 해외 집합체이다. 또한 펜실베이니아의 오지에 영국이 공략했던 프랑스의 요새는 대피트의 이름을 본떠 피츠버그라는 이름이 붙여졌다.

7년 전쟁의 결과, 신대륙을 핵심으로 하는 영국의 식민지 제국인 영국 제1차 제국이 정점에 도달했다. 식민지에서도 영국 제국의 일원으로서의 자부심, 즉 영국인 의식이 더욱 고조되었다.

그러나 본국과 식민지의 공통의 적이었던 프랑스의 군사적 위협이 북미에서 사라지자 역설적이게도 본국이 식민지에 대한 규제를 강화할 수 있게 되었다. 7년 전쟁 중 1760년에 사망한 조부 조지 2세를 세습해서 왕위에 오른 젊은 조지 3세는 기존의 '유익한 방임'을 재검토하는 방침으로 전환했다. 파리조약을 체결하던 해에 즉시 국왕 선언을 공표해 이주민들이 애팔래치아산맥을 넘어 서쪽으로 이주하는 것을 규제했다. 이 조치는 원주민과 양호한 관계를 유지하기 위한 목적을 지니고 있었지만 이주민들의 반발을 초래했다.

1764년에는 밀무역에 대한 대책으로 통상 규제를 강화하고 관세 수입을 늘리기 위해 외국산 사탕, 당밀 등에 새로운 세율을 도입하는 '설탕법'(미국 세입법)을 제정했고, 나아가 제2장에서 다룬 바와 같이 통화와 관련된 법을 제정해 식민지의 조폐 발행에 제약을 가하고자 했다. 본국 정부는 그때까지의 전쟁 비용을 회수하기 위해서라도 식민지 통치의 경제적 부담을 식민지에 요구했던 것이다.

실제로 1760년대 전반에는 보스턴항을 출항하는 선박에 대한 화물 검사가 그다지 엄격하지 않았지만, 1760년대 후반이 되자 감시 체제가 강화되면서 관세 수입이 증가했다. 즉, 파리조약을 체결한 직후에는 밀무역 단속이 느슨했으나 점차 단속이 강화되었음을 확인할 수 있다. 하지만 이러한 본국의 정책은 이주민들의 반발을 야기했고, 일부 지역에서는 영국 제품에 대한 불매 운동도 발생했다. 1765년에는 후술하는 '인지세법'이 제정되었는데, 이것이 대규모 저항 운동의 도화선이 되었다. 즉, 7년 전쟁의 승리가 가져온 영국 제1차 제국의 완성은 역설적이게도 제국 붕괴의 서곡이자 미국 독립혁명의 시작이었다.

그렇다면 본국에서는 제1차 제국을 어떻게 파악했을까? 애덤 스미스의 『국부론』을 살펴보자. "영국의 통치자들은 과거 한 세기 이래 대중에게 대서양 서쪽에 하나의 거대한 제국을 갖고 있다는 상상을 하게 함으로써 그들을 즐겁게 해주었다. 그러나 그 제국은 지금까지 다만 상상 속에서만 존재했다. 그것은 이제까지 제국이 아니라 제국 건설계획에 불과했으며, 금광이 아니라 금광 채굴 계획에 불과했다."

장대한 『국부론』의 마지막 부분에서 스미스가 했던 말이다. 당대 제일가는 정세 전문가라 할 수 있는 애덤 스미스에게는 완성되었음에 틀림없는 영국 제1차 제국이 이른바 상상 속의 제국에 불과했던 것이다. 중상주의의 대차 대조표를 냉철하게 전망하는 그의 눈에는 제1차 제국의 허구성과 취약성이 확실히 보였고, 기존의 유익한 방임 상태로 북미 식민지를 계속 유지하는 것은 본국에 결코 유익하지 않다고 주장했다.

이러한 견해를 더욱 명확하게 보여주는 것은 1778년 2월로 날짜가 기록된 익명의 각서인데, 이 각서는 애덤 스미스가 쓴 것으로 추정된다. 스미스는 미국 식민지와의 전쟁을 종결하는 방안으로 다음과 같은 네 가지 패턴만 고려할 수 있다고 단언했다. ① 아메리카(미국)의 완전한 굴복, ② 아메리카(미국)의 완전한 해방, ③ 구체제(유익한 방임)의 부활, ④ 일부 식민지만 해방이다. 그리고 마지막 ④가 "가장 큰 가능성"을 지니는 것으로 보았다.

그러나 역사의 여신 클리오는 ②를 선택했다.

"대표 없이 과세 없다"

1765년 본국 의회는 미국 식민지에 대해 '인지세법(Stamp Act)'을 제정했다. 신문 등의 인쇄물, 증서 부류, 트럼프(카드)에 이르기까지 인지세를 부과하도록 의무화한 법률이다(〈그림 3-1〉 참조). '인지세법'이 제정된 이유 가운데 하나는 소비 혁명으로 식민지의 구매 의욕이 고조되자 조지 그렌빌(George Grenville) 내각이 과세를 늘릴 수 있겠다고 여겼기 때문이다.

인지를 이용한 이러한 과세는 이미 본국에서도 도입되었지만, 식민지의 '인지세법'은 기존과 같은 관세가 아니라 식민지 내부의 제반 활동에 직접 개입하는 국내세였기 때문에 식민지에서 반발이 거셌다. 대표를 보내지 않고 있는 본국 의회가 자의적으로 과세하는 것은 이주민이 지닌 영국인으로서의 고유의 권리를 침해하는 것으로 파악되었기 때문이다. 그 결과 "대표 없이 과세 없다(No taxation without representation)"는 논리 하에 북미의 식민지 전역에서 저항 운동이 활발해졌다.

〈그림 3-1〉 당시 인지 사례
(왼쪽) 트럼프에 붙어 있는 인지(복제된 것임)
(오른쪽) 《런던 크로니클》(1763)에 찍혀 있는 1/2페니의 납세인

원래 "대표 없이 과세 없다"라는 것은 마그나 카르타(Magna Carta)(대헌장) 이후, 나아가서는 명예혁명 이후 권리장전(1689)에 의해 확인된 영국인으로서의 고유의 권리를 단적으로 나타낸 슬로건이었다. 미국 식민지에서는 18세기 중반에 보스턴의 목사 조너선 메이휴(Jonathan Mayhew)가 설교 중에 인용했던 것으로 알려져 있다. 미국 독립혁명이 시작되자 이 말은 보스턴에서 사람들의 입에 오르내렸다. 특히 변호사 제임스 오티스(James Otis, Jr.)가 했던 "대표 없이 과세하는 것은 폭정이다"라는 말이 널리 알려졌다. 본국은 나중에 본국 의회의 의원은 영국 전체의 대표이기 때문에 미국 식민지도 사실상 대표하고 있다고 주장했지만, 이주민들은 이 말을 수용할 수 없었다.

그 결과 뉴잉글랜드와 중부 등 9개 식민지 대표가 모여서 '인지세법'에 대한 반대 결의를 채택했으며, '자유의 아들들(Sons of Liberty)'이라고 불리는 저항 조직의 활동도 왕성해졌다. 직접적인 폭력 행위도 일어났는데, 대중의 저항에는 영국의 전통적인 대중문화와 정치 문화에 뿌리를 둔 것도 많았다. 예를 들면 비난의 대상이 된 본국 인물의 몸에 잔뜩 타르를 발라 깃털을 붙이거나(이른바 타링-페더링)[2] 인물을 모방해서 만든 인형을 불태우는 방식이었다. 결국 글렌빌 내각이 무너지고 1766년 '인지세법' 철폐가 결정되었다. 다만 본국 의회는 동시에 '선언법'을 제정해 식민지에 대한 입법권을 계속해서 주장했다. 1767년에는 재무장관 찰스 톤젠드(Charles Townshend)에 의해 식민지에 대한 새로운 과세가 제안되고 제정되었다(그는 그해에 사망했다). 종이, 도료, 유리 제품, 차 등 본국과 동인도회사의 제품을 수입할 때 관세를 부과하는 이른바 '톤젠드법'이다.

이전의 실패로 인해 이러한 세금은 형태상 국내세가 아니라 관세로 여겨졌다. 하지만 통상 규제를 목적으로 했던 외국 제품에 대한 관세와 달리 증세를 위한 시책이라는 것이 명백했으며, 세관의 강화책과도 맞물려 식민지 전역에서 반발

---

2   타링-페더링은 공공장소에서 상하의를 벗긴 채 머리에 타르(Tar)를 뒤집어씌우고 몸 전체에 깃털(feather)을 바르는 것으로, 범죄자나 반사회적 행위를 한 사람들에게 가하는 형벌을 일컫는다._옮긴이

을 초래했다. 나중에 연합규약의 기초를 담당했던 존 디킨슨(John Dickinson)은 『펜실베이니아의 한 농부가 보내는 서한(Letters from a Farmer in Pennsylvania)』(1768)을 저술해 '톤젠드법'에 항의했다.

불매 운동이 활발해지고 차, 의복 등 본국의 상품에 대한 보이콧 운동이 전개되는 한편으로 식민지 상품만 이용하는 움직임도 강해졌다. 이처럼 소비 면에서 영국화를 부정하는 비소비 의례에 따라 원래라면 중립적이었을 상품에 정치적 의미가 부여되었고 소비라는 개인의 일상적인 행위가 신문 등 미디어의 보도를 통해 식민지 전체에서 의미를 갖는 행위로 변모했다. 그 결과 13개 식민지 전체가 정치적으로 동원됨으로써 미국인으로서의 의식이 점차 부상했다.

미국인으로서의 정체성 형성

여기서는 미국인 의식이 생성된 과정에 대해 다소 상세하게 살펴볼 것이다. 혁명 직전인 18세기 후반에는 사람, 물자, 자금 및 정보의 원활한 흐름에 의해 식민지 간 정치적·경제적 연계가 더욱 강화되었다. 하지만 객관적인 조건이 이처럼 정비되었다고 해서 주관적·심리적 의미에서의 미국인, 즉 미국인 의식이 형성되었는지에 대해서는 단언할 수 없다. 하드웨어 방면에서 정비하는 것은 필요조건이기는 하지만 충분조건은 아니기 때문이다.

소프트웨어 방면에 해당하는 의식 수준에서 미국인으로서의 일체감, 즉 미국인 의식이 독립혁명 전에 이미 형성되었는가에 대해서는 신문을 자료로 계량적으로 산출한 연구가 있다. 그 연구에 따르면 영국령 북미 식민지를 한 몸으로 언급하는 표현의 빈도는 18세기 중반 이후 증가해, 13개 식민지를 연계하는 공통의 정체성이 독립혁명을 향하면서 강해졌음이 확인되었다.

그러나 적어도 1760년대 중반까지는 공통되는 정체성 중에서 영국인 의식이 차지하는 비중이 여전히 컸다. 따라서 당시 공유되었던 식민지의 일체감은 본국이라는 모델을 매개로 각 식민지가 사회적·문화적으로 수렴되었던(즉, 영국화했던) 결과로 파악할 수 있다.

제국의 통치 구조에서 각각의 식민지는 본국과 직접 결부되었으며, 사회의 영국화가 진행되어 본국과의 연계가 강조되었다. 다시 말해, 혁명 직전의 이주민의 정체성은 자신이 거주하고 있는 식민지와 자신이 소속되어 있는 국가를 기반으로 하고 있었다. 즉, 이주민은 버지니아인이자 영국인(더욱 정확하게는 브리튼인)일 뿐, 아직 미국인은 아니었다.

영국령 북미 식민지들을 연합하는 계획을 논의했던 올버니 회의(1754)가 공론으로 끝났던 이유도 여기에 있다. 이주민들은 프렌치-인디언 전쟁을 본국의 군대와 함께 수행한 결과 영국인 의식이 한층 강화되었고 영국 제국에 크게 공헌한 데 대해 자부심을 갖고 있었다. 벤저민 프랭클린(Benjamin Franklin)도 제국의 수도가 본국에서 식민지로 이동할 가능성에 대해 당당하게 논진을 펼칠 정도였다.

따라서 미국인 의식이 일찍이 형성되었다는 전제하에 독립혁명을 설명하는 것은 그다지 정확한 분석이 아니다. 13개 식민지가 모두 혁명으로 돌아선 데에는 물론 지리적 조건도 크게 작용했다. 하지만 미합중국은 예를 들어 남부 조지아를 제외하고 12개가 될 수도 있었고, 북부 노바스코샤를 더해 14개가 될 수도 있었다. 따라서 이후 국민국가가 형성되는 데서 13개 식민지를 결합시키기 위해서는 커다란 노력이 필요했다. 베네딕트 앤더슨이 말하는 '최초의 국민국가'를 창출하기 위해 합중국이라는 상상의 공동체를 인공적으로 창조해야 했던 것이다.

그렇다면 사회의 영국화가 진행되고 있었고 영국인 의식이 높았던 13개 식민지는 당시 상황에서 왜 독립으로 돌아섰던 것일까?

구체적인 계기는 전술한 바와 같이 유익한 방임 정책이 종언된 것을 지적할 수 있다. 특히 1765년 '인지세법'이 도입됨에 따라 정부의 음모가 처음으로 넓게 인식되었다. 하지만 13개 식민지 사람들은 처음에는 방침이 이렇게 전환된 이유를 이해하기 어려웠으며 자신들의 사치 풍조가 이러한 결과를 초래했다고 여기기도 했다. 이처럼 스스로 반성하면서까지 이주민이 본국에 요구했던 것은 기존의 관계, 즉 유익한 방임으로 돌아가는 것이었다. 유익한 방임이라는 관행 자체가 식민지에 내재된 영국인 의식의 대전제였으며, 제국에 크게 기여한다고 자부하는 엘리트층의 자존심을 근저에서 밑받침하는 것이었기 때문이다. 따라서 미국인으로서가 아니라 영국인으로서의 공통의 권리를 주장했던 이주민들이 혁명을 선택한 것은 영국화의 정점이었다고 할 수 있다. 한 역사학자가 밝혔던 바와 같이, 미국은 영국이 만들어낸 악몽(둘 중 누구도 처음에는 바라지 않았던)이었던 것이다. 그 결과 혁명의 움직임 속에서 새롭게 정의된 개념, 즉 미국인으로서의 민족 정체성이 인위적으로 생성되었다.

보스턴 차 사건과 제1차 대륙회의

'톤젠드법'에 반대하는 운동이 한창이던 1770년 3월, 보스턴에 주둔하고 있던 영국군이 대중을 향해 발포해 흑인 1명을 포함해 5명이 희생되는 사건이 발생했다(일명 보스턴 학살 사건). 폴 리비어가 제작한 판화를 통해서도 널리 알려진 이 사건의 현장에는 원형의 돌표지판이 유적으로 도로에 깔려 있다(이 장 맨 앞 그림 참조). 본국에서도 무역상인 등이 법률에 대한 재검토를 압박하자 '톤젠드법'은 본국 의회의 중요한 재원이던 차에 부과하는 세금만 남기고 같은 해 4월에 철폐되었다.

하지만 그로부터 3년 후인 1773년, 본국 의회는 새롭게 '차세법(Tea Act)'을 제정했다. 동인도회사의 경영을 돕기 위해 본국에 관세를 납부하지 않고 차를 북미로 직송하도록 허가한 이 법률에 의해 차 가격이 인하되었다. 식민지에서도 환영할 것으로 예상되었지만, 차를 밀수하던 식민지 상인들을 중심으로 본국의 일방적인 정책 전환에 반발하는 움직임이 확산되었다.

보스턴에서는 새뮤얼 애덤스가 반대 운동을 활발하게 전개했고, 1773년 말 원주민으로 변장한 사람들이 동인도회사의 상품을 쌓아둔 선박을 습격해 차 상자를 바다에 던지는 사건이 발생했다. 이것은 물론 위법 행위이기는 했지만, 상술한 것처럼 대중문화에 뿌리를 둔 전통적인 항의 행동이었다. 보스턴항이 일종

〈그림 3-2〉 보스턴 차 사건을 묘사한 19세기 중엽의 판화들. 판화의 제목도 '보스턴항에서의 차 투기'라고 기록되어 있다[첫째 판화만 '보스턴 차 사건(Boston Tea Party)'이라고 표기했다].

의 거대한 차 상자로 비유되었으므로 나중에 이 사건은 '보스턴 차 사건(Boston Tea Party)'으로 일컬어졌는데, 처음에는 '보스턴 차 사건'이 아니라 단순히 '보스턴항에서의 차 투기'라고 표기되었다(〈그림 3-2〉 참조).

본국 의회는 이 사건에 격노해 이듬해인 1774년에 '강제법(Coercive Acts)'이라고 불리는 4개의 법률을 차례로 제정해 보스턴항을 폐쇄하는 등 매사추세츠만 식민지에 대해 징벌적 정책을 강행했다. 또한 '퀘벡법'을 제정해 퀘벡 식민지의 영역을 확대하는 것과 함께 퀘벡 식민지에서 가톨릭을 (영국령 식민지에서는 기독교가 주류였음에도 불구하고) 공식적인 교회로 인정했다. 이주민들은 이러한 일련의 법률을 '참을 수 없는 법(Intolerable Acts)'으로 총칭하면서 반발을 강화했다. 그 결과 상황은 앞을 내다볼 수 없는 새로운 단계로 돌입했다.

위기감이 고조되는 가운데 북미 식민지 전체 차원에서 대응하기 위해 같은 해 9월부터 필라델피아의 카펜터스홀에서 제1차 대륙회의가 개최되었다. 여기에는 조지아를 제외한 12개 식민지의 대표가 참여했는데, 급진파의 주도 아래 파리조약 이래 본국에 의해 실시된 식민지 정책을 강하게 비판하면서 '참을 수 없는 법'의 철폐를 요구하는 한편으로 본국과의 화해의 길도 모색했다.

또한 본국에 대항하는 조치로 무역 중단을 결의하고 무역 중단을 위해 대륙연맹[3]의 결성을 제창했다. 나아가 이 같은 취지를 실행에 옮기기 위해 각지에 사찰위원회를 조직하도록 요구했다. 그 결과 제1차 대륙회의는 이듬해 다시 개최하기로 결정하고 10월에 일단 해산했다.

이듬해인 1775년 3월, 이 회의에 참석했던 버지니아 식민지의 지도자 가운데 한 명이던 패트릭 헨리(Patrick Henry)는 연설에서 "자유가 아니면 죽음을 달라!"[4]라고 외쳤다. 실제로 그 말은 현실감을 띠고 있었다. 전쟁의 발걸음 소리가 임박해 오고 있었던 것이다.

2. 독립을 향한 길

독립전쟁 발발과 폴 리비어의 질주

1775년 4월 18일 저녁부터 4월 19일 밤중까지 은세공업자 폴 리비어(Paul Revere)와 또 한 명의 전령인 윌리엄 도스(William Dawes)가 보스턴에 주둔하고 있는 영국군의 움직임을 알리기 위해 렉싱턴으로 말을 타고 달려갔다. 새뮤얼 애덤스를 체포하고 무기고를 파괴하기 위해 영국군이 렉싱턴과 콩코드 방면으로 향하고 있다는 정보였다. 이에 따라 미닛맨(Minutemen)이라고 불리는 지역의 민병들이 모여들었고, 날이 밝자 영국군과 전투를 개시해 영국군에 큰 타격을 가했다. 매사추세츠만 식민지에서 발발한 이 렉싱턴 콩코드 전투는 독립전쟁의 서막을 열었다.

당시 영국과 미국 중 누가 먼저 발포했는가를 둘러싸고 나중에 논의가 들끓었다. 폴 리비어는 전투 개시를 알리는 총성을 듣기는 했지만 목격하지는 못했다. 이 전투를 묘사한 것으로 유명한 아모스 두리틀(Amos Doolittle)의 판화집(1775)을 보면, 영국군이 최초로 발포했다는 함의를 읽어낼 수 있다(〈그림

---

3   Continental Association을 일컫는다. _옮긴이
4   연설 원문은 "Give me liberty, or give me death!"이다. _옮긴이

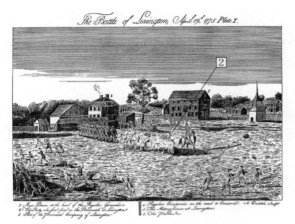

〈그림 3-3〉 렉싱턴 콩코드 전투를 묘사한 아모스 두리틀의 판화집 제1권(복제본)

3-3〉 참조).

　이 판화집은 이 전투에 직접 참가한 민병들을 조사한 뒤 제작한 것이라서 역사적 사실을 재현한 것으로 추정되는데, 당시 사람들의 의식을 충실하게 재현하고 있을 가능성도 있다. 판화 아래에 기록된 설명문에는 "렉싱턴에서 이주민에게 최초로 발포한 부대"라고 되어 있는데, 그 그림이 지시하는 것은 바로 영국군 부대이다. 그림에서는 도망치는 이주민들을 향해 총화를 퍼붓고 있으므로 영국군이 전쟁의 포문을 열었다는 것을 강하게 시사한다.

　지도층은 독립전쟁의 효시에 해당하는 렉싱턴 콩코드 전투를 '무고한 미국인이 영국군에 의해 급습 당한 전투'로 각인시키려는 의도를 갖고 있었다. 따라서 리비어는 처음에는 자신이 렉싱턴으로 말을 타고 가서 영국군의 상황을 알린 사실에 대해 침묵을 지켰다. 하지만 그는 나중에 북미 최초의 동판 공장을 세우는 등[증기선을 실용화한 로버트 풀턴(Robert Fulton)이 만든 선박 보일러에도 리비어의 공장에서 제작된 동판이 사용되었다] 실업가로 성공해 사후에 독립전쟁에 공헌한 사실이 주목을 받았다.

　남북전쟁이 발발하기 직전에 리비어는 국민적 영웅으로 급부상했다. 그 계

〈그림 3-4〉 「폴 리비어의 질주」 악보 표지(1905년). 유튜브에서도 이 곡을 들을 수 있다.

기는 하버드 대학 교수이자 시인이던 헨리 워즈워스 롱펠로(Henry Wadsworth Longfellow)가 허구적인 설정을 가미해서 쓴 한 편의 시였다. 시 제목은 「폴 리비어의 질주(Paul Revere's Ride)」였다. 이 시에는 리비어가 렉싱턴으로 가는 길마다 "영국인이 오고 있다"라고 경고했다고 쓰여 있는데, 이 내용을 뒷받침하는 사료는 없다. 당시 아직 영국인이었던 이주민들에게 이런 경고를 한다는 것은 자연스럽지 않을 뿐만 아니라, 적들에게 발각될 우려가 있는 행위를 실제로 했을 것이라고 보기는 어렵다.

하지만 유명한 이 시 때문에 리비어의 인기는 더욱 높아졌다. 20세기 들어 '폴 리비어의 집'이 복원되어 공개되었고, 악보가 발매된 것은 물론(〈그림 3-4〉 참조), 토머스 에디슨(Thomas Edison)도 이 시를 토대로 무성영화[5]를 촬영했다. 1915년에는 '폴 리비어의 질주'를 재현하는 행사가 개최되었고, 이후 매사추세츠주 등에서 법정 축일인 애국일(4월 19일, 현재는 4월 셋째 주 월요일)에 열리는 연례행사로 정착되었다. 1897년 4월 셋째 주 월요일에 제1회로 열린 보스턴 마라톤은 오늘날까지 계속되고 있는 애국자의 날 행사이다.

제2차 대륙회의와 대륙군 창설

1775년 5월에는 예정에 따라 필라델피아에 각 식민지의 대표가 다시 모여 펜실베이니아 연방의회 의사당(오늘날의 인디펜던스홀)에서 제2차 대륙회의를 개최했다. 이후 상설 기관이 된 제2차 대륙회의는 사실상의 중앙정부로 기능해 혁명을 추진했다. 조지아는 수개월 늦게 합류해 13개 식민지 대표가 모두 모인 것

---

5   〈The Midnight Ride of Paul Revere〉를 일컫는다._옮긴이

은 9월이었다.

대륙회의는 즉시 조지 워싱턴(George Washington)을 대륙군(정확하게는 대륙육군)의 총사령관에 임명했다. 무장한 일반 시민으로 구성된 기존의 민병 조직은 잠재적이고 널리 퍼져 있는 병력이어서 지역 방어에는 도움이 되었지만 대륙 이곳저곳을 옮겨 다니며 싸우는 영국 정규군과 대치하기는 어려웠다. 따라서 각 식민지에 병력 수를 할당하고 정규군에 해당하는 대륙군을 창설했다. 처음의 병력 규모는 1만 수천 명이었다.

당시에 군사 면에서 워싱턴보다 경력이 많은 군인들(식민지 측에 붙었던 전 영국군 장교들)이 있었음에도 불구하고 워싱턴이 총사령관으로 선발된 데에는 그가 과거에 프렌치-인디언 전쟁에서 이주민으로서 최대 규모의 군을 통솔했던 경험을 지닌 한편, 버지니아 식민지에서 정치 경험을 축적한 대륙회의 멤버였다는 사실이 크게 작용했다. 또한 초기의 전투는 북부의 뉴잉글랜드에서만 치러졌는데 식민지 전체의 지지를 확보하기 위해서는 최대의 인구를 보유하고 있던 남부 버지니아의 참전을 재촉할 필요가 있었으므로 버지니아인을 군사 지휘자로 임명하는 것이 유리하다고 판단했을 것이다.

실제로 워싱턴은 대륙회의의 권위를 항상 존중했고 문민 통제의 원칙을 지키면서 중책을 수행했다. 워싱턴은 다음과 같이 말했다. "대규모의 장기간에 걸친 전쟁은 애국심만으로는 뒷받침될 수 없다. 애국심은 얼마간 보수를 얻을 수 있다는 희망에 의해 뒷받침되지 않으면 안 된다." 이러한 철저한 현실주의가 그가 구축한 민군 관계의 기반을 구성했다.

그 결과 대륙군은 13개 식민지의 집합체에 가장 단적인 형태로 실체를 제공한 최초의 조직이 되었다. 또한 대륙군에 비해서는 소규모이지만 대륙 해군도 창설되었다. 존 폴 존스(John Paul Jones)는 영국 근해에서 적함을 나포하는 등 활약을 펼쳐 미국 해군의 영웅으로 오늘날까지 칭송되고 있다.

전황이 이와 같이 전개되는 가운데 각 식민지에서는 기존의 식민지 정부가 차례로 기능을 중지하기 시작해 총독도 퇴거에 내몰렸다. 이제까지의 식민지

의회를 대신해서 처음에는 비정규 조직이던 식민지 의회와 혁명협의회가 임시정부가 되었고, 대륙연맹의 사찰위원회가 재편된 보안위원회는 식민지 의회의 집행부로 행정 부문을 담당했다.

1775년 6월에는 보스턴 근교에서 군사 충돌이 일어나(벙커힐 전투) 민병 위주의 미국 측 부대가 영국군의 맹공으로 위기에 내몰렸지만 동시에 영국군에 커다란 손해를 입히기도 했다. 7월에는 대륙회의가 '무장의 원인과 필요성에 대한 선언(Declaration of the Causes and Necessity of Taking Up Arms)'을 공표해 자신들의 행동을 정당화하는 한편, 본국과의 화해를 촉구하면서 조지 3세에게 보내는 청원서[평화를 바랐기 때문에 '올리브 가지 청원(Olive Branch Petition)'이라고 불린다]를 채택했다.

하지만 본국의 태도는 강경했고 청원도 실효를 거두지 못했다. 오히려 식민지가 반란 상태라는 국왕의 선언이 공표되었다. 이러한 상황에 이르자 기존의 유익한 방임을 기조로 하는 관계로 회귀하기 어렵다는 인식이 확대되었다. 이듬해인 1776년 3월에는 워싱턴 지휘하의 대륙군이 영국군을 일단 보스턴에서 쫓아내는 데 성공했다(<그림 3-5> 참조).

뉴잉글랜드를 중심으로 전투가 장기화되자 식민지 사람들 사이에서도 의견이 크게 대립했다. 이들은 ① 전쟁을 계속하면서 독립도 쟁취하자는 애국파, ② 영국인 의식에 집착하면서 국왕에게 충성을 맹세하고 독립에 반대하는 충성파, ③ 양자 가운데 어느 쪽에도 가담하지 않는 사람들 등 세 부류로 구분할 수 있었

<그림 3-5> 1786년에 주조된 유명한 기념 메달(복제품). 앞면(왼쪽)은 자유의 옹호자인 워싱턴의 초상이고 뒷면(오른쪽)은 대륙군이 보스턴을 탈환한 것을 칭송하는 내용으로, 최초의 의회 명예황금훈장이다(직경 6.8cm).

다. 애국파 사람들은 본국의 정치 상황을 본떠 자신들을 휘그당, 자신들과 대립하는 충성파 사람들을 토리당이라고 부르기도 했다. 본국과 관계 깊은 식민지 지배층을 핵심으로 하는 충성파 사람들은 영국군이 없으면 각 지역에서 지배 세력이 될 수 없었

는데, 그 비중은 겨우 총인구의 30% 정도였던 것으로 추정된다. 그 결과 이전에는 양립했던 미국인(구체적으로는 각 이주민)과 영국인의 정체성이 균열되고 양자택일을 해야 하는 상황에 내몰렸다.

독립선언이 의미하는 것

독립에 대해 태도를 결정하지 못한 사람들이 여전히 많은 가운데 프랭클린의 권고로 영국에서 아메리카로 건너온 토머스 페인은 1776년 초에 익명으로 소책자 『상식』을 출판했는데, 이 책은 사람들에게 큰 충격을 주었다. 이 책은 세계사의 사례를 인용하면서 성서로까지 소급해 왕정과 세습제의 위험성을 설파하고 영국 국왕에 의한 통치의 정당성을 부정했다. 또한 "사나운 짐승도 그 자식을 게걸스럽게 먹어치우지는 않는다"라면서 지금 본국은 식민지를 뭉개버리려 하므로 독립은 어쩔 수 없을 뿐만 아니라 이점도 많다고 설명했다. 이 소책자는 그 해에만 적어도 10만 부가 팔렸고, 신문에 전재되거나 필사되어 널리 읽혔다. 또한 당시에는 책을 음독하는 것이 일반적이어서 글자를 읽지 못하는 사람들도 내용을 알 수 있었으므로 독립 여론을 형성하는 데 더욱 광범하게 기여했다.

하지만 대륙회의가 최종적으로 독립에 나서는 결단을 내린 것은 본국의 군사적 공세에 기인한 바도 컸다. 보스턴에서 철수해 캐나다에서 대기하고 있던 영국군이 본국의 증원을 힘입어 대군이 되어 해로를 통해 아메리카로 오고 있었던 것이다. 영국군의 지휘를 맡은 사람은 국왕의 친척이기도 한 형제 리처드 하우(Richard Howe) 제독과 윌리엄 하우(William Howe) 총사령관이었다.

사태가 긴박해지는 가운데 대륙회의는 논의 끝에 독립선언의 초안을 작성하기 위한 위원회를 설치했다. 1776년 6월 말에는 영국의 대규모 함대가 뉴욕 앞바다에 도착했다는 보고가 올라왔다. 결단의 순간이 다가오고 있었다. 7월 2일에는 독립을 결의했고, 4일에는 독립선언을 채택했다. 따라서 독립선언은 본국에 대해서는 선전 포고를 하고 각 식민지에 대해서는 임전 태세를 취하도록 요청하는 의미를 지니고 있었다.

독립선언문은 앞에서 언급한 바와 같이 나중에 제3대 대통령으로 취임하는 토머스 제퍼슨이 주로 기초한 것으로, 크게 세 가지 요소로 구성되었다. 전문에 서는, 영국 철학자 존 로크가 『통치론(Two Treatises of Government)』(1690)에 서 주장했던 바와 같이, 자연법에 기초한 혁명권을 주장한다. 이어서 본문에서 는 조지 3세의 악정을 4개 범주 28개 항목에 걸쳐 순서대로 지적하면서 단죄한 다. 그리고 결론에서는 본국에서의 분리·독립을 논리적 귀결로 선언한다.

독립선언문을 공식에 비유하자면, 전문은 본문의 구체적인 사실을 공식에 대 입함으로써 독립이라는 정답을 도출하기 위한 틀이다. 독립선언문에서는 결론 에 도달하기 전까지 지금껏 식민지 측이 본국과의 관계를 개선하기 위해 얼마 나 노력해 왔는지 설명하고 있으며 그러한 노력이 받아들여지지 않았기 때문에 어쩔 수 없이 독립을 선택했다고 항변하고 있다.

다만 이 경우 독립이란 어디까지나 13개 식민지가 각각의 스테이트(state)로 함께 독립한다는 의미에 불과했다. 전술한 바와 같이 애덤 스미스도 "일부 식민 지만 해방"하는 방안을 전망한 바 있었다. 오늘날 '주'라고 번역되는 스테이트는 미합중국의 헌법이 제정되기 이전인 독립혁명 시기에는 독립성이 더욱 강했기 때문에 스테이트로 번역하는 것이 연구상 통례이며, 이 책도 그 통례에 따른다.

당시 민간에서는 몇 가지 독립선언 안이 제시되었는데, 제퍼슨이 초안을 작 성할 때 주로 참조한 것으로 추정되는 것은 자신이 수주일 전에 썼던 버니지아 스테이트 헌법의 전문(前文)과 6월 중순에 필라델피아의 신문에도 게재되었던 조지 메이슨(George Mason)의 버지니아 권리장전의 초안이다. 그로부터 2년 후에 버지니아가 노예 수입을 금지했던 데서도 알 수 있듯이, 제퍼슨의 초안에 서는 "지구 반대편의 사람을 잡아다가 노예로 삼고 운반하는 가운데 비참한 죽 음을 초래했다" 등의 문구를 써서 이러한 흐름을 거스르는 영국 정부를 비난하 기도 했다. 다만 노예제와 관련된 문구는 남부 여러 스테이트를 배려하는 차원 에서 최종적으로 삭제되었다.

7월 4일 독립선언문이 채택됨에 따라 독립선언은 곧바로 인쇄되어 각지에

〈그림 3-6〉 국립문서기록관리청의 홀 중앙 상단에 보관된 독립선언문. 홀을 개장하기 이전의 모습으로, 지금은 계단이 없어지고 중앙에 있는 합중국 헌법의 좌측에 독립선언문이 보관되어 있다.

송달되었고 병사와 대중에게 읽히거나 신문에 전재되었다. 독립선언문은 인칭 대명사를 자주 사용해 "그[국왕]을 의미한데는 ……을 했다"라고 열거함으로써 본국과의 항쟁을 알기 쉽게 의인화해서 전달했고 사람들에게 애국파의 관점을 알렸다. 여기에 부응하는 사람들 중에는 국왕의 초상화와 기마상 등 왕의 상징물을 훼손하는 사람도 있었다.

현재 수도 워싱턴의 국립문서기록관리청에 전시된 독립선언문은 양피지에 손 글씨로 쓰여 있는데, 8월 2일부터 각 식민지의 대표들이 서명해서 작성한 것이다(〈그림 3-6〉 참조). 대륙회의 의장을 맡았던 매사추세츠의 대부호 존 행콕(John Hancock)은 국왕 조지 3세가 안경을 쓰지 않더라도 읽을 수 있도록 큰 글씨로 서명했다고 한다(〈그림 3-7〉 참조). 반역죄로 처형당할 것을 각오하면서까지 독립선언에 자신의 이름을 사인한 56명의 서명자는 미국 역사상 특별한 존재로 칭송받고 있다.

독립선언문은 처음에는 정치적 성전으로 취급되지 않았다. 후술할 헌법제정회의에서도 겨우 언급되었을 뿐이다. 헌법 비준을 둘러싼 다양한 저작과 독립혁명을 다룬 초기의 서적에서도 독립선언문은 특별히 신성한 문서로 규정되지 않았으며, 다음 장에서 살펴볼 초기의 당파 대립에 휘말려들기도 했다. 그러다가 1812년 전쟁(미국-영국 전쟁)을 계기로 민족주의가 고조됨에 따라 점차 칭송받기 시작했다.

'독립선언 읽기'라는 의식은 1776년 7월 4일부터 한 달여 동안 각지에서 실시되었는데, 이는 독립기념일 축제의 표본이 되었다. 건배를 13번 하는 등 13이라는 숫자가 빈번하게 등장하는 이 축제를 보도하는 신문 기사 내용은 전국 어디

〈그림 3-7〉 20대 말의 존 행콕. 저명한 화가 존 싱글턴 코플리의 작품(1765년). 상의에는 격식을 차리지 않는 옷깃이 보인다.

에서도 매우 유사했다. 이를 통해 민족주의적인 축제를 추진하려는 지도자층의 의도가 배후에 존재했다고 추정할 수 있다. 또한 머리말에서 다룬 바와 같이 훗날 3명의 대통령이 7월 4일에 사망하자 이 기념일은 한층 신비로운 색채를 띠게 되었다.

또한 당시에는 달력이 발행 부수가 많고 지역과 밀착되어 있다는 점에서 신문과 동일하게 중요한 활자 미디어로 취급되었다. 혁명이 진행됨에 따라 달력에서 영국 국왕과 관련된 축제가 사라졌는데, 특히 독립선언 이후에는 국왕 즉위 시점을 기점으로 하는 연도 표기(서력이라고 일컫기도 했다)가 1776년 7월 4일을 기점으로 하는 표기로 바뀌었다. 아울러 새로운 국가의 통합을 연상케 하는 달력의 표지 그림에서도 엿볼 수 있는 것처럼, 달력을 제어하는 것은 시간을 국민화하는 것이었다고 할 수 있다.

독립선언과 국호

이제 국호에 다시 초점을 맞춰 독립선언문이 확산된 과정과 함께 국호가 제정된 경위를 상세하게 살펴볼 것이다(〈그림 3-8〉 참조).

7월 4일 심야에 필라델피아의 인쇄업자 존 던랩(John Dunlap)에 의해 최초의 독립선언문, 이른바 던랩 브로드사이드가 인쇄되었다. 그 앞부분을 잘라낸 것이 〈그림 3-8〉의 ①인데, 이 그림을 보면 거의 제퍼슨의 초안 그대로 인쇄되었다는 것을 알 수 있다(〈그림 1〉의 ② 참조). 다만 던랩 브로드사이드는 어디까지나 인쇄물이었고 서명도 대륙회의 의장 존 행콕의 이름이 인쇄되어 있을 뿐이다. 던랩 브로드사이드는 총 200~300장이 인쇄되었던 것으로 추정되는데, 그중에 현존하는 것은 26장이다(1989년 펜실베이니아주의 벼룩시장에서 겨우 4달

러에 팔렸던 그림의 안쪽에서 던랩 브로드사이드 한 장이 발견되었는데, 2000년 경매를 통해 814만 달러에 낙찰된 바 있다).

당시에 많은 사람이 실제로 보고 들었던 독립선언문은 현재 국립문서기록관리청에 보관된 양피지의 원본 텍스트가 아니라 이 던랩 브로드사이드의 텍스트인 것으로 추정된다. 독립선언 이후 각지에 신속하게 이 브로드사이드가 도착해 읽혔으며 신문에 전재되었기 때문이다. 최초로 독립선언문을 게재했던 신문은 7월 6일 발행된《펜실베이니아 이브닝 포스트(Pennsylvania Evening Post)》로 알려져 있는데, 이것도 던랩 브로드사이드를 전재한 것이었다. 하지만 여기에는 대문자와 소문자까지 정확하게 구분되어 있지는 않다. 대소문자 구분까지 비교적 충실하게 썼던 신문으로는 7월 26일 발행된《버지니아 가제트(Virginia Gazette)》를 들 수 있다(<그림 3-8>의 ② 참조).

당국이 인쇄에 대해 지시한 내용을 기록한 신문의 첫 부분을 인용하면 다음과 같다. "인쇄업자는 각자 발행하는 신문에 명예 있는 대륙회의가 작성한 독립선언을 공표할 것. 또한 본 공화국(버지니아) 각 군의 보안관은 동 선언을 수중에 넣은 이후 최초의 개정일에 도청 청사의 문 앞에서 동 선언을 포고할 것." 이러한 과정을 거쳐 던랩 브로드사이드의 텍스트가 확산되었다.

우리에게 익숙한 독립선언문 원본은 전술한 바와 같이 현재 국립문서기록관 리청의 홀에 전시되어 있는 한 장의 양피지이다. 이 원본 독립선언문은 투표를 기권했던 뉴욕 스테이트 대표가 독립에 찬성해 만장일치가 된 이후에 공식적으로 문서 작성 결의를 거쳐 손 글씨로 쓴 것인데, 그 문장은 던랩 브로드사이드의 내용과 조금 다르다. 문장에 등장하는 표현은 동일하지만(<그림 3-8>의 ④ 참조), 국호에 해당하는 말에 'thirteen'이라는 문구가 추가되어 있다(<그림 3-8>의 ③ 참조).

1776년 7월의 독립선언은 전술한 바와 같이 13개 식민지가 함께 독립을 선언했던 것으로, 하나의 통일국가를 창설한다는 의도는 명확하게 인식되지 않았다. 이 때문에 '새로운 국가'라는 명칭은 명시되지 않았다. <그림 3-8>의 ③의 표기는 이를 여실히 보여주는 것으로 볼 수도 있다. 또한 이로부터 약 2개월 후 대륙회의가 존 폴 존스에게 부여한 해군 대령 임명장에 등장하는 국호는 'United States of North America'이며(<그림 3-8>의 ⑤ 참조), 'of' 아래 부분에 흔들린 흔적이 있다.

양피지의 독립선언문은 작성되던 당시에는 사람들이 거의 볼 수 없었을 것이라고 추측된다. 왜냐하면 둘둘 말려진 상태로 보관되었기 때문이다. 이 때문에 일찍부터 아래쪽의 서명 부분이 닳기 시작했을 것이다. 1777년 1월에는 대륙회의의 지시로 독립선언문이 두 번째로 인쇄·배포되었는데, 이때에는 서명자들의 이름이 기재되었다. 다만 원본의 서명까지 포함해 양피지의 문서 형태가 구체적으로 알려진 것은 1823년에 원본과 거의 유사한 복제품이 만들어지기 시작한 뒤라고 할 수 있다. 그 경위에 대해서는 다음 장의 마지막 부분에서 다룰 예정이다.

스테이트헌법과 연합규약 제정

혁명을 추진하는 중추였던 대륙회의가 독립을 선언함에 따라 그 해부터 이듬해인 1777년에 걸쳐 많은 스테이트가 스테이트헌법(주헌법)을 제정했다. 처음에는 전투 지역이 한정되어 있어서 각 스테이트에 스테이트헌법을 제정할 시간적 여유가 있었던 것이다(다만 혁명 종결까지 개정된 내용도 많다). 스테이트헌법은 식민지 시대에 부여되었던 특허장 등 성문법에 의한 통치의 전통을 토대로 삼으면서, 통치와 관련된 조항 그리고 인권과 관련된 조항(이른바 권리장전)의 2개의 부분으로 구성되는 경우가 많았다.

의회에서 만들어진 스테이트헌법을 비준하는 데 실패했던 매사추세츠 스테이트는 다시 헌법제정회의를 개최해 스테이트헌법을 제정했고 비준을 얻었다. 이것은 각 스테이트에서 하나의 모델이 되었다. 나아가 스테이트 수준에서 생겨난 참신한 정치 기법과 개념은 훗날 연방헌법, 즉 합중국 헌법에도 계승된다.

각 스테이트가 각각 최고 법규로 뒷받침되는 정부를 보유하게 되자 초법규적 존재라고도 할 수 있는 대륙회의의 권위가 저하되었다. 대륙회의는 1777년 말, 스스로 확고한 법적 정당성을 부여하기 위해 연합규약을 제정했는데, 이것이 최초의 연방헌법이라고도 할 수 있다. 연합규약은 전체 13개 조로 구성되어 있는데, 제1조에는 "본 연합의 명칭"을 "유나이티드 스테이츠 오브 아메리카(United States of America)"라고 정한다는 조문이 들어가 있다(<그림 1>의 ⑤ 참조). 이 조문에 따라 국호가 공식적으로 확정되었는데, 머리말에서 다룬 바와 같이, 당시까지만 해도 '미합중국'으로 번역하기는 어렵고 여전히 '아메리카연합'으로 해석해야 할 것이다.

연합규약에서 대륙회의는 '연합회의(the Congress of Confederation)'로 개칭되었고, 연합회의는 각 스테이트의 주권을 인정하고 이제까지처럼 각 스테이트가 1표를 갖는 방식을 채택했으며, 중요한 결의는 9표의 다수결로 삼았다. 연합회의는 또한 전쟁을 포함한 외교 권한을 갖는다고 규정되었는데, 대외 통상과 스테이트 간의 통상에 대한 규제권은 없었다. 또한 과세권도 부여되지 않았으며, 재정은 각 스테이트의 출자금에 의지하는 틀이었다. 이 때문에 연합규약을 13개 스테이트의 군사동맹에 불과한 것으로 보는 경향도 있다. 강력한 본국 정부로부터 독립을 쟁취하기 위해 싸우고 있는 사람들의 입장에서는 새롭고 강력한 중앙정부를 창설하는 데 큰 위화감을 느낄 수밖에 없었다.

연합규약이 발효되려면 전체 스테이트가 비준해야 했기 때문에 3년 넘게 걸렸다. 결속력이 약한 집합이었으므로 틀을 붕괴하지 않으려면 전체 구성원이 일치해야 했다. 달리 말하면 13개 스테이트의 틀은 찬성하지 않는 스테이트를 복종하도록 만들 만큼 강제력을 갖고 있지 못했다.

특히 각 스테이트 간에는 서부 토지의 귀속을 둘러싸고 대립이 발생했다. 식민지 시대의 특허장으로 인해 서쪽의 경계가 명확하게 정해지지 않았던 스테이트는 남북의 경계선을 위도에 따라 서쪽으로 확대하려 했다. 만약 이런 주장이 인정된다면 각 스테이트의 영역은 성조기의 줄무늬처럼 가늘고 길게 대륙을 뒤덮을 것임에 틀림없었다. 한편 서쪽의 경계가 명기되어 있어 서쪽으로 확대하는 것이 불가능했던 메릴랜드 등의 스테이트는 여기에 강하게 반대했다. 최종적으로 서방 영토는 모두 대륙회의가 관할한다는 방향으로 합의가 형성되었고, 1781년에 전체 스테이트의 비준이 체결되었다. 이후 대륙회의는 연합회의로 불렸는데, 권한이 취약하다는 것은 계속 문제로 남았다.

연합규약이 체결됨에 따라 유나이티드 스테이츠(United States)라는 말이 공식 명칭에 포함된 연합회의에서는 의장이 프레지던트(president)로 선출되었다. 즉, 'President of the United States'로 표기되어 'United States'라는 표현과 'President'라는 표현이 병렬되었다. 원래 프레지던트라는 말은 장(長)을 의미하는 보통 명사이며 그 뒤에 붙는 말에 따라 성격이 규정된다. 이를 통해 알 수 있는 것은 워싱턴이 취임하기 이전에도 합중국에 프레지던트라는 명칭이 존재했었다는 것이다. 연합규약하에 선출된 최초의 프레지던트는 메릴랜드 출신의 존 핸슨(John Hanson)이라는 속설도 있다. 실제로 워싱턴도 자신을 초대 프레지던트라고 생각하지 않았다고 일컬어진다.

그러나 워싱턴 이전의 프레지던트는 대륙회의와 연합회의의 의장에 불과하며, 전부 14명이다(2명이 재임했기 때문에 최후의 의장은 제16대였다). 대륙회의의 의장은 대륙회의 의원의 호선에 의해 선출되는 의회 내의 관리직이었다. 행정상 큰 권한을 갖고 있지 않았으며 일종의 명예직이었다. 즉, 대통령이 아니라 어디까지나 의장이었던 것이다.

제4대 의장 존 행콕이 최장기인 2년 반에 걸쳐 이 직책을 맡았던 데서 알 수 있는 바와 같이, 처음에는 의장 직책에 임기가 정해져 있지 않았다. 그러다가 연합회의 시대에 들어서자 연합규약 제9조의 규정에 의해 의장의 임기가 최장 1년으로 정해졌다. 그리고 의장 직책은 연합회의의 구심력이 저하되는 것과 궤를 같이하여 루틴화되어 갔다. 위에서 언급한 바와 같이, 제9대 의장 존 핸슨은 연합규약 아래에서 선출된 최초의 프레지던트로, 그는 정해진 의장 임기 1년을 처음으로 만기로 채웠다. 원래 핸슨도 임기 도중에 사임하려 했지만 권위가 저하되고 있던 연합회의에서 의장 선출의 정족수를 채우기 어려워 생각을 바꾸었다고 한다. 따라서 역시 최초의 합중국 대통령은 워싱턴이라고 할 수 있다.

3. 독립전쟁 전개와 건국 신화의 탄생

북부와 중부에서 발발한 전반전

어지러울 정도로 빠르게 정국이 전개되는 한편으로, 혁명의 귀추는 전황에 의해 좌우되었다. 군사적 측면에서 보면 독립혁명은 13개 스테이트가 당시 최강이던 영국군에 과감하게 도전한 독립전쟁이나 다름없었다. 양자의 힘 차이에서 볼 때, 미국 측이 군사적으로 승리를 거둘 가능성은 높지 않았지만 군사적 승리 없이는 혁명의 성공을 기대할 수 없었다. 대륙군은 갑작스럽게 창설되어 규모는 평균 1만 명 전후였으며, 병력과 물자가 항상 부족했다. 한편 본국은 최대 규모의 군을 동원했고 독일에서도 용병 부대를 파견했다.

전쟁의 전반전은 북부와 중부가 무대가 되었다. 독립선언이 공표된 후에는 영국군의 대규모 부대가 뉴욕시에 상륙했다(<그림 3-9> 참조). 평지에서 치르는 전투에 익숙하지 않았던 워싱턴이 지휘하는 대륙군은 영국군과 대치했지만 패

캐나다

세러토가
올바니

매사추세츠
콩코드
보스턴
렉싱턴

뉴욕

펜실베이니아

뉴욕
브루클린 하이츠
트렌턴
밸리포지
필라델피아

메릴랜드

버지니아

요크타운

대서양

길퍼드 코트하우스

노스캐롤라이나

킹스마운틴

카우펜스

무어스 크리크

사우스캐롤라이나

N

0   200km

찰스타운

〈그림 3-9〉 독립전쟁의 주요 전장

배를 맛보았다. 북미에서도 인기가 높았던 하우 형제에 의한 휴전 교섭도 실패로
끝났으며 뉴욕시에는 이후 전쟁 종결까지 영국군이 상주했다. 대륙군은 악천후
속에서도 영국군의 추격을 간신히 벗어나 펜실베이니아까지 퇴각했다. 행군 중
에 병사로 복무했던 토머스 페인은 새로운 팸플릿 「미국의 위기(The American
Crisis)」 제1호를 간행했다(전쟁이 끝날 때까지 총 16편이 집필되었다).

같은 해 성탄절 밤, 대륙군은 얼어붙은 델라웨어강을 건너 독일인 용병 부대
를 급습했고, 퇴각이 계속되는 가운데 귀중한 승리를 쟁취했다(일명 트렌턴 전
투). 이 도하 작전을 앞두고 워싱턴의 명령으로 군인들은 「미국의 위기」 제1호
를 읽었는데, 이 팸플릿은 "바로 지금은 인간의 영혼에 있어 시련의 시기이다"

라고 설파하면서 병사들의 용기를 진작시켰다[버락 오바마(Barack Obama) 전 대통령도 제1기 취임 연설에서 이 팸플릿의 한 구절을 인용하면서 미국 국민들에게 인내와 단결을 호소한 바 있다]. 이 전투에서 미국 측이 입은 인적 피해는 경미했는데, 부상자 중에는 나중에 제5대 대통령이 되는 제임스 먼로(James Monroe)도 포함되어 있었다.

한편 퀘벡 방면의 영국군 지휘를 새로 맡게 된 존 버고인(John Burgoyne)은 1777년 6월, 캐나다에서 영국군을 이끌고 뉴욕 스테이트의 올버니를 향해 삼림 지대를 남하하는 작전을 결행했다. 이 작전은 뉴잉글랜드를 다른 지역에서 분열시키는 것이 목표였지만, 뉴욕시에 주둔하고 있던 총사령관 윌리엄 하우가 이끄는 영국군은 대륙회의가 소재한 수도 필라델피아를 공략하는 작전을 우선 시행했다. 버고인은 '젠틀맨 조니(Gentleman Johnny)'라고도 불렸던 멋쟁이로, 애인까지 데려와서 물건을 가득 채운 채 마차를 타고 진군했기 때문에 전진 속도가 늦었다. 버고인은 뉴욕시에서 북상하는 하우의 원군을 기대할 수 없는 상황에서 최종적으로 10월 새러토가 전투에서 미국 측에 크게 패배했다(런던의 웨스트민스터 사원에 잠들어 있는 버고인의 묘지 위에 커다란 쓰레기통이 놓인 것을 필자는 목격한 적이 있다).

이 전투에서 대륙군의 총지휘를 맡았던 전 영국군 사관 출신의 호레이쇼 게이츠(Horatio Gates)는 대륙회의로부터 높은 지지를 받았고 워싱턴을 대신해 그를 총사령관으로 추대하려는 움직임도 있었다고 알려져 있지만, 나중에 남부에서의 전투에서 패배해 일거에 신뢰를 상실했다. 또한 새러토가 전투에서 활약했던 베네딕트 아놀드(Benedict Arnold)는 자신이 정당하게 평가받지 못하는데 불만을 품고 영국 측에 투항해 배신자라는 낙인이 찍혔다.

새러토가 전투에서의 승리에 열광하는 한편으로, 주력군을 이끌고 윌리엄 하우와 대치했던 워싱턴은 수도 필라델피아를 방위하는 데 실패해 대륙회의는 다른 장소로 옮겨야 했다. 1777년부터 1778년에 걸친 겨울, 워싱턴 휘하의 군은 필라델피아에서 조금 떨어진 밸리포지(Valley Forge)에서 추위와 물자 부족으

〈그림 3-10〉 독립전쟁에서 활약한 4명의 외국인 동상. 백악관 북쪽과 인접한 라파예트 광장의 네 모퉁이에 설치되어 있다. 19세기 말부터 20세기 초에 걸쳐 건립되었다. 왼쪽부터 라파예트, 로샹보, 코시치우슈코, 슈토이벤.

로 고통받으면서도 의용병으로 가담했던 프로이센의 군인 슈토이벤(Steuben)[6] 등의 힘을 빌려 부대를 재건했다. 밸리포지라는 명칭은 미국인의 불굴의 정신을 상징하는 것으로 훗날 다양한 일화에서 칭송받았다.

슈토이벤 외에도 미국에 투신한 의용병으로는 프랑스의 귀족 라파예트(Lafayette),[7] 폴란드의 군인 코시치우슈코(Kościuszko)[8] 등이 있다. 워싱턴은 외국어를 구사하지 못했지만 외국인 사관을 신뢰하고 존중했다(〈그림 3-10〉 참조). 미국 독립전쟁은 특히 사관 계급의 군인에게 환대서양적인 군사적 시기를 의미했다.

프랑스 혁명에서도 활약한 라파예트는 나중에 파리 바스티유 감옥의 열쇠를 토머스 페인을 통해 워싱턴에게 보냈는데(페인은 『상식』의 프랑스어판 출간으로 프랑스에서도 유명해졌으며 프랑스에서 혁명에 참가했다), 이 열쇠는 마운트 버넌에 위치한 워싱턴의 저택에 오늘날까지 보관되어 있다. 만약 프랑스 혁명에서 파리가 외국군에게 함락되었다면 혁명은 실패로 돌아갔을 것이다. 하지만 미국에

---

6   프리드리히 빌헬름 폰 슈토이벤(Friedrich Wilhelm von Steuben)을 일컫는다._옮긴이
7   질베르 뒤 모티에 드 라파예트 후작(Gilbert du Motier, Marquis de Lafayette)을 일컫는다._옮긴이
8   타데우시 코시치우슈코(Tadeusz Kościuszko)를 일컫는다_옮긴이

서는 영국군이 수도를 점령했음에도 영국군은 특별히 내세울 만한 큰 성과를 얻지 못했다. 존 버고인을 돕지 못한 윌리엄 하우는 사임했으며, 영국군은 1778년에 뉴욕으로 철수했고 대륙회의는 필라델피아로 다시 돌아왔다.

새러토가 전투의 승리는 미국을 둘러싼 국제관계를 크게 변화시켰다. 영국에 대항하면서 7년 전쟁의 복수를 노렸던 프랑스는 미국의 군사적 실력을 인식하는 한편, 이 일로 영국이 평화로 돌아설까 우려했다. 프랭클린이 프랑스로 파견되어 궁정에서 활약한 결과, 1778년 프랑스는 미국과 우호통상조약 및 동맹조약을 체결했다.

마찬가지로 부르봉 왕가인 스페인도 프랑스 측에 서서 영국에 대해 선전포고를 했는데, 신대륙에 있는 광대한 식민지에 미칠 영향을 우려해 미국과 직접 동맹을 맺지는 않았다. 네덜란드는 일찍이 미국 독립을 인정해 영국과 대치했으며, 러시아에서는 남편 표트르 3세를 궁정 쿠데타로 폐위시키고 제위에 오른 예카테리나 2세가 1780년 무장중립동맹을 제창했다. 스웨덴, 프로이센 등의 유럽 국가들도 이 동맹에 참여하자 영국은 유럽에서 고립되어 외교적으로 어려운 상황에 놓였다.

남부에서 발발한 후반전

독립전쟁의 후반전은 주로 남부가 무대였다. 본국은 남부에 충성파가 많이 잠재해 있다고 간주했다. 따라서 영국군을 통해 세력을 키우고 지역을 분열시켜 이 지역을 지배하에 두고자 했다. 하지만 충성파가 많을 것이라는 전망은 정확하지 못했으며, 일부 지역에서는 애국파와 충성파인 지역 주민들 간에 내전의 양상을 보이기도 했다.

1780년 5월, 미국 측은 사우스캐롤라이나의 찰스턴에서 참패를 당했으나, 같은 해 10월에 남부의 오지인 노스캐롤라이나와 사우스캐롤라이나의 경계 부근에서 발발한 킹스마운틴 전투에서는 승리를 거두었다. 부근의 오지와 산간 지역에서 집결한 민병을 '오버마운틴 멘(Overmountain Men)'이라고 불렀는데 이들이 중심이 되어 영국군을 포위하고 산 정상으로 내몰아 격파했던 것이다. 이 승리는 오랜만의 낭보여서 미국 측의 사기를 드높였다. 이듬해인 1781년 1월에는 킹스마운틴에서 멀지 않은 카우펜스에서 소총 부대를 이끌던 대니얼 모건(Daniel Morgan)이 악명 높은 영국군의 배내스터 탈턴(Banastre Tarleton)(항복한 병사를 가차 없이 살해한 것으로 유명한 인물이다)이 지휘하던 기병대를 격파했다.

당시의 총은 총구에서 총탄을 집어넣는 전장식으로 점화는 부싯돌을 이용했고, 총신의 내측에 홈이 없는 머스킷이 주로 이용되었다. 2열 정도로 전열을 조직해 맞서서 일제히 사격하고 이후 총검 돌격을 하는 것이 일반적이었는데, 총신에 나선상의 홈을 파서 명중 정확도를 높였던 소총도 실전에 투입되었다.

같은 해 3월에는 남부 방면의 대륙군을 지휘하는 너새니얼 그린(Nathanael Greene)과 영국군을 이끄는 찰스 콘월리스(Charles Cornwallis)가 정면에서 충돌했다. 양자의 결투라고도 할 수 있는 길퍼드 코트하우스 전투였다. 그린은 교묘한 전술로 겉으로 보기에는 영국군에 승리를 양보했지만 실제로는 영국군에 심대한 피해를 입혔다. 이 전투의 소식을 전해들은 본국의 어느 정치가는 수지타산이 맞지 않는 승리(이른바 '피로스의 승리[9])라고 탄식했다고 한다.

지휘를 맡았던 그린은 평화를 중시하는 퀘이커 교도였지만 워싱턴의 신임이 두터웠다. 패배해서 달아난 호레이쇼 게이츠의 후임으로 남부군을 맡아 활약해 '싸우는 퀘이커 교도'라고 불렸다. 남부에서 미국군이 일련의 활약을 펼치자 찰스 콘월리스의 영국군은 버지니아의 요크타운으로 가서 강을 등지고 진을 쳤다.

영국의 함대는 뉴욕을 지원·보호하기 위해 대륙으로 향했지만, 서인도제도에서 북상하던 프랑스 함대에 가로막혀 영국군이 바다로 탈출하는 것이 불가능해졌다. 또한 워싱턴이 지휘하던 주력군은 1780년 자신들을 원조하기 위해 투

---

9   피로스의 승리(Pyrrhic victory)란 많은 희생을 내고 큰 대가를 치른 승리를 지칭하며, 궁극적으로 패배와 다름없는 승리를 의미한다. _옮긴이

입된 로샹보의 프랑스군과 함께 비밀리에 남하해 영국군을 포위했다. 포위 공격 중에 워싱턴이 신임했던 알렉산더 해밀턴(Alexander Hamilton)은 영국군의 요새 가운데 한 곳을 공략하는 목숨을 건 임무를 성공시켰다.

<그림 3-11> 요크타운 전승기념비의 상부. 전투 직후 연합회의는 이 비를 건립하기로 결의했지만, 비가 완성된 것은 대략 100년 후이다.

궁지에 내몰린 찰스 콘월리스는 결국 항복했고, 요크타운 전투는 미국 측의 대승리로 끝났다(<그림 3-11> 참조). 새러토가 전투에서 승리를 거둔 지 4년 후인 1781년 10월 중순의 일이었다. 전하는 바에 따르면, 영국군이 항복할 때 영국의 군악대는 「세계가 발칵 뒤집혔다(The World Turned Upside Down)」라는 영국 노래를 연주했다고 한다.

이 전투로 독립전쟁의 추세가 거의 결정되었다. 영국 측은 전쟁 종결 이후를 감안해 미국에 관대한 조건으로 강화를 체결하려 했으며, 프랑스 측은 프랭클린 등 미국 측의 사절과 파리에서 내밀하게 교섭을 개시했다. 1782년, 양자 간에 강화를 위한 예비조약이 체결되었고 이듬해인 1783년에는 공식적으로 파리조약이 체결되었다. 이 조약에서 영국은 미국의 독립을 인정했고, 미시시피강 동쪽의 영토를 할양했다(책 첫머리 지도 참조). 같은 해에는 영국과 프랑스·스페인 간에 조약(베르사유 조약)이 체결되어 프랑스는 영국으로부터 영토를 일부 획득했다. 하지만 이것은 막대한 전쟁 비용에 상응하지 않는 것으로, 이것이 프랑스 혁명의 원인 가운데 하나도 추정되기도 한다. 한편 스페인은 영국으로부터 플로리다를 다시 취득했다.

파리조약이 조인됨에 따라 1783년 11월 25일, 영국군은 뉴욕시에서 철수했다. 이후 이 날은 뉴욕의 기념일이 되었다. 뉴욕에 거주하던 많은 충성파 사람들도 캐나다 등으로 탈출했다.

한편 워싱턴은 총사령관을 사임했으며 대륙군은 최소한의 병력만 남기고 해체했다. 당시 연합회의가 위치했던 메릴랜드 스테이트의 아나폴리스에서 거행된 사임식은 당시 신격화되었던 워싱턴보다 연합회의의 권위가 더 높았음을 보여주는 의식이기도 했다. 황제가 된 나폴레옹과 달리 자신이 물러날 때를 알았던 워싱턴은 결코 왕이 되고자 하지 않았다.

기념비가 말해주는 독립혁명

여기서는 독립전쟁의 옛 전장에 지금도 서 있는 기념비에 다시 주목하면서 독립혁명이 지닌 의미를 살펴볼 것이다. 미국을 최초의 국민국가로 범주화했던 베네딕트 앤더슨은 국민화를 위한 장치로 출판 미디어(이른바 출판자본주의)가 수행한 역사적 역할을 중시했는데, 내구적이고 영속적인 기억 장치 자체가 바로 기념비라 할 수 있다. 사적이라는 형태의 기념비는 공적 기억의 결절점이자 표출점인 동시에 공적 기억을 재생산하고 변화시키는 장치이다.

기억은 단순히 재현되는 것이 아니라 재구성된다. 기억에는 기념일을 중심으로 하는 기념행사, 표창 등의 소프트웨어가 관련되어 있다. 이러한 소프트웨어와 기념비 자체에 대한 하드웨어를 분석하면 특정한 역사적 사건에 대한 사람들의 의식이 변화하고 기억이 형성되는 과정을 폭넓게 독해할 수 있다.

독립전쟁 후반의 무대였던 남부에 주목하면, 주요한 전투는 약 10개였다. 그 중에서도 남부에서 발발한 독립전쟁 최초의 전투로 간주되는 무어 크리크 다리 전투(1776년 2월 노스캐롤라이나주 연안에서 발발했다)에 초점을 맞춰보면 이곳에 서 있는 기념비는 6개임을 확인할 수 있다(필자가 조사할 당시 기준). 실제 전투는 단시간에 애국파가 승리를 거둔 소규모 전투였지만, 스코틀랜드 역사에 이름을 떨치고 있는 플로라 맥도널드(Flora MacDonald, 영국 왕위를 둘러싸고 일어난 1746년의 컬로든 전투에서 제임스 2세의 손자였던 '젊은 왕위 요구자' 찰스 스튜어트를 도운 영웅적인 여성)도 남편 및 자식과 함께 충성파로 참가했던 전투였다.

여기서는 이 가운데 하나인 메리 슬로컴(Mary Slocum) 기념비를 다룰 것이

<그림 3-12> 메리 슬로컴 기념
비(1907년 건립). 앞쪽에는 슬로
컴 부부의 묘가 있다.

다(<그림 3-12> 참조). 기념비 좌측의 비문을 보면, 메리 슬로컴에 대해 "가장 영예로운 이름"이고 "그녀의 영웅적 행위와 자기희생은 역사에 높게 평가될 것이며 이후 세대에 진정한 애국주의와 조국애를 자각시킬 것이다"라고 칭송하고 있다.

전하는 바에 따르면, 그녀는 남편이 전투에서 부상당하는 꿈을 꾸자 말을 타고 약 100km를 달려 전장으로 향했는데, 메리 슬로컴의 질주는 폴 리비어의 질주를 방불케 했다고 한다. 그녀의 전설이 처음으로 공개되고 지역에 확산된 것은 19세기 중반 이후의 일이지만, 비 앞쪽의 묘에 남편과 함께 영면하고 있는 그녀의 실재 자체에 대해서는 의심의 여지가 없다. 하지만 오늘날 그녀의 질주를 증명할 확고한 증거는 발견되지 못하고 있다.

한편 그녀는 독립을 위해 함께 고생했던 이 지역의 여성들을 표상하는 존재이기도 하다. 그녀의 동상 우측의 비문이 그 증거이다. 그 비문에는 "그녀들의 아이들이 일어나서 그녀들을 축복한다"라고 되어 있다. 독립혁명의 역사에서 별로 언급되지 않았던 여성의 애국적 공헌을 19세기와 20세기가 교차하는 시기에 발굴해 대지에 새겨 넣었던 것이다.

사실 독립전쟁에서는 병사의 아내 등 민간의 보통 여성도 자주 군대에 편입되어 부대와 함께 이동하거나 근세의 군대에서 여성이 맡았던 비군사적 역할을 담당했는데, 이러한 역할에 대해서는 최근 들어 학문적으로 주목을 받고 있다. 죽은 남편을 대신해 대포를 쏘았던 몰리 피처(Molly Pitcher)[10] 같은 전설적인 여

---

10 메리 헤이스(Mary Hays)의 별명으로 간주되고 있다._옮긴이

〈그림 3-13〉 윌리엄 크로니클 기념비. 왼쪽의 옛 기념비는 1815년 건립되었고 오른쪽의 비는 1914년 건립되었다.

성뿐만 아니라 독립전쟁에 기여한 다양한 여성을 지역의 집단 기억 속에 광범위한 형태로 유지·전승했고 그 결실이 기념비로 나타난 것으로 추정된다.

여기서는 앞에서 언급한 킹스마운틴 전투의 기념비도 살펴볼 것이다. 이 옛 전장에는 모두 11개의 기념비를 확인할 수 있는데, 1815년 개최된 최초의 기념제에서 건립된 크로니클 기념비[11](〈그림 3-13〉 참조)는 전사한 미국 측의 병사 4명(윌리엄 크로니클 소령 외 3명)을 기린 것으로, 합중국에서 두 번째로 오래된 전장비로 추정되고 있다. 비를 건립하고 나서 오랜 세월이 흐른 탓에 마모되어 비문을 읽기 어려워지자 내용을 다시 기록하기 위해 오른쪽에 새로 비를 세웠다.

이 4명은 출신지가 동일하므로 서로 마음이 통하는 친구이자 동료였을 것으로 추정된다. 그들이 모두 전사하자 이 비문을 새겼고 이로써 그들은 자신들의 이름을 후세에 남겼다. 다음 장에서 논하겠지만, 1812년 전쟁에서 민족주의가 고조되는 가운데 이 비를 세울 때에는 영국과의 전쟁에서 세운 공을 칭송하기 위한 기념비로서의 색채가 농후했을 것이다. 하지만 이 비 앞에 서면 사망한 사람들을 애도하는 위령비처럼 느껴진다. 실제로 비를 건립할 때에는 옛 전장에 흩어져 있던 신원 불명의 병사들의 유골을 수없이 주워 모아 다시 매장했다고 한다. 오늘날 매장 장소는 더 이상 확정할 수 없지만 이 비는 이른바 무명전사의 묘표이기도 한 것이다.

이처럼 기념비를 통해 비춰지는 미국 독립전쟁은 남북전쟁이나 베트남 전쟁과 달리 어느 누구도 이의를 제기하지 않는 정당한 전쟁이었기 때문에 국민통

11   공식 명칭은 Kings Mountain Chronicle Fell Monument이다. _옮긴이

합의 장치이자 안정판으로 기능했다. 독립혁명을 칭송하고 역사에 자신의 존재를 자리매김하는 것 자체가 지역과 소수자의 세력을 미국 사회의 주류로 합류시키는 효과적인 수단이었다.

지역의 영웅과 이름 없는 여성의 활약은 허구와 실제가 뒤섞여서 후세에 기념비로 남았다. 여기서 건국의 역사적 사실을 재생산하거나 재기억하는 메커니즘, 이 국가를 존속시키는 데 반드시 필요한 전통이 창조되는 메커니즘을 발견할 수 있다. 이러한 기념비는 앞으로도 합중국이 존속하는 한 계속해서 건국 이야기를 들려줄 것이다.

변화하는 경제와 사회

독립혁명은 정치·제도뿐만 아니라 사회·경제에도 큰 변화를 가져왔다. 우선 경제적인 측면부터 살펴보자.

독립혁명 시기에는 대륙회의가 전쟁 비용을 조달하기 위해 대량으로 지폐를 발행했다. 달러의 액면을 지닌 대륙 지폐였다(〈그림 3-14〉의 위쪽과 왼쪽 아래 참조). 정부 지폐에 해당하는 대륙 지폐는 이론상 은행권 이상으로 증발하는 성향이 있었다. 게다가 대륙회의가 직접적인 과세권을 지니고 있지 않기 때문에 납세할 때 회수나 환급을 기대하기 힘들었으며 납세에 사용 가능하다는 취지의 표기도 없었다[대륙 지폐 발행을 중단한 이후 연합회의가 발행한 이른바 인덴트(indent) 공채(公債)에는 이 표기가 있었다]. 그런데 일부 소액 지폐를 제외한 대륙 지폐의 앞면에는 대륙에서 널리 신용을 획득하기 위해 정화(正貨)에 상당하는 태환이 명기되어 있었다.

낡은 빛깔의 대륙 지폐를 실제로 살펴보면 "소지자는 스페인 달러 또는 스페인 달러와 동일한 가치의 금이나 은을 수령할 수 있다"라는 문구가 쓰여 있다. 하지만 정화 준비가 부족해 실제로 효과적인 방법이 강구되지 못했고, 대륙 지폐는 불환지폐로 대폭 감가에 내몰렸다.

스페인 달러(8레알 은화)가 태환 대상이었기 때문에, 앞 장에서 살펴본 바와

〈그림 3-14〉대륙 지폐와 대륙 달러
(위쪽) 5달러 대륙 지폐의 앞면과 뒷면(9.4×7.3cm)
(왼쪽 아래) 1/2달러 대륙 지폐의 앞면과 뒷면(5.9×8.0cm)
(오른쪽 아래) 대륙 달러의 앞면과 뒷면(1962년의 복제 은화, 직경 3.8cm)

같이, 영국 본국의 금화와 은화 이상으로 8레알 은화와 보조 화폐가 이주민들에게 친근한 존재였다. 그리고 이 8레알 은화를 모방해 소량이지만 경화, 이른바 대륙 달러도 조폐되었는데, 이 대륙 달러는 대륙 지폐(1달러 지폐)와 대체 및 태환이 시도되었던 것으로 추정된다(〈그림 3-14〉의 오른쪽 아래 참조). 이 동전의 모양은 앞과 뒤 모두 프랭클린이 디자인해 1776년 발행되었던 대륙 지폐(〈그림 3-14〉의 왼쪽 아래 참조)에서 채택한 것으로, 13개 식민지의 단결을 표상하는 쇠사슬 바퀴의 문장 뒷면에는 "우리는 하나이다"라는 좌우명이 새겨져 있다.

이처럼 미국 달러는 근세 대서양 세계의 기축통화라 할 수 있는 스페인 달러에서 탄생했다(다만 최초로 달러를 액면 단위로 삼는 지폐를 발행한 것은 1767년 메릴랜드 식민지로 추정된다).

그리고 1/6달러부터 80달러까지의 액면을 지닌 대륙 지폐에 기록되었던 좌우명과 문장을 총체적으로 독해하면 다음과 같은 이야기가 완성된다. "지금의 고통스러운 시기를 함께 인내하고 정의롭게 행동한다면 결국 승리를 거두고 번영이 찾아올 것이다." 실제로 혁명을 진행하면서 발행했던 고액지폐에는 처음의 비장한 어조 대신 낙관적인 메시지를 넣었다.

대륙 지폐에는 당시로서는 최첨단이라 할 수 있는 각종 위조 대책이 도입되었다. 아마를 단단히 붙인 원료로 만든 종이에 청색 실과 운모(돌비늘)라는 광물을 섞어 넣었으며, 각기 다른 잉크를 이용해 2명이 서명했다. 특히 흥미로운 것은 뒷면에 천연 인쇄를 했다는 것이다. 이것은 프랭클린이 발명한 것으로 간주되는 미국의 독자적인 기법으로, 핵심은 천연의 식물 잎을 이용해 주형을 만드는 것이다. 그러면 단 하나의 주형만 만들어진다. 예를 들면, 5달러 지폐의 뒷면을 살펴보면 샐비어 종류 잎의 천연 인쇄가 되어 있는 것을 확인할 수 있다(〈그림 3-14〉의 오른쪽 위 참조).

한편 영국 측은 경제 교란을 노리고 조직적인 위조를 도모한 것으로 추정되는데, 당시 상당한 양의 위조지폐가 시장에 흘러들어갔다. 물론 진짜 지폐도 대량 인쇄되었으므로 대륙 지폐의 가치가 폭락했다. 대륙 지폐의 발행은 1780년 4월에 중단되었다. 하지만 이후에도 시장에서 지폐 가치가 계속 하락했다. 최종적으로 1790년의 결의에 따라 1% 가치의 국채와 교환하는 것으로 정해졌다. 오늘날 '한 푼의 가치도 없다'라는 관용구에 해당하는 'not worth a continental'에 대륙 화폐를 의미하는 단어 continental이 사용되는 것도 이러한 이유에서이다.

그렇다면 대륙 지폐에 국호에 해당하는 말은 어떻게 기록되어 있었을까? 머리말에서 다룬 바와 같이, 처음에는 'United Colonies'라는 표현을 썼는데(〈그림 3-14〉의 왼쪽 위 참조), 연합규약을 채택하기 수개월 전에 'United States'라는 말이 등장하자(〈그림 3-8〉의 ⑥ 참조) 이 표현을 폭넓게 사용하게 된 것으로 추정된다. 그리고 최후의 결의 때에는 'United States of North America'라고 기록되어 있어, 존스의 임명장(〈그림 3-8〉의 ⑤ 참조)에서와 마찬가지로 표기하고 있다. 혁명에 필요한 재정을 개인 자금으로 지원했던 애국파의 대부호 로버트 모리스(Robert Morris)가 1782년에 열었던 은행의 이름도 노스 아메리카 은행(The Bank of North America)이었다(이 은행은 최초의 중앙은행처럼 기능했지만 단기간에 기능이 정지되었다).

독립혁명은 사회 방면에서 커다란 변화를 유도한 혁명이기도 했다. 각 스테이트에서는 정교분리와 신앙·종교의 자유가 추진되었으며, 사람들이 군사 행동에 다양한 형태로 참가함으로써 사회 평등이 지향되었다. 제1장에서 언급한 '경의의 정치'에 의한 사회질서가 쇠퇴하고 백인 남성인 납세자 전체로 참정권을 확대하는 움직임을 보였다.

다만 여성에 대해서는 사정이 달랐다. 백인 여성도 군사 행동에 간접적으로 공헌한 바가 인정되었지만 참정권을 논하는 데까지 이르지는 못했다. 기혼 여성의 경우에는 여전히 재산권이 없었으며 혁명으로 인한 변화를 찾아보기 어려웠다. 뉴저지 스테이트에서는 임시 스테이트헌법 조문의 문구 가운데 '전체 주민(all inhabitants)'이라는 표현이 여성을 배제하지 않는다고 해석되어 미망인 등 재산 자격을 갖춘 일부 부유한 여성에게는 참정권이 주어지기도 했다. 하지만 19세기 초에 이 문구가 '자유 백인 남성'으로 바뀌어 여성의 참정권이 부정되었다.

나중에 제2대 대통령에 오르는 존 애덤스의 부인 아비가일 애덤스(Abigail Adams)는 남편에게 여성의 권리를 배려하도록 설득해 페미니즘 선각자 가운데 한 명으로 간주된다. 하지만 독립 이후의 미국에서는 '공화국의 어머니'로서 건전한 시민을 가정에서 육성하는 모친의 역할이 강조되었다. 이것은 이른바 모성주의 페미니즘의 일례로 볼 수도 있다.

흑인에 대해서는 어떠했을까? 독립전쟁에서 영국 측은 흑인을 충성파의 병력으로 이용했다. 애국파 측은 처음에 반란을 두려워해 흑인에게 무기를 제공하는 것을 주저했지만, 결국 흑인을 동원해 최종적으로 미국 측의 전체 병력에서 1.6% 정도를 차지하는 데 이르렀다(그들 중 대다수는 자유 흑인이었다). 흑인들은 백인 부대에 배속되었는데, 흑인으로만 부대를 편성한 스테이트도 있었다. 전후 수만 명으로 알려진 충성파 흑인이 캐나다와 서인도제도의 영국령 식민지로 이동했는데, 애국파 흑인 병사에게는 자유가 부여되는 경우도 있었다. 또한 전쟁 중에 농장에서 도망쳐 스스로 자유를 얻은 노예도 많았다.

혁명 중에는 영국에서 노예를 수입하지 않기 위해 각 스테이트에서 노예무역을 금지 또는 중단하는 방침을 취했다. 이후 수입을 재개한 스테이트도 있었지만, 18세기 말까지는 노예 수입이 금지·중단되었다(다만 밀무역은 실시되었다). 노예제 자체는 1780년에 펜실베이니아 스테이트에서 점진적 폐지가 결정되는 등 뉴잉글랜드와 중부에서는 18세기 말 무렵까지 폐지되는 방향으로 진전되었지만, 노예에게 의존했던 남부에서는 노예제를 폐지하기 어려웠다. 전국 수준에서 노예제가 폐지되려면 남북전쟁까지 기다려야 했다.

원주민은 독립전쟁 중에 대다수가 영국 측에 붙어 변경 지역에서 미국 측과 싸웠다. 이는 전후 미국인들이 서부 진출에 한층 박차를 가하는 결과를 가져왔다. 예를 들면 모호크족은 조지프 브랜트(Joseph Brant)[12]를 리더로 하여 미국 측과 싸웠으나 반격을 당했고, 거주지가 유린되어 이로쿼이 연합 세력이 쇠퇴했다. 남부의 켄터키에서는 초기의 서부 개척자로 유명한 대니얼 분(Daniel Boone)의 군대가 영국군과 함께했던 원주민과 교전을 벌였다.

건국 신화의 탄생

여기서 잠시 화제를 바꿔보자. 남북전쟁 이전의 미국사를 생각하면 떠오르는 인물로 누가 있을까? 워싱턴? 프랭클린? 링컨? 그렇다면 정치가와 군인을 제외하면 누가 떠오를까? 여기에 매우 흥미로운 자료가 하나 있다. 뉴욕주립대학 교수 마이클 프리슈가 1975년부터 1988년에 걸쳐 미국사 개론서에서 '남북전

---

12   타이엔다네기(Thayendanegea)를 일컫는다. _옮긴이

쟁 이전의 미국사를 생각하면 떠오르는 인물 10명은 누구인가?'를 학생들에게 질문하고 그 결과를 통계로 정리한 자료이다.

처음 질문에 대한 반응은 예상했던 대로였다. 1위는 워싱턴, 그다음으로는 링컨, 제퍼슨, 프랭클린 순이었다. 하지만 둘째 질문, 즉 정치가와 군인을 제외하고 떠오르는 인물에 대한 대답은 적어도 동양인의 관점에서 볼 때는 상당히 의외였다. 1위가 베치 로스(Betsy Ross),[13] 그다음으로 폴 리비어, 존 스미스, 대니얼 분, 콜럼버스 순이었다.

이 장에서 다루었던 폴 리비어가 2위였으며, 제1장에서 언급했던 포카혼타스도 10위 내에 이름을 올렸고, 포카혼타스와 관련된 존 스미스도 등장했다. 하지만 콜럼버스 등을 제외하면 귀에 익은 이름이라고 할 수 없다. 이것은 일반 미국인이 일본 역사에 등장하는 대중적인 영웅에 대해 무지한 것과 마찬가지의 상황이라고 할 수 있을 것이다.

여기서는 1위로 선정된 인물, 즉 최초로 성조기를 만든 것으로 알려져 있는 베치 로스에 대해 다룸으로써 그녀가 왜 이렇게 인기 있는지 살펴볼 것이다(참고로 1990년대 초 뉴햄프셔 대학에서 실시한 조사에서는 결과가 거의 동일했으나 2004년 하버드 대학에서 실시한 조사에서는 1위가 폴 리비어였고 베치 로스는 7위를 차지해 순위가 다소 바뀌었다). 〈그림 3-15〉의 차 세트에서도 알 수 있듯이, 베치 로스와 폴 리비어 두 사람은 미국 건국 신화의 중추에 위치하고 있다.

미합중국의 국기인 성조기(Stars and Stripes)가 탄생한 경위에 대해서는 수수께끼로 남은 부분이 많다. 성조기의 원형은 독립혁명 초기에 제작되었던 대륙기(Continental Flag)로, 캔턴(canton)이라고 불리는 왼쪽 윗부분에 잉글랜드와 스코틀랜드를 표상하는 십자 조합이 있었으며 13개의 적색과 백색 스트라이프를 갖고 있었다. 이 스트라이프는 혁명조직 자유의 아들들이 사용한 9개의 줄[14]

---

13 엘리자베스 그리스컴 로스(Elizabeth Griscom Ross)를 일컫는다. _옮긴이
14 1767년 자유의 아들들이 채택한 깃발로, 수직 형태의 줄 9개(백색 줄 4개, 적색 줄 5개)로 구성되어 있었다. 참고로 수평 형태의 백색과 적색 줄 13개로 구성된 깃발은 독립전쟁 때 에섹

<그림 3-15> 미국 건국 200주년을 기념해 1975년 영국 회사 에녹 웨지워드가 제작한 차 세트. 사탕을 넣는 통에는 베치 로스가, 크림을 넣는 통에는 폴 리비어가 그려져 있다.

로 된 깃발을 본뜬 것이라고 알려져 있다. 머리말에서 설명했던 대륙군의 스티븐 모일런('유나이티드 스테이츠 오브 아메리카'라는 말을 최초로 사용했던 것으로 간주되는 인물이다)도 이 대륙기가 게양되는 것을 보고 영감을 얻어 그 직후에 쓴 편지에서 이 말을 사용했을 가능성이 있다.

그러나 13개 식민지가 영국인 의식으로 결합된 상황을 보여주는 이 깃발의 디자인은 독립선언 이후 악평을 받았고, 새로운 디자인이 요구되었지만 결정은 뒤로 미루어졌다. 당시 국기는 국가의 정체성을 확립하는 데 반드시 필요한 것으로 간주되지 않았으므로 오히려 국새의 제정을 서둘렀다(<그림 3-16> 참조). 지금의 1달러 지폐에도 들어 있는 국새에는 13개의 별과 13개의 줄, 13개의 단으로 된 피라미드 등 13을 표상하는 많은 상징이 새겨져 있으며, 독수리가 물고 있는 13개 스펠링으로 이루어진 라틴어 좌우명 '여럿이 모여 하나(E Pluribus Unum)'[15]라는 말은 샐러드(더 정확하게는 허브가 들어간 치즈 스프레드) 제작을 테마로 삼았던 고대 로마의 베르길리우스가 지은 시에서 따온 것으로 추정된다.

그러다가 해군 상인[16]과 주술성을 중시하는 원주민의 요청으로 1777년 6월 14일, 해군과 관련된 결의의 하나로 새로운 국기가 제정되었다(오늘날 6월 14일은 미국의 국기기념일이다). 이 결의는 다음과 같이 명시하고 있다. "합중국 국기는 적백의 13개 줄로 구성되며, 캔턴은 청색 바탕에 13개의 백색 성좌를 넣는 형태로 제작한다." 이 결의에서는 별의 의장에 대해서는 상세히 설명하고 있지 않

홉킨스(Esek Hopkins) 대륙 해군 사령관 등에 의해 사용되었다._옮긴이
15 영어로는 "One out of many" 또는 "One from many"로 번역된다._옮긴이
16 관청 등에 물품을 납품하도록 인가받은 특정한 상인을 말한다._옮긴이

〈그림 3-16〉 1782년 연합회의에서 제정된 국새(앞뒤 양면)

다. 13개의 5각성을 원형으로 배치한 의장이 당시에는 전형적인 예로 알려졌는데, 이는 베치 로스의 전설에 기초한 것이었다.

베치 로스는 확실히 실존했던 인물로, 필라델피아에는 그녀의 집을 보존·공개한 베치 로스의 집(Betsy Ross House)이 있다. 하지만 학술적인 미국사에서는 그녀에 대해 언급한 내용을 거의 찾아볼 수 없다. 단적으로 말하면 그녀가 최초의 성조기를 제작했다는 것은 만들어진 이야기이다. 적어도 역사학의 학문적 절차를 거쳐 증명된 이야기는 아니며, 베치 로스의 집도 실제로 그녀가 거주했는지에 대해 의구심이 제기되고 있다.

그렇다면 어떤 이유로 이 같은 이야기가 만들어졌을까? 그녀의 경력에 관한 사항은 상당히 상세한데, 이는 그녀의 남편을 중심으로 전개된다.

1752년 필라델피아에서 태어난 엘리자베스[약칭 베치(Besty)] 크리컴은 1773년, 가구 장인의 도제 존 로스(John Ross)와 결혼했다. 부부는 함께 실내 장식업을 시작해 크게 번성했는데, 그 무렵 독립전쟁이 발발하자 남편은 대륙군에 참가했다. 하지만 남편은 화약 폭발로 사망하고 말았고, 이후 베치는 가업을 이어갔다. 그러던 중 베치는 사망한 남편의 친척이자 대륙군의 우수한 군인이던 조지 로스(George Ross)와 사랑에 빠졌다고 한다.

여기서부터 전설의 영역으로 들어간다. 여기에는 몇 가지 버전이 있는데, 큰 줄거리는 다음과 같다. 미국 국기의 필요성을 진작부터 통감하고 있던 워싱턴은 조지 로스로부터 국기 제작에 적임자가 있다는 말을 듣고 앞서 언급한 로버트 모리스와 셋이서 베치 로스의 집으로 향했다. 제작을 승낙한 베치 로스에게 그들은 워싱턴이 디자인한 것으로 알려진 국기의 스케치를 보여주었는데, 그녀는 몇 가지 수정안을 제시했다. 특히 처음의 6각성 대신 5각성을 만들어서 보여주었다. 3명이 동의하자 그녀는 그 디자인으로 최초의 성조기를 뜨개질해서 만들었다. 이리하여 캔턴 부분에 5각성을 원형으로 새겨 넣은 베치 로스의 깃발이 완성되었던 것이다(<그림 3-15>의 오른쪽 참조).

이 이야기는 애국심을 고무하기에 적합해 국기기념일에 학교에서 연극으로 공연되기도 한다. 그런데 이 이야기는 만든 사람이 따로 있었다.

건국의 아이콘

이 전설이 처음으로 역사의 중앙무대에 등장한 장소는 독립혁명이 발발하고 나서 약 100년 후인 1870년의 필라델피아였다. 베치 로스의 손자 윌리엄 캔비(William Canby)가 펜실베이니아 역사협회에 문서를 제출했는데, 그는 유소년 시기였을 때 사망하기 직전이던 할머니 베치 로스로부터 직접 들은 내용이라고 했다. 또한 친족들도 진술서를 작성해 증언을 지지했다.

하지만 친족의 증언 외에 객관적인 문서 형태의 증거는 없었으며, 베치 로스 및 깃발과 관련해 역사적 사실로 인정되는 것은 그녀가 펜실베이니아 스테이트를 위해 해군의 깃발을 만들었다는 사실 하나뿐이었다. 그 해군 깃발의 의장도 지금은 행방을 알 수 없는 상태이다. 이러한 이유로 역사가들(역사가이기도 했던 제28대 대통령 우드로 윌슨도 포함해서)은 이 이야기에 신빙성이 결여되었다면서 부정적인 견해를 보여왔다(물론 없었다는 사실을 증명하는 악마의 증명[17]도 어렵지만 말이다).

그렇다면 실제로 성조기를 발안했던 사람은 누구였을까? 대륙회의의 멤버였던 프랜시스 홉킨슨(Francis Hopkinson)의 이름이 고안자로 거론되는 일이 많다. 초기에는 별을 배치하는 방식이 다양했는데(예를 들면, 12개의 별을 사각으로 만든 뒤 중앙에 1개의 별을 배치하는 등), 오히려 줄 쪽에 주목해 조성기(Stripes and

---

17 논리적 오류를 지적하는 용어로, 예를 들어 어떤 사실이나 인과관계가 존재하지 않는다는 것을 증명하는 것은 불가능에 가까우므로 어떤 사실이나 인과관계가 존재한다고 주장하는 자가 이를 입증해야 한다는 것을 비유적으로 표현하는 말이다. _옮긴이

Stars)라는 말도 자주 이용되었다. 당시에는 동일한 의장의 국기로 일제히 전환하는 것이 불가능했고 해상에서도 서로 다른 깃발이 동시에 사용되었다. 실제로 육상에서는 연대 깃발 등에 비해 상당히 한정적으로 사용되었다.

국기가 사람들에게 침투되는 데에는 다소 시간이 걸렸다. 하지만 19세기 들어 프랜시스 스콧 키(Francis Scott Key)가 작사한 노래 「성조기」[18] 등 애국적인 노래와 문학에 국기가 등장했으며, 주가 증가하면서 별의 숫자도 증가하다가 남북전쟁으로 확고한 지위를 획득했다(15개까지 증가했던 줄은 1818년에 원래의 13개로 되돌아왔다). 또한 남북전쟁 이후에는 각종 애국단체와 아동을 위한 잡지에서 국기를 신성화하는 운동이 전개되었으며, 19세기 말부터 20세기 초에 걸쳐 공립학교에 게양되었고 충성의 맹세[19]가 울려 퍼졌다. 1912년에는 별의 배치가 공식적으로 정해졌고, 제1차 세계대전 이후에는 재향군인회 등의 주도로 회의가 개최되어 성조기를 취급하는 의식이 규정되었다. 그 결과 오늘날까지 성조기의 디자인 원칙은 변하지 않고 있으며(물론 별의 숫자는 증가했지만), 성조기는 애국심의 중추에 위치하고 있다.

그런데, 앞에서 살펴본 바와 같이, 학술적 시각에서 본다면 성조기의 발안자로 간주되는 프랜시스 스콧 키 앞에서 베치 로스는 희미한 존재이다. 그럼에도 불구하고 베치 로스의 지명도가 훨씬 높은 것은 무엇 때문일까? 즉, 역사학에 의한 단죄에도 불구하고 베치 로스는 왜 이처럼 계속 인기가 많을까? 필라델피아에 있는 베치 로스의 집은 왜 성지로 여겨지면서 많은 관광객이 몰릴까? 이것은 역사적 사실을 초월한 문제이다.

---

18 현재 미국의 국가(國歌)인 「별이 빛나는 깃발(The Star-Spangled Banner)」을 일컫는다. _옮긴이

19 충성의 맹세(Pledge of Allegiance)는 미국에서 공식 의례를 거행할 때 성조기에 대해 충성을 맹세하는 문구로, 그 내용은 "나는 미합중국의 국기와 이 국기가 표상하는 공화국에 대해, 모든 사람을 위한 자유와 정의가 함께하고 하나님 아래 갈라질 수 없는 하나의 국가인 공화국에 대해 충성을 맹세합니다(I pledge allegiance to the flag of the United States of America, and to the republic for which it stands: one nation, under God, indivisible, with liberty and justice for all)"이다. _옮긴이

<그림 3-17> 미국 국기의 집 및 베치 로스 기념협회의 회원증과 이를 확대한 부분(1911년 발행)

베치 로스는 미국 국민에게 역사상 인물이기 이전에 국기의 신성화가 만들어 낸 정치적 단결의 상징이라 할 수 있다. 조지 워싱턴을 국부로 삼는다면, 베치 로스는 국가의 상징인 성조기를 만들어낸 어머니라는 이미지를 환기시킨 것이다. 평범한 여성이던 베치 로스를 국부에 해당하는 조지 워싱턴의 방문을 받고 신성한 깃발을 제작한 매개역으로 만들었다. 프리슈도 지적하는 바와 같이, 베치 로스는 미국인에게 성모 마리아와도 같은 존재이다.

<그림 3-17>은 베치 로스의 집을 매입해서 복원하고자 했던 협회의 회원증이다(필자가 소장하고 있는 것이다). 회원증 가운데 컬러로 인쇄된 그림은 찰스 위스거버(Charles Weisgerber)가 그린 「우리 국기의 탄생(Birth of Our Nation's Flag)」으로, 1893년 시카고 만물박람회에 출품되어 호평을 받았던 작품이다. 만물박람회에서 성공한 후 기세가 오른 찰스 위스거버는 솔선해서 '미국 국기의 집 및 베치 로스 기념협회'라는 협회를 설립하고 모금 활동에 매진했다. 이 단체에서는 10센트를 지불하면 누구나 회원이 되고 회원증을 취득할 수 있었는데, 이 체제를 통해 다수의 회원증과 찰스 위스거버의 그림이 미국 전역으로 확산되었다. 필라델피아에서 탄생한 베치 로스의 전설은 시각적인 이미지를 수반하면서 미국 전역에 보급되었다.

실제로 찰스 위스거버의 이 그림은 성서를 시각화한 아이콘[20] 같은 것으로,

---

20 아이콘으로 불리기도 하며 기독교에서 성모 마리아, 예수 그리스도, 성인(聖人)들을 그린 그림

베치 로스의 전설을 시각화했으며 기독교 문화권의 사람들에게 알기 쉽게 메시지를 발신했다. 이 그림에서는 베치 로스가 희미한 햇볕을 받으며 태어난 성조기를 가슴에 품고 있고 3명이 베치 로스를 둘러싸고 있다. 그런데 왜 3명일까? 그렇다. 그들은 3명의 동방박사이기도 한 것이다. 베치 로스가 성모 마리아라면 그녀가 가슴에 품고 있는 성조기는 이제 막 탄생한 예수 그리스도와 다름없었다.

그 결과 조지 워싱턴과 나란히 신성한 이미지를 부여받은 이 보통의 여성 베치 로스는 결국 아이콘만 보유하기 시작했다. 성조기를 수반한 아이콘을 통해 베치 로스의 이야기는 널리 전파되고 재생산되었으며 영구한 생명을 획득했다. 게다가 이 아이콘은 일정한 문화적 틀을 넘지 못한 상태에서 미국이라는 국민국가 속에서만 기능했다.

이는 집단기억에서 문화적 아이콘은 — 비록 그 아이콘이 역사적 사실이 아니거나 역사자료에 의해 실증되지 않았다 하더라도 — 역사적으로 매우 큰 역할을 한다는 것을 시사한다.

4. 합중국 헌법의 제정

공유지조례와 북서부조례

앞에서 언급한 바와 같이, 연합규약은 1781년에 전체 스테이트의 비준을 얻어 발효되었다. 이에 따라 연합회의는 공식적으로 각 스테이트를 통괄하는 중앙정부에 해당하는 기관이 되었다. 이 때문에 연합정부라고도 불린다. 실제로 연합회의 아래에는 외교, 재무, 군사 등 많은 위원회가 설치되어 행정 기능을 분장했다. 예를 들면 재무를 담당한 사람은 노스 아메리카 은행을 창설했던 로버

이나 조각을 일컫는다._옮긴이

트 모리스였다. 그는 연합의 재정 기반을 강화하기 위해 과세권을 새롭게 부여하려 했지만 실현하지는 못했다. 전체 스테이트의 동의가 필요했기 때문이다.

연합정부의 앞날은 이처럼 힘겨웠지만, 파리조약(1783) 이후 이 국가의 장래에 커다란 영향을 미치는 정책이 실시되었다. 앞에서 다룬 바와 같이, 서쪽으로 확대되는 영토는 각 스테이트가 아니라 연합회의가 관할했는데, 그중에서도 오하이오강과 미시시피강, 그리고 5대호에 펼쳐져 있던 옛 서북부(책 첫머리 지도 참조. 지금의 오하이오주, 인디애나주, 일리노이주 등)을 둘러싸고 2개의 중요한 제도 설계가 입법화되었다. 바로 공유지조례와 서북부조례이다.

1785년 제정된 공유지조례에서는 옛 서북부의 공유지를 측량하고 매각하는 절차가 정해졌다. 공유지를 6평방마일의 정방형으로 구분하고 구획을 36개의 섹션, 즉 1평방마일(640에이커, 약 2.59평방킬로미터)의 토지 36필로 나누었다. 그리고 섹션을 단위로 해서 1에이커당 1달러 이상으로 경매에 붙이고 16번째 섹션을 공립학교를 설립하는 장소로 삼았다. 오늘날에도 이러한 구획의 명칭이 남아 있는 것을 볼 수 있다.

매각 단위가 컸기 때문에 일반 대중에게는 참여 기회가 없었고 토지 투기회사만 참여했다. 이 때문에 매각 단위와 단가는 이후 점차 축소되는 경향을 보였는데, 1841년에는 실제 경작자가 160에이커까지의 토지를 낮은 가격으로 매수할 수 있도록 하는 '선매권법'이 제정되었다. 남북전쟁 중이던 1862년, '홈스테드 법(Homestead Act)'에 이르러서는 일정한 조건 아래 무상 취득이 가능해졌다.

한편 1787년 체결된 북서부조례는 연합회의가 선임한 지사가 옛 북서부 지역을 통치하도록 정한 것으로, 그 땅에서는 노예제가 금지되었다. 또한 자유인인 성인 남성 인구가 5000명을 넘으면 준주(準州, territory)로서 자치권을 인정받았는데, 자유인 인구가 6만 명에 달한 시점에서 승인을 거쳐 스테이트로 승격될 수 있도록 했다. 이후에도 서방 영토에 대해서는 기준을 만족할 경우 준주, 나아가 스테이트로 승격되었고, 기존의 스테이트와 완전히 동등한 자격으로 연방에 참가하는 틀이 적용되었다. 과거 영국 본국처럼 식민지로 계속 종속시키는 전통적인 수법과는 전혀 다른 통치원리가 이곳에서 확립되었던 것이다.

이러한 중요한 성과가 있긴 했지만, 독립전쟁이 종결되어 한층 구심력을 상실한 연합회의는 정족수를 충족하는 것마저 어려운 상황에 처했고, 악화되는 경제 상황과 정치적 혼란에 대응하는 데 매우 큰 어려움을 겪었다. 1786년에는 매사추세츠에서 채무 변제에 허덕이던 서부 농민들이 경제 완화책을 요구하면서 대규모 반란을 일으키자(일명 셰이즈의 반란) 혼란은 더욱 심각해졌다. 이 반란을 진정시키는 한편으로 강력한 중앙정부를 요구하는 목소리가 고조됨에 따라 아나폴리스 회의가 개최되었는데, 이 회의에서 알렉산더 해밀턴은 연합을 재검토하기 위한 회의를 요청했다.

그 결과 1787년 5월 말부터 약 4개월 동안[21] 무더운 날들 가운데 필라델피아에서 이른바 헌법제정회의(Constitutional Convention, 제헌회의)가 열렸다.

조지 워싱턴 의장의 일기

조지 워싱턴의 일기에 따르면, 워싱턴이 이 회의에 출석하기 위해 5월 13일 일요일 필라델피아에 "도착했을 때 종이 울렸다"고 한다. 펜실베이니아 스테이트의 지사를 맡았던 벤저민 프랭클린도 워싱턴이 도착한 이후 워싱턴에게 인사를 하러 출발했다. 워싱턴의 기록에 따르면, 처음에 숙소로 예정되었던 곳은 혼잡했는데 "로버트 모리스 부부가 친절하게도 자신들의 자택을 숙소로 사용할 수 있도록 해주어 짐을 옮겼다"고 한다.

이튿날인 5월 14일 월요일은 "스테이트 의회 의사당에서 회의를 개최하기로 예정되어 있었던 날이지만, 버지니아와 펜실베이니아 2개 스테이트 외에는 출석하지 않았기 때문에 이튿날 11시에 동일한 장소에서 모이기로 했다." 하지만 이후의 모임도 잘 진행되지 않았고 결국 회의가 개최된 것은 5월 25일이었다. "뉴저지 스테이트의 대표가 도착해 정족수인 7개 스테이트에 도달했으므로 개

---

21   구체적으로 1787년 5월 25일부터 9월 17일까지 개최되었다. _옮긴이

〈그림 3-18〉 헌법제정회의가 열린 회의장
(왼쪽) 당시 회의장을 재현한 모습(지금의 인디펜던스홀 내부). 제2차 대륙회의와 연합회의도 이곳에서 개최되었다.
(오른쪽) 「합중국 헌법에 서명하는 장면(Scene at the Signing of the Constitution of the United States)」(하워드 챈들러 크리스티의 작품, 1940년). 이 그림은 현재 연방의회 의사당에 걸려 있다. 오른쪽의 의장석에 서 있는 사람이 조지 워싱턴이다.

회를 결의했다. 만장일치로 내가 의장에 선출되었다." 5월 28일에는 비밀회의로 한다는 취지를 정했고, 31일에는 조지아의 대표, 다음 달 2일에는 메릴랜드의 대표가 참가해 최종적으로 "로드아일랜드를 제외하고 모든 스테이트가 회의에 참가"했던 것이다.

헌법제정회의는 원칙적으로 일요일을 제외하고 매일 개최되었다. 의장이던 워싱턴의 스케줄은 다음과 같았다. 아침 식사 후 오전 중에는 회의에 출석했고 이후 지인들과 점심 식사를 했으며 오후의 홍차를 즐긴 후에는 숙소에서 저녁 식사를 했다. 당시 사람들은 홍차와 과일, 포리지[22] 등으로 가볍게 아침 식사를 하고 오후 1시경부터 3시 무렵까지 점심 식사를 했는데, 이때 하루 중 가장 많은 양의 식사를 하므로 이를 디너라고 불렀다. 저녁 식사는 냉육[23] 요리 등 비교적 가벼운 음식을 먹었다.

예를 들어, 6월 8일 금요일 일기에는 다음과 같이 간결하게 기록되어 있다. "회의에 출석했다. 디너, 차. 그리고 저녁에는 숙소에서 보냈다." 또한 7월 4일

---

22   오트밀 등의 곡류를 물이나 우유에 끓인 걸쭉한 죽을 일컫는다._옮긴이
23   쇠고기, 돼지고기, 닭고기 등을 찌거나 요리해서 식힌 것을 일컫는다._옮긴이

에는 "독립을 기념하는 연설을 들으러 가게 되어 회의가 휴회되었다"라고 적혀 있는데, 이는 독립기념일과 관련된 초기 증언 중 하나이다.

헌법의 제정 및 비준 과정

1787년 5월 25일부터 시작된 헌법제정회의에는 로드아일랜드를 제외하고 12개 스테이트의 대표 55명이 최종적으로 모였다. 그들의 평균 연령은 42세로 비교적 젊었으며, 대다수가 대륙회의 의원을 지낸 사람들이었다. 다만 토머스 제퍼슨과 조지 애덤스는 유럽에 사절로 부임하고 있어 참석하지 못했다. 알렉산더 해밀턴은 출신 지역인 뉴욕 스테이트가 회의에 부정적이어서 동료 의원이 도중에 회의장을 떠났기 때문에 해밀턴의 참가 또한 한정적일 수밖에 없었다.

파리의 제퍼슨은 런던의 애덤스에게 같은 해 8월 말 편지를 보냈는데, 편지의 말미에 이 회의를 "신과 같은 사람들(demi-gods)의 모임"이라고 칭했다. '건국의 아버지들(Founding Fathers)'이라는 말은 좁게는 헌법제정회의의 멤버를 지칭하지만 넓게는 독립선언에 서명하거나 건국에 공헌한 사람을 포함한다. 예를 들어 제퍼슨과 애덤스는 독립선언에는 서명했으나 헌법 제정에는 참석하지 않았다. 하지만 그들은 가장 중요한 건국의 아버지들에 해당한다.

원래 연합회의에서 정한 이 회의의 목적은 표면상으로는 연합규약의 개정에 대해 논의하는 것이었다. 하지만 결과적으로는 여기서 크게 벗어나 연방헌법 제정이라는 새로운 정치질서를 구축하는 데 이르렀다. 조지 워싱턴의 일기에도 기록된 바와 같이, 이것이 이 회의가 비밀회의로 정해졌던 이유 중 하나였다. 조지 워싱턴은 만장일치로 의장에 선출되었으며, 최고령자(당시 81세)로 참가했던 벤저민 프랭클린도 대국적인 관점에서 의사진행 과정을 지켜보았다.

회의에서 가장 열정적으로 논의를 전개했던 사람은 나중의 제4대 대통령에 오르는 제임스 매디슨이었다. 당시 36세로 독신이었던 이 청년 버지니아 대표는 대담한 개혁 플랜을 제기하고 의사를 주도했다. 다음 장에서 논하는 바와 같이, '헌법의 아버지'에 해당하는 그는 나중에 중요한 수정헌법에도 기여했다.

매디슨이 기초했던 버지니아 안은 각 스테이트의 인구에 기초한 의원 수로 구성된 의회를 개설하고 강력한 권한을 가진 중앙정부 설립을 지향하는 것이었는데, 이것이 논의의 기조가 되었다. 다만 이 안은 큰 스테이트에 유리했기 때문에, 작은 스테이트의 이해를 참작해서 각 스테이트에 평등한 대표권을 주장하는 뉴저지 안이 제출되어 버지니아 안에 대항했다. 논의의 끝에 양자의 균형을 취한 코네티컷 안이 수용되었고 연방의회의 상원(상원을 뜻하는 Senator는 고대 로마의 원로원을 뜻하는 Senatus에서 유래했다)은 각 스테이트에서 평등하게 2명씩 선출하고, 하원(대의원)은 인구 비율에 따르기로 합의가 이루어졌다. 상원의 임기는 6년, 하원의 임기는 2년으로 규정되었다.

또한 의원 선출의 기준이 되는 각 스테이트의 인구 계산에서는 흑인 노예를 많이 보유하고 있는 남부에 유리하지 않도록 흑인 노예 1명을 백인 1명의 3/5으로 셈하는 것으로 결정되었다. 이전에 연합회의에 출자하는 자금을 계산하기 위해 이 방법이 제안되었는데, 그 예를 모방했던 것이다.

노예 수입은 이미 대부분의 스테이트에서 금지·중단되었지만 연방회의를 통해 1808년부터 노예 수입을 금지한다는 취지가 정해졌다. 다만 이러한 내용을 규정하는 조문에서는 '노예'라는 말이 교묘하게 빠져 "일부 주가 수용하기에 적절하다고 인정한 사람들", "기타 모든 사람들" 등으로 완곡한 표현을 사용했다. 건국의 아버지들은 꺼림칙한 말을 격조 높은 문장에 넣는 것을 기피했던 것으로 추정된다. 합중국 헌법에 '노예제'라는 용어가 처음으로 등장한 것은 1865년 노예제 폐지를 정한 수정헌법 제13조에서였다.

최종적으로는 1787년 9월에 전체 7개 조로 구성된 합중국 헌법이 채택되었다. 주로 거버너 모리스(Gouverneur Morris)(로버트 모리스의 사업 파트너였으며 친족 관계는 아니었다)가 작성한 것으로 추정되는 전문(前文)에는 '유나이티드 스테이츠 오브 아메리카(United States of America)'라는 국호가 명기되었으며(<그림 1>의 ⑥ 참조), "우리 합중국의 **국민**"(강조는 필자 추가)이 "더욱 완전한 연방을 형성"하는 것을 강조했다. 그리고 제1조에는 연합의회에 관해, 제2조에는 대통령에 관해, 제3조에는 연방대법원에 관해 규정해 당시 계몽사상가들이 묘사한 삼권분립의 디자인을 훌륭하게 실체화했다.

권력 분립은 견제와 균형에 기초한 것이었다. 예를 들어 의회를 통과한 법안이 발효되려면 대통령의 서명이 필요했는데 대통령은 이를 거부함으로써 의회에 대해 거부권을 행사할 수 있도록 하고(제1조 제7항), 동시에 대통령은 의회에 의해 탄핵의 대상이 될 수 있도록 하여(제2조 제4항), 각 기관이 권력의 일부를 공유하고 상호 주장을 전개함으로써 균형을 확보하는 틀을 만들었다(의회는 2/3 이상 재가결하면 거부권을 무효화할 수 있지만 이는 현실적으로 어려웠다. 또한 현재까지 탄핵으로 파면까지 이른 미국 대통령은 없다). 또한 연방대법원 판사는 대통령이 지명하고 상원의 조언과 동의를 얻어 임명하도록 했다(제2조 제2항).

제5조는 수정헌법과 관련된 규정으로, 헌법을 수정하기 위해서는 상원·하원 양원(또는 전체 주 회의)의 2/3 이상의 찬성, 나아가 3/4 이상의 주의 비준이 필요했다. 미국의 헌법은 고치기 어려운 경성헌법의 특징을 갖고 있는데, 특히 연방국가의 근간에 해당하는 상원에는 각 주의 평등에 관한 원칙은 주의 동의 없이 수정 대상이 되지 않는다는 취지가 기록되어 있다. 제6조는 이 헌법 및 헌법에 준거하는 연방법이 국가의 최고 법규이며 주헌법과 주법보다 우선한다고 규정했다.

조폐에 대해서는 헌법에 다음과 같이 정했다. "화폐를 주조하고 화폐의 가치 및 외국 경화의 가치를 규정하는 것"(제1조 제8항)은 연방의회의 권한이며 "각 주는 …… 화폐를 주조하거나 신용 증권을 발행해서는 안 된다"(제1조 제10항). 이러한 조문에서 조폐권을 국가(연방의회) 아래로 일원화하려는 강한 의지를 읽을 수 있다. 그리고 "외국 경화의 가치를 규정"한다는 것은 국내 조폐의 경화는 유통량이 충분하지 않기 때문에 가령 8레알 은화도 합중국의 법화로 유통시킬 가능성을 함의하고 있는 것으로 추정된다. 실제로 이 은화는 남북전쟁 직전까지 공식적으로 인정되어 널리 통용되었다. 8레알 은화는 근세 대서양 세계의 유산이었다고 할 수 있다.

양피지에 쓰인 합중국 헌법의 원본에는 회의장에서 가버린 사람과 최후까지 초안에 반대했던 사람을 제외하고 39명의 대표가 서명했다. 물론 벤저민 프랭클린도 펜실베이니아 스테이트 대표의 1명으로서 서명했다. 프랭클린은 조지 워싱턴이 앉아 있던 의자의 등받이에 새겨진 태양 모양의 의장을 보고 "회의하는 동안 그 태양이 떠오르는 것인가 아니면 아래로 지는 것인가에 주목했는데 지금 안건을 만들고 있으니 떠오르는 태양임을 알겠다"라고 말했다고 한다(〈그림 3-18〉의 단상 중앙에 보이는 것이 '떠오르는 태양의 의자'이다). 다만 당시 정당을 만드는 것은 예정에 없었다. 충성파는 배제되고 애국파만 지배적인 상황이었기 때문이다.

조지 워싱턴의 일기에 따르면, 9월 15일 토요일에 "회의 업무를 종료"하고 일요일을 지나 9월 17일 월요일에는 "회의에 참여해 11개 스테이트 및 뉴욕의 해밀턴 대령의 만장일치로 헌법은 찬성을 얻었다. …… 업무를 끝마치고 대표들은 숙소로 자리를 옮겨 함께 디너를 가졌고 서로 헤어지는 것을 마음으로부터 안타까워했다." 이때 만들어진 헌법은 곧바로 연합회의에 보내져 수리된 후 각 스테이트의 비준 절차에 들어갔다.

합중국 헌법에는 13개 스테이트 중에 9개 스테이트가 비준하면 발효된다는 내용이 제7조에 규정되어 있었는데(상술한 수정헌법과 관련해서 규정한 3/4보다 다소 완화된 규정이다), 이것은 전체 스테이트 비준을 조건으로 했던 연합규약 발효가 대폭 늦어진 데 입각한 조치이기도 했다. 하지만 각 스테이트에서는 역시 헌법 비준을 둘러싸고 떠들썩한 논의가 발생했다.

비준에 찬성하는 사람들은 'national'이라는 말이 강력한 중앙정부를 시사할 뿐만 아니라 자극적이라고 비판하면서 'federal'(연방)이라는 말을 적극적으로 사용해 자신들을 연방파(federalist)라고 칭했다. 한편 더욱 분권적인 연방의 틀을 추구하는 사람들은 집권적인 신헌법의 비준에 반대하면서 자신들을 반연방파(antifederalist)라고 칭했다. 다음 장에서 논하는 바와 같이, 양자의 대립은 결국 연방파와 공화파의 당파 대립, 즉 제1차 정당체제로 전개되었다.

비준이 난항을 보이던 뉴욕 스테이트에서는 연방파의 알렉산더 해밀턴과 제임스 매디슨이 필명으로 신문에 많은 논설을 발표하면서 비준을 호소했다. 이러한 논설은 이듬해인 1788년에『더페더럴리스트(The Federalist)』[24]라는 제목으로 출판되어 헌법 해석의 고전이 되었다. 하지만 버지니아의 농장주였던 제임스 매디슨은 나중에 알렉산더 해밀턴과 결별하고 공화파 지도자 중 한 명이 되었다.

일부에서는 신헌법에는 주의 권한이 명확하지 않고 권리장전이 없다는 사실을 문제 삼기도 했으므로 매사추세츠 등에서는 그러한 내용을 추가하는 조건으로 비준을 확보했다. 1787년 12월, 최초로 헌법을 비준한 것은 델라웨어였는데[이 때문에 델라웨어주의 별명이 '최초의 주(First State)'이다], 이듬해인 1788년 6월에는 아홉째로 뉴햄프셔가 비준해 헌법을 발효하기 위한 조건이 갖춰졌다. 이 시점까지도 지리적·경제적으로 중요한 버지니아와 뉴욕에서는 아직 비준이 통과되지 않았는데, 이들 스테이트가 연방에 가입하는 것은 안정된 새로운 공화국을 출범하기 위해 반드시 필요했다. 그런데 버지니아와 뉴욕에서는 머지않아 각각 열째와 열한째로 비준이 통과되었다. 남은 노스캐롤라이나와 로드아일랜드는 1789년 워싱턴 정권이 발족한 이후 결국 헌법을 비준해 연방에 가입했다.

독립선언이 발표된 1776년은 일본에서 에도 시대 중반을 지났을 무렵으로, 이른바 다누마 시대[25]에 해당한다. 독립혁명 시기에 제정되었던 합중국 헌법은 그 이후 노예제 폐지, 여성 참정권 확립 등 현재까지 총 27개 조에 대해 수정이 가해졌다. 합중국 헌법은 시대에 맞춰 유연하게 국가의 형태를 변화시키면서도, 예를 들어 남북전쟁하에서도 대통령선거를 실시했던 것처럼, 일관되게 흔

---

24 알렉산더 해밀턴, 제임스 매디슨, 존 제이(John Jay) 등이 1787년 10월부터 1788년 4월까지 《인디펜던트 저널(Independent Journal)》을 비롯한 뉴욕의 신문에 게재한 기고문 등 모두 85편의 논문을 모아 1788년과 3월과 5월에 두 권의 책으로 간행했다. 이후『연방주의자 논집(The Federalist Papers)』으로 불리기도 한다._옮긴이

25 다누마 오키쓰구가 막부 정치에 참여했던 시기를 중심으로 한 시대 구분으로, 대체로 1767년부터 1786년까지의 시기를 일컫는다._옮긴이

들림 없이 국가의 근간으로 존속하고 있다.

공화주의 혁명

지금까지 살펴본 독립혁명의 전개에서는 '민주주의(democracy)'라는 용어가 등장하지 않았다. 당시 민주제라는 말은 의회의 하원에서 국민을 대표하는 틀 자체를 지칭했는데, 이 말은 대중의 힘과 지배를 의미하면서 다소 급진적인 울림을 띠고 있었다. 대부분의 사람들의 입에 오른 것은 '민주(democratic)'가 아닌 '공화(republic)'라는 말이었는데, 혁명에 의해 창출된 미합중국은 '새로운 공화국'이었던 것이다.

이처럼 혁명을 통해 선택되고 헌법을 통해 명확하게 정해진 공화 정치체제는 당시 사람들에게 어떻게 통합을 보장할 수 있는 것으로 여겨졌을까? 왜냐하면 당시에는 일반적으로 공화 정체를 정치적으로 취약하다고 간주했기 때문이다. 예를 들면 고대 로마는 판도가 확대됨에 따라 공화정에서 제정으로 이행했고, 영국 본국의 청교도 혁명에서는 크롬웰의 공화정이 왕정복고로 수렴되었다.

광대한 영토를 산하에 두었던 새로운 공화국의 정치 지도자들은 이러한 전철을 밟을까 경계했다. 새로운 공화국이 존속하기 어려울 것을 우려한 지도자들은 이제까지 통합의 중추에 있었던 국왕이 존재하지 않는 지금 선량한 시민이 사익이 아니라 공익을 우선시함으로써 체제의 폭주를 막을 수 있다는 기대를 품었다. 이것은 공공선의 수호를 중시하는 공화주의의 주장인데, 그 사상적 계보는 영국 본국, 나아가 이탈리아의 니콜로 마키아벨리로까지 소급된다.

사보다 공을 중시하는 공화주의 계보는 자유방임주의 아래에서 사익을 추구하고 보이지 않는 손에 의해 유도되어 최적의 상태에 이른다는 자본주의 시대 미국의 발상과는 취지가 매우 다르다. 이러한 공화주의 계보는 1960년대 독립혁명사 연구의 권위자 버너드 베일린(Bernard Bailyn, 대서양사 연구도 주도했다) 등에 의해 발견되어 광범위하게 충격을 주었다. 사상사 연구의 흐름은 담론의 실체성을 강조했으며, 이후의 시대에도 이 개념을 적용해 그 존재를 폭넓게 찾아내고자 했다. 한편 이와 관련된 견해에 대해 존 로크의 계보를 잇는 자유주의를 강조하는 연구자도 있는데, 쌍방 간에 공화주의 논쟁이 벌어져 이해가 심화되었다.

원래 프랑스 혁명에 앞서 발생한 미국 독립혁명은 적어도 시계열상으로는 앙시앵 레짐 시기에 발발한 사건이라 할 수 있다(공화정을 바라던 미국에 조력한 것은 부르봉 왕가와 라파예트, 로샹보 등의 프랑스 귀족이었다). 공화주의적 전통을 강조하는 존 포콕(John Pocock)에 따르면, 독립혁명은 최초의 근대적 혁명으로서가 아니라 최후의 고전적 혁명으로서 시동되었다. 하지만 19세기에 들어서자 혁명의 성과로 점차 자유주의적인 가치관이 확대되었고 민주주의라는 말이 더욱 긍정적인 색채를 띠게 되었다. 이와 함께 공화주의라는 개념에 ('공화'라는 말 자체는 여전히 빈번하게 제창되고 있었지만) 평등의 의미가 포함되는 흐름이 강해졌고 민주주의 개념과 중첩되는 방향으로 전개되었다.

제4장

새로운 공화국의 시련

독립선언에 서명한 사람들의 집안에 대대
로 전해져 내려오는 조지 워싱턴을 추도하
는 철제 카메오(1800년경)
(직경 2.8×2.3cm, 카메오는 2.1×1.7cm)

1. 워싱턴 정권과 제1차 정당체제

워싱턴 정권의 탄생과 권리장전 제정

1788년 8월 13일, 알렉산더 해밀턴은 마운트 버넌에 있던 조지 워싱턴에게 한 통의 편지를 써서 보냈다. "영국 해군의 코크란(Cochran) 대령은 요크타운에서 전사한 그의 형이 소지했던 집안 대대로 내려오는 회중시계를 되찾고자 저에게 도움을 요청했습니다. …… 코크란 대령의 요청을 실현하기 위한 노력에 각하께서 힘을 보태주지 않으시겠습니까? …… 각하, 새로운 정부와 관련해 이 나라의 모든 사람이 요구할 사항에 따르겠다는 결론을 내리셨을 것으로 저는 확신하고 있습니다. 외람된 말씀이지만, 각하께서 첫 번째 조치로 이 사안에 도움을 주시는 것은 반드시 필요합니다."

그 이후 리피터(울림소리 장치)가 부착되어 있는 오래된 회중시계의 반환을 둘러싸고 여러 통의 편지가 오고갔으며, 이 대화를 통해 해밀턴은 워싱턴에게 초대 대통령직에 출마할 것을 강하게 권유했다.

물론 당시 사람들로서는 대통령에 부응하는 인물로 워싱턴 외에는 생각할 수 없었으며, 원래 워싱턴을 상정하고 합중국 헌법 제2조의 대통령에 관한 규정이 만들어졌다는 이야기도 있다. 하지만 당시 사람들 정서로는 그러한 직책에 자신의 이름을 직접 천거하는 것이 어려웠다. 겸허한 태도로 거절하되 강력하게 추대할 경우 어쩔 수 없이 나선다는 입장이 요구되었다. 이른바 『노자(老子)』 제67장에서 말하는 "남의 앞에 서지 않음으로써 기량 있는 자들의 우두머리가 될 수 있다"[1]는 태도였다.

대통령선거는 기술적 어려움과 대중에 대한 불신으로 인해 간접선거로 치러졌다. 각 주에서 선발된 선거인단이 이듬해인 1789년 2월 4일에 각자 2표씩 행사하는 방식이었다. 이후 뉴욕시에 소집된 제1차 연방의회의 상원·하원 양원이

---

1   원문은 "不敢爲天下先, 故能成器長"이다._옮긴이

4월 6일 정족수에 도달하자 개표를 실시했는데, 워싱턴이 만장일치로 대통령에, 두 번째로 많이 득표한 존 애덤스가 부통령에 선출되었다(당시 헌법을 비준하지 않았던 노스캐롤라이나와 로드아일랜드는 불참했다). 워싱턴은 4월 16일 자 일기에 "마운트 버넌에, 사생활에, 그리고 가정에서의 행복에 이별을 고했다. 많은 걱정과 고통으로 마음이 혼란스럽지만 뉴욕을 향해 출발했다"라고 기록하고 있다.

뉴욕으로 가는 도중에 각지에서 환영을 받았으며, 4월 30일에 연합회의가 최후로 소재지를 정해 오늘날 연방의회가 소집되고 있는 건물[월스트리트 중심에 있는 페더럴홀(지금의 건물은 두 번째로 지어진 것이다)]의 발코니에서 취임식이 거행되었다. 뉴욕시는 합중국 헌법하에서 최초의 수도가 되었던 것이다(후술하는 바와 같이, 1790년 12월부터는 필라델피아에서 연방의회가 개최되었다).

워싱턴은 주프랑스 공사로 업무를 수행 중이던 토머스 제퍼슨이 프랑스에서 귀국한 직후 국무장관에 임명하는 발령장을 보냈으며, 재무장관을 타진하던 로버트 모리스 대신 알렉산더 해밀턴을 재무장관에 선임했다. 초기의 워싱턴 정권은 말하자면 올스타 팀이 등판한 쟁쟁한 포진이었다고 할 수 있다.

대통령이라는 직책은 전례가 없었으므로 워싱턴은 스스로 사례와 규범을 만들어냈다. 예를 들면, 대통령에 대한 존칭과 호칭도 처음에는 큰 문제가 되었다. 애덤스는 원수이자 자유의 옹호자인 대통령의 경칭으로 여러 외국의 원수에게 뒤지지 않도록 왕족에게 사용하는 '전하(Highness)', 또는 더 나아가 국왕에게 사용하는 '폐하(Majesty)'를 제안했는데, 제퍼슨 등이 강하게 반대했다. 최종적으로 워싱턴은 하원의 견해를 수용해 공화주의적인 상징에 해당하는 '미스터 프레지던트(Mr. President)'라는 호칭에 동의했고, 이후로는 대통령에게 이 호칭을 사용했다.

제1차 연방의회의 중요한 과제 중 하나는 주 수준에서는 이미 규정되어 있던 인권과 관련된 조항을 합중국 헌법에도 포함시키는 것이었다. 매디슨 등이 중심이 되어 원안을 작성했고 의회를 통과한 전체 12개 조가 각 주의 비준을 받기 위해 회부되었는데, 1791년 12월에는 그중 10개 조의 비준이 체결되었다. 이 수정헌법 제1조부터 제10조까지는 영국의 사례에 따라 권리장전이라고 불리면서 합중국 헌법의 중요한 구성 요소가 되었다.

수정헌법 제1조는 "신앙·종교상의 행위의 자유", "언론 및 출판의 자유", "평화롭게 집회할 권리", "정부에 대해 청원할 권리"를, 그리고 수정헌법 제2조는 "국민이 무기를 보유하고 …… 휴대할 권리"를 보장하고 있다. 이 유명한(또는 악명 높은) 수정헌법 제2조는 개인 총기 소유의 근거로 간주되는데 처음에는 그 대상을 "규율 있는 민족"으로 상정했었다.

수정헌법 제5조에서는 "정당한 법적 절차에 의하지 않고는 생명, 자유, 또는 재산을 빼앗기지 않는다"라고 명기했으므로 사유 재산인 노예의 소유도 보장되었다. 또한 "자신에게 불리한 진술을 강제해서는 안 된다"라는 문구는 이른바 미란다 원칙("당신에게는 묵비권이 있다")의 근거로 추정되고 있다. 수정헌법 제6조와 제7조는 각각 형사 및 민사에서의 배심 재판을 보장하는 것이었다. 수정헌법 제8조는 "잔혹하고 비정상적인 형벌"을 금지하고 있으며, 수정헌법 제9조는 헌법에 열거되어 있지 않은 "기타 여러 권리"를 "부인"도 "경시"도 하지 않고 있음을 확인했다. 수정헌법 제10조는 "합중국에 위임되지 않고 또한 각 주에 대해 금지되어 있지 않은 권한"은 각 주와 국민에게 "유보된다"고 명기했으므로 여기에 기초해 주권론 주장이 전개되었다.

그런데 당시에 수정헌법 조항을 비준하는 데에는 기간이 정해져 있지 않았기 때문에 이 시기에 비준되지 않았던 2개 조 중에서 1개 조는 약 2세기나 지난 후인 1992년에 제정되었다. 수정헌법 제27조인 이 조항은 지금으로서는 최신의 수정헌법 조항으로, 연방의회 의원은 보수를 변경할 경우 다음 의회부터 적용한다고 규정했다.

해밀턴 체제의 구축

노스캐롤라이나는 1789년에 합중국 헌법을 비준하고 연방에 가입했다. 최

<그림 4-1> 알렉산더 해밀턴 (왼쪽) 1920년대에 만들어진 동상. 수도 워싱턴의 재무부 건물 앞에 세워져 있다. (오른쪽) 존 트럼벌 작품(1806)

후로 남은 로드아일랜드도 헌법을 비준하지 않으면 외국으로 취급될 수밖에 없는 상황에 이르자 결국 1790년에 합중국에 가입했다. 이러한 정치 상황 속에서 초대 재무장관 알렉산더 해밀턴은 체계적인 경제·재정 정책을 제안했다(<그림 4-1> 참조). 해밀턴의 경제·재정 프로그램, 이른바 해밀턴 체제가 구축된 것인데, 이는 미국 체제파 경제학의 근원으로 간주되고 있다.

해밀턴은 새로운 공화국의 경제가 발전하기 위해서는 보호주의적인 정책을 실시하고 경제 환경을 정비해야 한다고 여겼다. 해밀턴은 로버트 모리스가 제시한 계획과 자신의 구상을 보고서에 담아 차례로 연방의회에 제출했다. 특히 3개의 보고서가 해밀턴 프로그램의 핵심을 구성하고 있었는데 의회도 이를 받아들여 법안을 제정했다.

우선 해밀턴은 『공공 신용에 관한 첫 번째 보고서(First Report on Public Credit)』(제1보고서, 1790년 1월)에서 긴급한 과제인 채무 상환 문제에 대해 대담한 제안을 했다. 독립전쟁을 치르는 와중에 대내적·대외적으로 방대한 채무가 축적되었는데, 해밀턴은 국가의 채무뿐만 아니라 각 주의 채무도 연방정부가 대신 떠맡아 상환하고 지불하기 위해 새롭게 국채를 발행해야 한다고 주장했던 것이다. 주 채무를 대신 떠맡는 것은 채무액이 더 많았던 북부 여러 주에 유리했기 때문에 남부 여러 주에서는 불만이 높아졌다. 교섭을 위한 비밀회담 끝에 남부가 채무를 떠맡는 대신 새로운 연방 수도를 남부에 설치하기로 타협했던 것으로 추정되는데, 여기에 대해서는 후술할 예정이다.

『공공 신용에 관한 두 번째 보고서(Second Report on Public Credit)』(제2보고서, 1790년 12월)는 해밀턴이 금융 체제를 정비하기 위해 반드시 필요하다고 생각했던 중앙은행 설립에 관한 보고서이다. 잉글랜드 은행을 모델로 삼았던 이 제안은 상업과 제조업이 왕성한 북부에서는 지지를 받았지만, 농업 중심인 남부의 의원들에게는 그다지 관심을 끌지 못했다. 나아가 남부의 농장주이기도 한 '합중국 헌법의 아버지' 제임스 매디슨은 연방의회가 이러한 조직의 설립을 인가하는 것은 위헌 소지가 있다면서 반대 입장을 분명히 했다. 역시 남부의 농장주였던 국무장관 토머스 제퍼슨도 매디슨에게 동조했다. 이 법안은 1791년 2월 의회를 통과했으나 같은 해 4월 내각에서의 불일치로 표류하다가 조지 워싱턴이 최종적으로 해밀턴의 의견을 받아들임으로써 서명해 발효되었다.

그 결과 설립된 미합중국 은행은 20년이라는 기한부로 특허장을 부여받은 사기업이었고 유일한 발권 은행이 아니었으므로 오늘날의 이른바 중앙은행과는 성격이 다르다. 미합중국 은행은 제1차 대륙회의가 개최되었던 필라델피아의 카펜터스홀에 노스 아메리카 은행이 퇴거하고 나자 들어가 영업을 시작했는데 나중에는 신축 건물로 옮겼다. 20년 후인 1811년에는 특허장 갱신을 인가받지 못했고, 1816년에 동일한 틀로 새롭게 미합중국 은행(미합중국 제2은행)이 설립되었기 때문에 최초의 미합중국 은행은 미합중국 제1은행이라고 불린다.

또한 해밀턴은 『제조업에 관한 보고서(Report on Manufactures)』(1791년 12월)에서 제조업과 상업을 발전시켜 경제 방면으로부터 국가를 확실히 독립시킬 것, 수출 품목에 적용되는 관세율을 낮출 것, 수입 품목에 대한 관세를 높여 그 수입으로 제조업을 지원할 것을 제안하면서 적극적인 산업 육성책을 설파했다. 하지만 제퍼슨과 매디슨은 지원금이 부정부패의 온상이라면서 반대했기 때문에 더욱 고율의 관세가 산업보호 정책으로 채택되었다.

처음에 연방정부의 주요한 재원은 관세 수입과 앞 장에서 설명했던 것처럼 공유지를 매각해서 얻는 이익이었는데, 해밀턴은 방대한 국채 이자를 지불하기 위해 국산 증류주에 대한 물품세(내국 소비세)를 제안했고, 1791년에 법안이 의회를 통과했다. 주요 환금작물로 위스키를 생산하던 펜실베이니아주 오지의 농민들은 과거의 '인지세법'에 비유하면서 물품세에 반대했고, 1794년에 폭동이 일어났다(일명 위스키 반란). 셰이즈의 반란이 재발할까 우려한 워싱턴은 민병대를 소집하고 대규모 연방군을 편성해 진압에 나섬으로써 싸우지 않고도 간단하게 반란을 종결시켰다.

통화에 관해서는 해밀턴이 제출한 『조폐국 설립에 관한 보고서(Report on the Establishment of a Mint)』(1791년 1월)에 기초해 1792년 '주화법'을 제정하고 합중국 조폐국을 설립해 달러를 통화 단위로 삼았으며, 금은 비가를 1 대 15로 하는 금은 복본위제를 채택했다. 그 이전에는 로버트 모리스와 거버너 모리스가 스페인 달러(8레알 은화)의 1/1440을 유닛(unit)으로 하는 통화 단위를 제안했는데, 새롭게 만들어진 달러는 영국과 스페인의 화폐와는 다른 10진법을 채택했고 또한 달러의 1/100에 해당하는 센트도 도입했다.

영국의 화폐 단위도 한동안 이용되었고 스페인 달러를 기원으로 하는 비트(bit)라는 표현도 오늘날 구어로 명맥을 유지하고 있다. 과거에는 8레알 은화(1달러 경화)를 잘라서 보조 화폐로 삼는 일도 있었고, 8개로 분할된 단편(조각)이 1비트였기 때문에 2비트는 1달러의 1/4, 즉 25센트를 의미했다. 또한 달러라는 약호도 스페인 달러를 기원으로 보는 설이 있다.

제1차 정당체제와 외교 문제

이처럼 해밀턴이 차례로 제기한 정책을 둘러싸고 정계와 여론은 양분되었다. 해밀턴에 동조하면서 그가 주장하는 상공업 중심의 국가를 만들기 위해서는 강력한 연방정부가 필요하다고 보는 연방파(federalist)는 북부, 특히 뉴잉글랜드를 중심으로 지지를 모았고, 해밀턴에 반발하면서 농업 입국을 지향하고 주의 권한을 존중하는 공화파(민주공화파, republican)는 남부에 지지자가 많았다. 연방파의 중추는 물론 해밀턴 자신이었고, 공화파의 지도자는 제퍼슨과 매디슨이었다.

합중국 헌법도 상정하고 있지 않았던 이러한 초기의 당파 대립을 제1차 정당 체제(First Party System)라고 부른다. 1820년대 후반에 형성된 제2차 정당체제 와의 차이는 상대방 당파의 존재를 정치적으로 인정하지 않았다는 것이다. 즉, 쌍방 모두 자신들만 올바른 노선을 제시하고 있다고 확신했는데, 이것은 의견 이 다르더라도 상대방의 존재를 인정하면서 정권을 놓고 서로 경쟁하는 정당정 치의 존재양식과는 취지가 매우 달랐다.

외교 문제에서도 연방파와 공화파는 방향성을 둘러싸고 크게 대립했다. 워 싱턴 정권이 탄생한 해였던 1789년, 프랑스에서는 7월 14일에 바스티유 감옥 이 습격을 받아 프랑스 혁명이 본격적으로 시작되었다. 워싱턴과 개인적으로도 친했던 거버너 모리스는 비즈니스 차원에서 파리로 갔고, 프랑스에서 귀국한 제퍼슨을 대신해 워싱턴에게 대량의 서한을 보내 워싱턴의 눈과 귀가 되어주었 다(모리스는 이때 시간 엄수를 중시했던 워싱턴에게 의뢰를 받아 오늘날 기계식 손목시 계로까지 계승되는 혁신적인 분할 브리지인 이른바 레피네 칼리버를 탑재한 최신 기종 의 얇은 회중시계를 입수하기도 했다).

유럽 국가들이 대프랑스 대동맹을 결성해 전쟁으로 향하자 워싱턴은 1793년 4월에 중립을 선언했다. 여기에 반발한 영국이 미국의 무역을 방해해 왔기 때문 에 워싱턴은 교섭을 위해 파리조약 체결에도 힘을 쏟았던 연방파의 중진 존 제 이(John Jay)를 영국에 파견했다. 공화파는 이듬해에 미국과 영국 간에 체결된 조약(일명 제이 조약)이 영국에 타협적이라면서 격렬하게 비난했다.

연방파는 독립전쟁 중에 체결되었던 프랑스와의 동맹조약은 프랑스 국왕과 체결한 것이기 때문에 루이 16세가 처형(1793)되었으므로 무효화되었다고 주 장했으며, 영국과의 관계 개선을 바라기 때문에 제이 조약도 그 방향에 따른 것 이라고 말했다. 한편 공화파는 국가 간의 조약이기 때문에 무효가 아니라고 주 장했으며, 또한 동일한 공화정을 지향하는 프랑스 혁명에 동정적인 사람도 많 았다. 양쪽 파가 대립한 결과, 제퍼슨은 1793년 말에 국무장관을 사임했다. 올 스타 팀이 틀림없었던 워싱턴 정권도 제2기째(1793년~)에 들어서자 해밀턴을 중심으로 하는 연방파 내각의 색채가 강해졌던 것이다.

새로운 수도 선정과 랑팡의 계획

합중국 헌법 제1조 제8항에는 "정부의 소재지인 지구", 즉 새로운 연방 수도의 설치가 규정되었는데, 구체적인 장소가 정해지지는 않았다. 뉴욕시에 최초의 수도가 설치된 것은 실무상의 조치였을 뿐, 헌법의 규정에 따른 논의의 결과는 아니었다. 북부의 연방파 사람들은 고대 로마처럼 권위로 가득한 수도를 건설할 것을 지지한 반면, 남부의 공화파 사람들은 헌법에 규정된 10평방마일도 농민에게는 거대한 것이며 오히려 대도시를 수도로 삼는다면 런던처럼 막강한 권한을 가져 부패해질 것이라고 여겼다. 남북 2개의 수도를 서로 옮기는 방안, 각 주에 돌아가면서 수도를 갖는 방안 등의 타협안 대신 하나의 수도를 정하기로 합의한 뒤, 수도의 소재지를 둘러싸고 논의가 첨예해졌다.

1790년 6월 하순, 제퍼슨과 해밀턴은 마침내 합의에 도달했다. 앞에서 언급한 바와 같이, 연방정부가 주의 채무를 떠맡는 대신 수도를 남부에 두는 타협이 성사되었던 것이다. 이 타협에 따라 그다음 달 의회에서 수도의 위치를 포토맥강 주변 지역으로 정했으며, 나아가 로버트 모리스의 제안으로 1800년 수도를 이전하기 전까지 10년간 잠정적으로 필라델피아를 수도로 삼기로 결정했다.

같은 해 12월 연방의회는 필라델피아에서 개최되었고, 워싱턴은 모리스의 사저를 빌려서 대통령 관저로 삼았다(모리스는 이처럼 권세를 과시했으나 이후 토지 투기에 실패해 채무자 감옥에 수감되었다). 또한 펜실베이니아 주법에서는 펜실베이니아주에 반년(6개월) 이상 체재한 노예에게 자유를 허용하는 것으로 규정하고 있었기 때문에, 워싱턴은 필라델피아에 머무는 동안 자신이 필라델피아에서 사용하는 노예를 자신의 농장이 있는 버지니아주 마운틴 버넌의 노예와 6개월마다 교체했다고 한다.

메릴랜드주와 버지니아주의 경계를 흐르며 마운트 버넌에도 접해 있는 포토맥강은 메이슨-딕슨 라인(제1장 참조)보다 남쪽에 위치해 있다. 이 땅을 수도로 인정한 것은 노예제를 묵인한다는 것을 의미했다. 워싱턴은 또한 구체적인 토지 선정 권한을 위임받아 자신의 농장과 다소 가까운 미개발 땅에 눈독을 들였다. 당시 아직 구상 중이었던 이 연방 수도는 워싱턴으로 명명되었다.

당시 작은 항구 마을이었던 알렉산드리아 등을 포함하는 포토맥강의 양안이 100평방마일(약 260km2)에 걸쳐 수도 용지로 규정되었고, 메릴랜드와 버지니아 두 주는 각각 해당하는 토지를 약 70%와 30%의 비율로 연방정부에 할양했다. 하지만 수도 기능이 이후 옛 메릴랜드 측에 집중되었기 때문에 오늘날 펜타곤(국방부)과 알링턴 묘지가 펼쳐져 있는 포토맥 남안에 해당하는 버지니아 측 용지는 19세기 중반에 버지니아주로 반환되었다. 이 광대한 용지에 수도의 청사진을 설계한 사람은 워싱턴으로부터 두터운 신임을 받고 있던 프랑스인 공병 사관 피에르 랑팡(Pierre L'Enfant)이었다.

랑팡이 1791년에 제출했던 계획은 프랑스의 베르사유에서 힌트를 얻은 바로크 양식의 디자인으로 스트리트(street)에 알파벳과 숫자를 붙여 바둑판 형태로 배치하고, 대각선상에는 각 주의 명칭을 딴 애비뉴(avenue)를 배치하며, 애비뉴가 교차하는 지점에는 서클(circle)과 스퀘어(square) 등의 광장을 배치해 공공의 편의를 제공하는 틀이었다. 도시의 주변부에서 중심부로 신속하게 접근할 수 있도록 한 이 체제는 새롭게 탄생한 공화국에서 통치자와 피통치자가 긴밀하게 결합할 수 있는 상징적인 디자인이기도 했다. 아울러 시 중심부에는 제퍼슨의 의견을 받아들여 대(大)애비뉴에 해당하는 광대한 녹지대 몰(mall)을 배치했다.

또한 랑팡의 이 계획은 합중국 헌법에 포함되어 있는 삼권분립의 틀을 실제로 대지에 구현하는 것이었다. 입법, 행정, 사법의 3권을 담당하는 기관, 즉 연방의회 의사당, 대통령 관저, 연방대법원을 각각 떨어져 있는 장소에 배치하면서도 애비뉴를 통해 상호 간에 긴밀하게 연락하도록 했다. 그것은 견제와 균형을 시각화한 그랜드 디자인이었다.

의사당을 건설하는 장소로는 주변에서 가장 높은 언덕인 젠킨스 힐(오늘날의 캐피톨 힐)이 선정되었고, 2.5km 북서쪽에는 랑팡이 궁전이라고 불렀던 대통령 관저가 설치되었으며, 연방대법원은 그 중간 지점에 주요 애비뉴를 피해 배치될 예정이었다. 하지만 연방대법원은 랑팡의 계획대로 진행되지 못하고 장기간 의사당 내에 머물다가 1935년에 의사당과 인접한 곳에 독자적인 건물로 세워졌다. 그런데 랑팡은 오만한 행동이 빌미가 되어 이 계획을 제출하고 난 이듬해에 그 임무에서 해고되었고 이후 실의에 빠져 하루하루를 보냈다.

연방의회 의사당과 대통령 관저의 건설

수도 용지는 당시 원생림이 남아 있는 환경이었으므로 도시로서의 장래성에 대해 낙관할 수 있는 상태가 아니었다. 하지만 1800년 수도 이전 기한을 앞두고 정부의 주요 건물이 급속도로 건설되었다. 그중에서도 중요한 연방의회 의사당의 디자인은 널리 공모되었는데, 내과 의사 윌리엄 손턴(William Thornton)의 안이 선택되었다. 워싱턴은 그 디자인을 "웅장하고 단순하며 매우 편리하다"라고 평가했다(<그림 4-2>의 오른쪽 아래 참조). 다만 건축가가 아니었던 윌리엄 손턴의 안은 세부적으로 다시 손봐야 한다는 필요성이 제기되었다. 이러한 논의와 병행해 공사가 진행되었고, 1793년 비밀결사 조직인 프리메이슨(Freemasonry)의 정장을 입은 워싱턴이 직접 초석을 놓았다.

워싱턴이 프리메이슨의 의식을 거행한 것에 대해 기이하게 생각할지도 모른다. 이 비밀결사의 기원은 멀리 중세 시대 석공의 길드로까지 소급된다는 설이 있으므로 건축 관련 의식에 적합하다고 할 수도 있다. 하지만 이야기는 그렇게 간단하지 않다.

프리메이슨이라는 조직은 18세기 초에 영국에서 만들어진 것으로 알려져 있으며 유럽 전체와 미국으로까지 확대되었다. 이 조직은 계몽주의의 정신을 구현하며, 각국에서 많은 명사를 회원으로 보유하기에 이르렀다. 워싱턴 자신은 물론이고 건국의 아버지들 중에 많은 사람이 프리메이슨 회원이었던 것으로 알려져 있다. 그런데 표면상의 정사(政事)와 비밀결사 내부의 제사(祭事)가 상호 결

〈그림 4-2〉 워싱턴시 지도(1818년)

부되어 자주 역사 무대에 모습을 드러냈다. 예를 들면 국새 뒷면에 새겨져 있는 미완성의 피라미드 위에 빛나는 눈[2]도 프리메이슨과 관련된 의장이라는 해석이 있다.

한편 당시에 공식적으로는 프레지던트 하우스(President House) 또는 이그제 큐티브 맨션(Executive Mansion)으로 불리던 대통령 관저는 1792년부터 건설 되기 시작했다. 제퍼슨의 주도 아래 역시 디자인을 공모했고 제퍼슨 자신도 솔 선해서 응모했는데, 아일랜드 이민 출신의 건축가 제임스 호반(James Hoban) 의 안이 채택되었다(〈그림 4-2〉의 왼쪽 아래 참조). 호반은 더블린[3] 주변의 건물 을 참고했던 것으로 알려져 있다.

오늘날 화이트 하우스라고 불리는 대통령 관저는 후술하는 1812년 전쟁(미 국-영국 전쟁)이 치러지던 1814년 8월 말에 영국군의 방화로 내부가 불타서 없

---

2   전시안(全視眼, All Seeing Eye)이라고도 일컬어진다._옮긴이
3   아일랜드의 수도이다._옮긴이

어졌고 검은 연기로 그을린 외벽을 하얗게 칠했기 때문에 이후 화이트 하우스라고 칭했다는 속설이 있다. 하지만 이것은 잘못된 속설이다. 왜냐하면 대통령 관저의 외벽은 주로 다공질(多孔質)의 사암(砂巖)으로 지어졌기 때문에 추위로 암석이 갈라지는 것을 방지하기 위해 1789년부터 석탄을 기반으로 한 회반죽을 발랐고 그 때문에 외관이 하얬다. 이 때문에 당시부터 화이트 하우스라고 불렀다는 역사자료도 존재한다. 즉, 대통령 관저는 적어도 구어적으로는 일찍부터 화이트 하우스였던 것이다. 회반죽으로 바른 곳은 정기적으로 보수된 것으로 보이는데, 1812년 전쟁 이후인 1818년 최종적으로 외벽이 납 성분이 함유된 백색 페인트로 도장되었다. 화이트 하우스가 대통령 관저의 공식 명칭이 된 것은 20세기 초 제26대 대통령 시어도어 루스벨트 시대부터이다.

조지 워싱턴이 고별 연설을 쓴 일자에 대한 수수께끼

당시 미국 내에는 유럽 국가들의 국왕 세습제와 달리 일종의 선거왕제로 자리매김했던 대통령직을 워싱턴이 종신으로 맡을 것이라고 생각한 사람도 많았다. 즉, 워싱턴이 4년마다 대통령에 계속 선출되어 재직하는 형태로 유지될 것이라고 여겼던 것이다. 하지만 제1차 정당체제가 전개되는 가운데 워싱턴은 특히 정권 2기째에 정치적 입장이 연방파에 가까워졌다. 이것은 독립전쟁 당시 생사를 함께했고 자신의 오른팔이라 할 만큼 깊게 신뢰했던 해밀턴이 연방파였던 이유도 컸다. 이에 대해 공화파는 크게 반발했다. 당시 워싱턴은 신격화되고 있었지만 합중국 헌법이 미리 예상하지 못했던 이 당파 대립을 극복할 수 있는 방안은 찾아내지 못했다.

정국이 이러하자 원래 대통령 취임을 내키지 않아했던(또는 내켜하지 않는 것처럼 보였던) 워싱턴은 은퇴해서 자신의 농장 마운트 버넌으로 돌아가고 싶어 했다. 1796년 워싱턴은 자신이 3기째에 출마하지 않을 것이라고 결의하고 국민에게 이 사실을 발표했다. 워싱턴은 이른바 고별 연설(Farewell Address)에서 당파 대립을 경계해야 한다고 호소했다.

그 결과 역대 대통령들은 모두 (단 1명의 예외인 프랭클린 루스벨트만 제외하고) 최대 2기 8년까지만 이 직책을 수행한다는 전례를 답습했다(해리 트루먼 대통령 이래 이 원칙은 수정헌법 제22조에 명기되었다). 또한 고별 연설은 당시 유럽의 소란으로부터 거리를 두도록 설파했는데 이것이 이른바 고립주의 외교의 원류가 된 것으로 간주된다. 이 같은 의미에서도 고별 연설은 매우 중요한 문서로 자리매김하고 있다. 고별 연설의 최종 초안은 워싱턴이 직접 썼는데, 초고를 작성하는 과정에서는 해밀턴과 매디슨이 크게 관여했던 것으로 알려져 있다.

그렇다면 이 고별 연설은 어떤 형태로 국민에게 전달되었을까? '연설'이라는 번역은 오해를 불러일으키기 쉬운데, 실제로 이 문서는 구두로 발표된 적은 없다. 당시 필라델피아를 대표하는 신문에 게재되었을 뿐이다. 또한 이 문서에는 오늘날에도 역사서에 자주 등장하는 2개의 날짜가 나오는데, 그 상황에 대해 여기서 정리해 둘 필요가 있다.

우선 워싱턴의 생애에 관한 매우 유명한 책부터 살펴보자. 앵두나무를 자른 소년 워싱턴이 정직하게 아버지에게 사죄했다는 일화(의 날조)로 널리 알려져 있는 메이슨 로크 윔즈(Mason Locke Weems)의 책『워싱턴 전기(The Life of Washington)』이다. 이 책은 워싱턴이 사망한 이듬해인 1800년에 출간되어 윔즈 자신이 사망하는 1825년까지 29판이나 인쇄되었다. 1812년 출간된 제12판을 보면 고별 연설 전문이 수록되어 있는데, 말미에는 "G·워싱턴, 합중국"이라는 표기와 함께 "1796년 9월 17일"이라고 날짜가 명기되어 있다(<그림 4-3>의 ① 참조).

그런데 윔즈는 워싱턴이 실제로 연설을 했다고 쓰고 있지는 않으며 문장이 신문에 게재되었던 사실에 대해 언급하고 있는데, 이 고별 연설을 설교에 비유하는 바람에 이 문장이 구두로 발표되었고 그 이후에 신문에 게재되었다는 오해가 후세에 생겨났을 수도 있다. 어쨌든 윔즈에 따르면 이 글이 쓰인 날짜는 "17일"이다.

윔즈는 이 글의 제목과 발행일에 대해서는 밝히고 있지 않지만, 이와 관련된

〈그림 4-3〉 조지 워싱턴이 쓴 고별 연설의 날짜. ① 메이슨 로크 윔즈의 『워싱턴 전기』(제12판)에 수록되어 있는 고별 연설의 말미. ②《아메리칸 데일리 애드버타이저》제자 부분. ③《아메리칸 데일리 애드버타이저》에 게재된 고별 연설의 말미. ④ 고별 연설 원고의 말미

사실은 잘 알려져 있다. 이 글이 게재된 신문은 필라델피아를 대표하는《아메리칸 데일리 애드버타이저(American Daily Advertiser)》로, 대통령 관저에서 겨우 네 블록 떨어진 곳에 사옥이 있었다. 9월 19일(월요일)에 발행된 제5444호의 2쪽부터 3쪽에 걸쳐 고별 연설의 전문이 게재되어 있으며(〈그림 4-3〉의 ② 참조), 마지막에 "G·워싱턴, 합중국"의 표기와 "1796년 9월 17일"이라는 날짜가 명기되어 있다(〈그림 4-3〉의 ③ 참조). 즉, 이 문장이 최초로 인쇄·공개된 신문의 날짜는 19일인데, 문장이 쓰인 날짜는 17일로 추정되는 것이다. 이처럼 두 종류의 날짜가 존재하기 때문에 고별 연설의 날짜를 17일로 보기도 하고 19일로 보기도 한다.

하지만 신문에 실린 연설이라면 신문사가 활자를 조판할 때 이용했던 원고가 존재할 것이다. 앞에서 언급한 것처럼 워싱턴이 직접 손으로 쓴 글은 현존하고 있으며 뉴욕 공공도서관에 소장되어 있다. 그런데 고별 연설을 오늘날의 미국사 개론서부터 소급해서 찾아보면 윔즈의 저서를 거쳐 당일의 신문, 그리고 신문에 게재된 문장, 나아가 워싱턴의 수고(手稿)에 이른다. 그리고 놀랍게도 이 수고에는 "9월 19일"로 기록되어 있다(〈그림 4-3〉의 ④ 참조).

정리하자면, ⓐ 당일 신문의 날짜(발행일)는 19일이다. ⓑ 여기에 게재된 연설의 날짜는 17일이다. ⓒ 그 연설의 문장을 활자로 조판할 때 사용한 원고(워싱턴의 수고)의 날짜 표기는 19일이다. 그렇다면 ⓐ와 ⓒ의 "19일" 사이에 있는 ⓑ의 "17일"은 어떻게 생겨난 것일까?

몇 안 되는 역사자료와 대조해서 살펴보면, 워싱턴은 9월 15일에 관저에서 신문사 사주와 면담하고 신문 발표 예정일을 확인한 후 16일 금요일 아침에 자필 원고를 쓴 후 날짜를 "9월 19일"로 기록했을 것으로 추측된다(〈그림 4-3〉의 ⓓ에 보이는 다소 비뚤어진 날짜 배치도 나중에 썼다는 증거 가운데 하나가 될 수 있다). 19일로 기록한 것은 단순히 발행 예정일에 맞추었던 것이 아니라 워싱턴 자신이 이 연설을 어떻게 파악하고 있었는지를 시사하고 있을 가능성도 있다. 즉, 적극적인 의미를 찾아낸다면 신문 발행일에 이 지면을 통해 국민에게 인사말을 전하는 듯한 이미지를 주려고 했을 수도 있다.

한편 신문사 사주는 17일(토요일)부터 본격적으로 시작된 조판 작업 때 날짜를 "9월 17일"로 고쳤던 것으로 추정된다. 문서의 날짜와 신문 발행일이 같으면 부자연스럽다고 판단했기 때문이 아니었을까? 이 경우 18일은 안식일(일요일)이기 때문에 17일이라는 날짜가 사주로서는 유일한 선택지였을 것이다. 그 이후 두 차례에 걸친 교정 작업을 통해 워싱턴은 이 날짜(의 변경)를 눈으로 확인했을 것이기 때문에 적어도 형식적으로는 이 날짜를 인정한 셈이 된다. 따라서 "9월 17일"과 "9월 19일" 모두 고별 연설의 날짜로서의 자격을 갖고 있다.

이 문장은 이후 전국, 나아가서는 국외의 신문에까지 전재되고 확산되었는데, 그 과정에서 새롭게 연설(address)을 포함한 타이틀이 일반화되었으며, 이 문장으로 워싱턴의 은퇴가 널리 내외에 알려졌다. 워싱턴이 은퇴할 때까지 켄터키와 테네시가 각각 1792년, 1796년에 주로 승격되어 합중국을 구성하는 주는 전부 16개가 되었다.

새로운 공화국의 표상

마운트 버넌에서 여생을 보낸 워싱턴은 1799년 12월 폐렴으로 사망했다. 향년 67세였다. 당시 국가 전역은 깊은 비애에 휩싸였는데, 이를 보여주는 흥미로운 물품이 하나 있다. 이 장의 맨 앞에 실린 철제 카메오이다.

이 카메오는 워싱턴이 사망한 직후인 1800년경에 제작된 것으로 추정되며, 워싱턴의 수많은 추모용 장신구 중에서도 매우 희소한 물건으로 간주된다. 진주가 카메오를 둘러싸고 있고 금제 틀의 브로치가 부착되어 있는 이 물품은 독립혁명 시기와 건국 시기의 정치가이자 군인이며 독립선언 서명자이기도 했던 윌리엄 플로이드(William Floyd)가 과거에 소유했던 것으로, 윌리엄 플로이드로부터 몇 대가 지난 후손이 가지고 있던 것을 필자가 운 좋게 입수했다.

카메오 자체는 철제이지만 녹이 하나도 없는 매우 정교한 제품으로, 베를린 주물로 알려져 있는 종류의 철이다. 이 놀랄 만한 주조 기술은 계속되는 전쟁에서 금은이 부족했던 18세기의 독일에서 고안되어 베를린 철로 불리는 특수한 철을 이용해서 제작되었는데, 이 주물은 보석품으로 자리매김하고 있다. 이 카메오 역시 독일에서 주조되어 1800년경 미국으로 운반되었을 것으로 추정된다. 몇 점이 제작되었는지는 명확하지 않지만, 이것과 완전히 동일한 철제 카메오를 이용한 장식품을 워싱턴 부인[4]의 조카딸도 소유했던 것이 알려져 있다. 그녀의 카메오도 브로치로 배열되어 있으며, 뒷면에는 워싱턴의 머리카락이 보관되어 있었던 것으로 추정된다.

이 카메오에 부각되어 있는 워싱턴의 얼굴은 의치 때문에 입술 주위가 다소 부자연스럽게 보이는데, 제3장에 실린 〈그림 3-5〉의 메달에 새겨진 얼굴 모습과도 매우 흡사하다는 점이 한편으로는 주목된다.

워싱턴의 초상화 가운데 가장 유명한 그림은 현재 1달러 지폐에 인쇄되어 있

---

4   마사 댄드리지 커스티스 워싱턴(Martha Dandridge Custis Washington)을 일컫는다. 버지니아주 출신으로 1759년 조지 워싱턴과 재혼했다._옮긴이

〈그림 4-4〉 조지 워싱턴 탄생 200주년을 기념해 1932년에 발행된 기념우표 세트. 1센트 우표(왼쪽 아래에 확대)에 장앙투안 우동이 제작한 흉상이 묘사되어 있다.

는 것으로, 원화는 화가 길버트 스튜어트(Gilbert Stuart)가 18세기 말에 그린 작품이다. 워싱턴의 초상화와 조각상은 후대의 작품을 포함해 많이 남아 있으며, 묘사되는 시점의 워싱턴 나이와 화가에 따라 형태가 다양하다. 그중 하나가 워싱턴 탄생 200주년을 경축해 1932년에 발행된 12장의 기념우표 세트이다(〈그림 4-4〉 참조). 상단 왼쪽에서 네 번째에 있는 2센트 우표가 1달러 지폐 속의 워싱턴 모습이다(다만 사진기술로 인해 양자는 좌우가 반전되어 있다).

왼쪽에서 두 번째에 있는 1센트 우표는 프랑스인 조각가 장앙투안 우동(Jean-Antoine Houdon)이 1780년대에 제작한 흉상을 묘사한 것이다(〈그림 4-4〉 왼쪽 아래의 확대된 그림 참조). 이 흉상의 워싱턴 얼굴과 〈그림 3-5〉에 실린 메달 속 얼굴은 매우 유사하다(장앙투안 우동의 워싱턴 동상은 1932년부터 25센트 경화의 의장으로도 채택되었다). 이 기념 메달은 미국 역사상 가장 유명한 메달 가운데 하나로, 1780년대에 미국 정부가 파리의 조폐국에 제작을 의뢰했으며, 신국가의 위신을 높이기 위해 당시의 유럽 국가들의 사례에 따라 각국의 군주에게 보내 유포했다. 이 메달 속 얼굴을 그렸던 프랑스의 뒤비비에(P. S. Duvivier)[5]는 우동이 제작한 흉상을 참고했던 것으로 추정되며, 따라서 당연히 이 둘은 형태가 유사하다.

이 메달 속 워싱턴 동상을 참조해 철제 카메오의 워싱턴을 묘사한 것으로 추정되기 때문에 메달 속 얼굴과 카메오의 얼굴도 서로 매우 유사하다. 카메오는 크기가 작아서인지 다소 데포르메[6]되어 있으며, 세부 사항은 다소 차이가 있지만 메달, 카메오, 흉상은 모두 유사하다고 할 수 있다.

군주가 존재하지 않는 공화제 국가에서는 국가라는 추상적인 존재 자체에 대해 직접 충성심을 품어야 한다. 하지만 상상의 공동체를 구현하기 위해서는 구체적인 이미지가 반드시 필요하기 때문에 그 본보기로 워싱턴과 같은 영웅, 국기 등 다양한 상징이 국민화를 위해 총동원되었다. 국민화는 중앙의 엘리트층, 즉 공식 문화 측의 조작(명칭의 규정)을 거쳐야 할 뿐만 아니라, 일반 대중, 즉 버내큘러 문화[7] 측의 동의(명칭의 공유)도 얻어야 한다. 이 둘의 벡터가 협력함으로써 국민화가 추진되었던 것이다.

특히 워싱턴은 조지(George)라는 동일한 이름을 갖고 있던 국왕 조지 3세의 후계로 중요한 상징성을 갖고 있었는데, 연방파는 그 이미지를 교묘하게 통합에 이용했다. 예를 들면 워싱턴의 탄생일은 과거에 이주민이 영국인 의식을 확인했던 국왕의 탄생일을 전용하는 형태로 경축되었으며, 버내큘러 문화가 포함되어 전국으로 확대되었다. 축제 내용에 지역 차이가 없다는 점에서 앞 장에서 언급한 독립기념일의 축제와 서로 통했다고 할 수 있다.

워싱턴이 태어난 것은 구력으로 1731년 2월 11일인데, 제1장에서 다룬 바와 같이 당시의 연시는 3월 25일이었고 또한 그 무렵 구력은 신력에 비해 11일이나 늦었기 때문에 워싱턴의 생일은 오늘날의 신력으로 환산하면 1732년 2월 22일이다. 1880년에 공식적으로 국가의 경축일로 정한 워싱턴 탄생일은 2월 22

---

5   피에르-시몽-뱅자맹 뒤비비에(Pierre-Simon-Benjamin Duvivier)를 일컫는다. _옮긴이
6   자연 형태를 예술적으로 변형시킨 것을 의미한다. _옮긴이
7   버내큘러(vernacular)는 방언, 전문용어, 일상 구어와 지방 특유의 풍토적인 것 등을 의미하며, 한 지방의 고유 언어, 특히 교육에 의해 정제된 언어나 표준어와 비교해 일상 언어, 매일 사용되는 언어, 사투리로 정의된다. 여기에서는 중앙의 엘리트층이 규정하는 표준에 대비되는 지방의 일반 대중이 구사하는 비표준어를 의미한다. _옮긴이

일이다(현재는 링컨 등의 역대 대통령도 함께 경축하는 의미에서 프레지던트 데이로 불리며 2월 셋째 월요일로 정해져 있다).

앞 장에서 언급한 공화주의의 개념을 원용하면, 공화의 내용은 시대와 함께 변화해 왔으며 사회층에 따라서도 다양하게 해석되어 왔는데, 새로운 공화제 국가에 해당하는 합중국은 유럽의 옛 군주제 국가에 비해 다양한 면에서 우위에 있다는 인식이 강했다. 이처럼 미국의 예외성에 대한 우월감을 표출하는 것은 미국의 열등감을 반영하는 것이기도 했다.

2. 애덤스와 제퍼슨

애덤스 정권의 외교·이민 정책

1796년 12월, 대통령선거가 치러져 그때까지 부통령직에 있던 연방파의 존 애덤스(John Adams)가 1위, 공화파의 토머스 제퍼슨이 근소한 차이로 2위를 차지해 새로운 대통령과 부통령으로 선출되었다. 정당정치를 전제로 하지 않았던 합중국 헌법의 모순이 여기에서 나타났다고도 할 수 있다. 긴장이 내포된 가운데 이듬해인 1797년 3월, 제2대 대통령 애덤스 정권이 발족했다.

프랑스 혁명으로 동요하던 유럽과의 외교 문제는 이 정권의 긴급한 과제였다. 공포정치의 중추였던 로베스피에르(Robespierre)[8]를 단두대로 보내고 1795년에 수립된 프랑스의 총재 정부는 미국과 영국 간에 체결된 제이 조약에 반발하고 미국 측 공사의 부임을 인정하지 않는 등 관계가 악화되었다. 이를 해결하기 위해 애덤스는 프랑스로 3명의 특사를 보냈는데, 총재 정부의 외교장관 탈레랑(Talleyrand,[9] 공포정치 시기에는 미국으로 망명하기도 했다)은 각 특사에게 대리

---

8   막시밀리앙 드 로베스피에르(Maximilien de Robespierre)를 일컫는다. _옮긴이
9   샤를모리스 드 탈레랑페리고르(Charles-Maurice de Talleyrand-Périgord)를 일컫는다. _옮긴이

인을 보내 내밀하게 접촉한 뒤 거액의 수뢰 및 차관을 요구했다. 미국 측은 이 요구를 거절했다. 하지만 탈레랑의 대리인 3명을 익명의 X, Y, Z로 하여 이 건(XYZ 사건)이 연방의회에 보고되자 프랑스에 대한 감정이 일거에 악화되었고 선전포고가 이루어지지 않은 상태로 미국과 프랑스는 전쟁 상태에 돌입했다. 이 전쟁은 1800년까지 계속되었다(일명 유사전쟁이라고 불리기도 한다).

이 사이에 프랑스 혁명과 아이티 혁명[1791년 프랑스령 생도맹그(지금의 아이티)에서 흑인 노예들이 벌인 해방·독립운동]이 발발하자 이 지역에서 다수의 이민이 유입되었다. 그러자 미국은 이민 유입이 자국에 악영향을 미칠 것에 대한 우려와 친프랑스적인 공화파에 대항하기 위한 의도로 연방파의 주도하에 1798년에 '외국인 규제 및 선동금지법(Alien and Sedition Acts)'이라고 총칭되는 4개의 법률, 즉 '귀화법', '외국인법', '적성국 국민법', '치안법'을 제정했다.

귀화에 대해서는 합중국 헌법에서 연방의회가 전국적으로 통일된 귀화 규칙을 정할 권리를 갖고 있는 것으로 규정했지만(제1조 제8항), 주 사이에서 이른바 이중 시민권 문제가 발생했다. 이것에 대해 먼저 설명할 필요가 있다.

독립 이전으로 소급해 보면, 각 식민지는 각자 독자적인 귀화 조건을 설정했고, 카운티 수준에서 심사를 거쳐 영국 신민으로의 귀화를 인정했다. 이것은 유익한 방임의 일례였다. 이 때문에 본국의 엄격한 귀화 정책은 독립선언에서 엄정하게 규탄받았다. 독립 이후에도 각 주는 독자적인 '귀화법'을 운용했는데, 1790년에 최초의 '연방 귀화법'이 제정되었다. 이 법에서 귀화 조건으로 제시한 것은 합중국에 2년간 거주한 "좋은 성격(good character)"의 "자유 백인"이라는 것이었다. 이 조건을 상회하는 기준은 주의 '귀화법'에서 설정이 보류되기는 했지만, 주법에 기초한 귀화도 계속 인가되었다.

1795년에 제정되어 5년간 거주해야 한다는 조건을 부과한 그다음의 '연방 귀화법'을 계기로 귀화 조건을 설정하는 것이 연방의 권한이라고 보는 견해가 각주에서 일반적이 되었는데, 실제의 귀화 절차는 연방법원뿐만 아니라 주의 법원에도 인계되어 실시되었으며 시민권을 부여하는 권한은 주에도 부여되었다.

이것이 주와 연방의 이중 시민권 문제이다. 또한 시민권의 내용, 예를 들면 참정권과 관련된 구체적인 자격이 각 주에 위임되었으므로 주를 초월한 국민(합중국 시민)이 생겨났다고는 할 수 없는 상황이었다. 또한 자유 백인이어야 한다는 것이 귀화의 중요한 조건이었으므로 흑인과 원주민은 국민화에서 배제되었다는 점에도 유의해야 한다.

애덤스 정권하에 새로 제정된 '귀화법'은 귀화 조건을 더욱 엄격히 해서 14년을 거주 조건으로 삼았다. '외국인법'은 위험하다고 간주된 외국인에 대해 구속하거나 국외 퇴거에 처할 수 있는 권한을 대통령에게 부여했고, '적성국 국민법'은 전시하에 적국 출신의 주재 외국인에 대해 마찬가지의 권한을 대통령에게 인가했다. '적성국 국민법'은 약간 형태를 바꾸긴 했지만 그 이후에도 유효한 것으로 간주되어 제2차 세계대전 중의 일본계 미국인을 배척하는 법적 근거로 원용되기도 했다.

'치안법'은 정부에 비판적인 허위 문서의 출판을 금지하는 것으로, 공화파의 언론인이 체포되는 일도 있었다. 이러한 법률에 대해 공화파의 제퍼슨과 매디슨은 위헌이라고 비난하면서 버지니아주 등에서 반대 결의문 채택을 주도했다.

한편 애덤스는 수도 이전 기한이 도래함에 따라 1800년 11월 워싱턴에 입성해 당시까지는 작은 촌락의 풍경을 간직하고 있던 이 마을에서 거주한 최초의 대통령이 되었다. 대통령 관저의 최초의 주인이 된 퍼스트레이디(영부인) 아비가일 애덤스(Abigail Adams)는 건축 중이었던 이 관저에 대해 "매우 커다란 공간"이라는 감상을 밝히기도 했다.

같은 해 12월의 대통령선거에서는 애덤스가 공화파에 패배를 맛보고 마을에서 떠났는데, 연방파의 세력을 사법부에 온존시키기 위해 이듬해 3월까지인 자신의 임기 중에 수도에 신설된 치안판사에 연방파를 다수 임명했다. 일부 임명장은 대통령으로서의 임기가 끝나기 직전인 3월 3일 한밤중까지 작성되었다. 세간에서는 이렇게 임명된 판사를 "한밤중의 판사"[10]라고 일컬었으며, 이들은 일부 중요한 재판에 관여했다.

1800년의 혁명

1800년 12월 치러진 대통령선거는 일종의 장대한 전투였다. 현직 애덤스는 패배하고 제퍼슨과 에런 버(Aaron Burr)가 같은 표를 얻었던 것이다(에런 버는 제퍼슨과 마찬가지로 공화파이자 뉴욕의 거물 정치가였다). 이에 헌법 규정(제2조 제1항)에 따라 이듬해 2월 연방의회 하원에서 치러지는 주 단위의 결선 투표로 결과가 위임되었다. 두 후보 모두 과반수를 획득하지 못한 상태로 수차례나 투표가 거듭되었는데, 알렉산더 해밀턴이 "동일한 악에서 선택하는 것이라면 (허용 범위 내에서) 가장 좋은 것을 선택한다"라면서 제퍼슨에 대한 지지를 표명한 것이 일정 정도 영향력을 발휘해 최종적으로 제퍼슨이 대통령, 에런 버가 부통령이 되었다. 토크빌도 『미국의 민주주의』 제1권에서 제퍼슨이 36번째의 투표에서 선출되었다고 기록하고 있다.

이런 상황을 겪고 나자 정당정치를 전제로 대통령과 부통령을 선출하도록 선거 제도를 바꾸었다. 1804년 제정된 수정헌법 제12조에서는 대통령과 부통령을 별도로 구별해 선발하는 방식, 즉 선거인이 대통령과 부통령의 이름을 각각 다른 투표용지에 기입하는 틀이 도입되었다. 이 방식은 원칙적으로 오늘날까지 계속되고 있다.

그런데 에런 버는 제퍼슨의 2기째 대통령선거(1804)의 후보로 선정되지 못하고 출마한 뉴욕주 주지사 선거에서도 패배하자 해밀턴이 배후에서 일을 꾸몄다면서 원한을 품고 해밀턴에게 결투를 신청했다. 1804년 7월 11일, 해밀턴은 과거에 자신의 아들[11]이 결투로 목숨을 잃었던 바로 그 장소에서 에런 버의 총탄을 맞아 그다음 날 사망했다. 서인도제도에서 혼외자로 태어나 재능 하나로 지위를 얻었고 군인으로는 워싱턴의 부관으로, 정치가로는 연방파의 우두머리로 다방면에서 두각을 드러냈던 해밀턴은 49세의 나이로 생을 마감했다. 10달러 지폐

---

10   영어로는 Midnight Judges라고 표기한다._옮긴이
11   필립 해밀턴(Philip Hamilton)을 일컫는다._옮긴이

의 주인공이기도 한 해밀턴은 다문화적인 측면을 강조했는데, 그의 일생을 다룬 뮤지컬 〈해밀턴(Hamilton)〉은 현재 미국에서 대히트를 기록하고 있다.

1800년 대통령선거의 결과에 따라 연방파는 공화파에 정권을 넘겨주었고 신속하게 정권이 교체되었다. 오늘날에도 선거 결과가 그대로 반영되지 않는 국가가 있다는 점을 고려하면 이 같은 상황은 혁명적이었다. 제퍼슨은 정권 교체에 의해 독립혁명의 정신이 회복되었다면서 나중에 이를 '1800년의 혁명'이라고 불렀다.

1801년 3월, 제퍼슨은 수도 워싱턴에서 취임식을 거행한 최초의 대통령이 되었다(〈그림 4-5〉 참조). 그는 취임 연설에서 "우리는 모두 공화파이며 연방파이다"라고 말하면서 융화의 자세를 강조했으나, 이후 연방파는 다시 정권의 자리로 돌아오지 못했다. 제퍼슨 정권은 이제까지의 정권이 정했던 물품세(내국소비세)와 '외국인 규제 및 선동금지법'을 폐지하는 방향으로 전환했다. 정치문화도 더욱 공화주의적인 색채로 바꾸었다.

시대의 변화는 의복과 관습에도 반영되어 18세기 말부터 커다란 변화가 발생했다. 남성들 사이에서는 가발이 사라졌고, 브리치스 대신 긴 양복바지를 입었으며, 옷깃이 달린 상의의 배색도 수수한 색상으로 바뀌었다. 유럽에서는 코담배에서 파이프 담배로 바뀌었는데, 미국에서는 씹는담배가 급속히 확대되었다. 여성들 사이에서는 19세기 초까지 한 시기 동안 하이웨이스트의 드레스가 유행했다.

제퍼슨은 아직 건설 중이던 수도를 정비하

〈그림 4-5〉 토머스 제퍼슨
(왼쪽) 수도 워싱턴의 제퍼슨 기념당에 서 있는 제퍼슨 동상(1947년 건립)
(오른쪽) 렘브란트 필 작품(1800년)

는 데 주력해 1803년 영국 출신의 건축가 벤저민 라트로브(Benjamin Latrobe)를 공공 건축물의 감독관으로 임명했다. 라트로브는 연방의회 의사당을 장식하는 데 자신의 재능을 유감없이 발휘해 그리스·로마의 의장을 적극적으로 활용했다. 예를 들면 주두(기둥머리)에 옥수수와 담배 같은 신세계 산물 문양을 곁들이는 등 신대륙의 땅에 고대의 이상향을 재현하려 했다.

연방의회 의사당을 뜻하는 Capitol(캐피톨)의 기원은 주피터[12] 등의 신을 모시면서 제사를 지냈던 고대 로마의 신전 Capitolium(카피톨리움)을 의미하는 것과 다름없었으며, 워싱턴시의 북방을 흐르는 구스 크리크(Goose Creek)도 로마시를 관통해 흘렀던 티베르강의 이름을 본떠 티베르 크리크(Tiber Creek)로 개명되었다. 이처럼 워싱턴시는 초대 대통령이 전망했던 대로 신대륙의 로마처럼 창조되었다.

하지만 이 도시의 가장 큰 역설은 국민이 수중에 넣었던 휘황찬란한 자유를 상징해야 할 도시 건설이 부자유의 최대 상징인 흑인 노예를 다수 동원해서 이루어졌다는 것이다. 1790년의 타협이 단적으로 보여주는 바와 같이, 이곳은 어디까지나 남부였던 것이다. 실제로 이 같은 지리적 조건은 남북전쟁 당시 수도 방어라는 큰 문제를 야기했다. 인접한 버지니아주는 웨스트버지니아와 분열해 남부연합에 가입했는데, 메릴랜드는 노예주임에도 불구하고 경계주의 하나로 연방(북부)에 머무르고 있었기 때문에 수도 워싱턴은 육지 위의 외딴섬에 처할 운명을 간신히 면했다.

이제 애덤스가 임명했던 '한밤중의 판사'에 대해 다시 주목할 것이다. 그중 한 명인 윌리엄 마베리(William Marbury)는 자신의 임명장이 이미 준비되어 있었지만 정권 교체로 교부가 보류되었기 때문에 다른 3명과 함께 국무장관 매디슨이 교부를 명령해 줄 것을 연방대법원에 호소했다. 이른바 마베리 대 매디슨(Marbury v. Madison) 사건으로 알려져 있는 재판이다.

---

12   유피테르(Iuppiter)로 불리기도 한다._옮긴이

애덤스에 의해 임명된 연방대법원 존 마셜(John Marshall)은 1803년 교부를 명하는 권한을 대법원에 부여한 법원 관련 규정 자체가 위헌이라면서 마베리의 호소를 물리쳤다. 이 판결에 의해 합중국 헌법에서는 명문화된 규정이 없었던 위헌법률 심사제도가 확립되었고, 그 법리는 나중에 일본국 헌법에도 계승되었다.

바르바리 전쟁과 루이지애나 구입

제퍼슨 정권은 다양한 외교상의 난제에 직면했다. 우선 문제가 되었던 것은 오스만 제국의 영향하에 있던 북아프리카 연안의 이른바 바르바리(Barbary) 국가들(알제리, 튀니지, 리비아 등의 해안 지역)이 자국이 거느리고 있던 해적을 이용해 지중해의 무역을 위협하고 선박의 안전한 항해를 대가로 거액의 공납금을 요구했던 것이다. 독립 이후 미국은 이 요구에 응했지만, 공납금을 한층 증액하라는 요구를 받자 제퍼슨은 이를 거절하는 방침으로 전환했다. 관계가 틀어지자 트리폴리는 1801년 미국에 대해 선전포고를 했다. 제1차 바르바리 전쟁(일명 트리폴리 전쟁)이었다. 미국은 해군을 증강하고 1803년에는 기함으로 컨스티튜선호를 파견했다(<그림 4-8> 참조). 지중해에서 발발한 이 전투는 1805년 미국의 승리로 종결되었다.

한편 프랑스에서는 1799년 쿠데타로 총재 정부가 전복되고 새로운 통령 정부가 세워져 나폴레옹 보나파르트(Napoléon Bonaparte)가 제1통령으로 독재적인 권력을 장악했다. 나폴레옹은 1800년에 스페인과 밀약을 맺고 7년 전쟁이후 체결한 파리조약(1763) 이래로 스페인령이 된 미시시피강 서쪽의 광대한 루이지애나를 프랑스령으로 삼았다(<그림 4-6> 참조). 그 정보가 전해지자 미국 측은 당황했다. 특히 물류의 중계 기지였던 미시시피강 하구의 뉴올리언스에 대해 기존 스페인이 인정했던 항구 사용권 등을 프랑스가 인정할지 정해지지 않았기 때문이다.

제퍼슨은 뉴올리언스를 구입하려는 의사를 프랑스 측에 타진했는데, 나폴레옹은 놀랍게도 역제안을 했다. 뉴올리언스뿐만 아니라 루이지애나 전체를 매각하겠다는 것이었다.

프랑스는 아이티 혁명으로 카리브해의 주요 식민지인 생도맹그를 상실했다. 프랑스는 1801년에 사실상의 독립을 선언했던 아이티의 지도자 투생 루베르튀르(Toussaint Louverture)를 이듬해에 포박하고 나아가 국민공회에 의해 선포된 노예해방선언(1794)을 휴지조각으로 만든 뒤 노예제를 부활했다. 하지만 결국 이 식민지를 탈환하지 못해 루이지애나를 포함한 광대한 식민지 제국을 건설하려던 계획은 무너졌다(아이티는 1804년 세계사에서 최초로 흑인 공화국으로 독립했다). 즉, 나폴레옹에게 루이지애나는 무용지물이 되었으며, 한편으로는 유럽에서 발생한 전쟁 비용을 충당할 필요가 있었다. 이것이 바로 나폴레옹이 '세기의 매매'를 제안했던 까닭이다.

이 제안을 받아들일지를 놓고 제퍼슨은 마음을 정하지 못했다. 헌법의 조문은 그러한 권한을 대통령에게 부여하지 않았으며, 공화파의 대통령으로서 연방정부의 권한을 강화하는 데에는 신중할 수밖에 없었기 때문이다. 하지만 최종적으로 국익을 중시했던 그는 헌법 조문을 확대 해석함으로써 이 제안을 수락했다. 그 결과 1803년 미국은 프랑스로부터 루이지애나 전체를 약 1500만 달러에 구매해(일명 루이지애나 구입), 합중국의 영토를 일거에 2배로 늘렸다.

그 결과 국토가 된 루이지애나는 개척되지 않은 땅도 많았고 영국이나 스페인과의 경계도 명확하지 않았다. 그 때문에 이 땅을 탐사해서 정보를 수집하고 측량하기 위해 탐험대가 조직되었다. 제퍼슨의 비서였던 메리웨더 루이스(Meriwether Lewis)와 그가 지명한 윌리엄 클라크(William Clark) 2명을 지휘관으로 하는 루이스-클라크 탐험대였다. 이들은 1804년 5월에 출발해 수많은 고난을 겪으면서 원주민의 여러 부족이 거주하는 땅을 답사한 뒤 태평양 연안에 도달했다(<그림 4-7> 참조). 1806년 9월에 무사히 귀환한 이들은 귀중한 지식을 많이 가져왔다(<그림 4-6>의 경로 참조).

쇼손족 새커거위아(Sacagawea)는 도중에 남편인 프랑스계 캐나다인 남성[13]

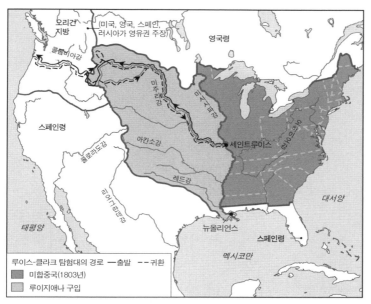

〈그림 4-6〉 루이지애나 구입과 루이스-클라크 탐험대의 경로

〈그림 4-7〉 루이스-클라크 탐험대의 일행이 해수를 끓여 소금을 만들었던 아궁이를 복원한 모습. 오리건주 가장 북쪽의 태평양 연안에 위치해 있다.

과 함께 탐험대에 통역 및 안내자로 가담했는데, 막 태어난 갓난아기를 업고 함께 여행했던 그녀는 탐험이 성공하는 데 크게 공헌했다. 그녀는 이른바 백인(인 남성)을 위해 전력을 다했던 원주민 여성으로, 포카혼타스와 함께(제1장 참조) 미국 역사에서 잘 알려져 있다.

그녀의 사망 연도에 대해서는 여러 설이 있는데, 클라크는 그녀의 아들을 데려와 길렀다. 한편 루이스는 귀환하고 나서 3년 후에 의문의 죽음을 맞이했다.

---

13 투생 샤르보노(Toussaint Charbonneau)를 일컫는다. _옮긴이

건국의 아버지들의 제국

대서양 연안에서 태평양 연안까지 광대한 영토를 산하에 둔 미합중국은 이른 바 제국이라고 할 수 있었을까? 여기서는 독립혁명 시기와 건국 시기에 한정한 역사자료에 입각해 이와 관련된 내용을 살펴볼 것이다.

이 시기의 제국이라고 하면 제퍼슨의 '자유의 제국(Empire of Liberty)'이 우선 떠오를 것이다. 하지만 제퍼슨이 이 표현을 최초로 명시한 것은 뜻밖에도 독립전쟁 중이던 1780년에 쓴 서한에서였다. 여기에는 영국 제국의 지배에 대항해 신대륙에 자유를 확대한다는 의미가 포함되어 있음을 읽어낼 수 있다.

이듬해인 1781년부터 1782년에 걸쳐 집필한 저서 『버지니아 보고서』에는 제국이라는 말이 겨우 세 번밖에 등장하지 않는다(제2장 참조). 그중에 두 번은 화폐의 명칭이었고, 한 번은 저명한 박물학자 뷔퐁(Buffon)[14]이 기록한 프랑스어 인용문에서였다. 전자의 화폐의 경우 모두 신성 로마 제국을 뜻하며, 후자의 뷔퐁의 인용문에서는 신세계의 원주민에 관해 해설하면서 원주민의 '나라'를 지칭하기 위해 사용되었다. 제국에 해당하는 라틴어는 제퍼슨이 고대 로마의 정치가이자 저술가인 살루스티우스를 인용한 문구에서도 확인되는데, 이 경우는 권력을 의미하므로 크게 의미를 두지 않아도 된다.

그런데 '자유의 제국'이라는 표현으로 유명한 제퍼슨도 유일하다고 할 수 있는 자신의 저서에서 '자유의 제국'은커녕 미국을 의미하는 '제국'이라는 말조차 사용하고 있지 않으며, 대통령으로서도 취임 연설이나 연차 교서의 중요한 문서에서 이 말을 사용한 적이 없다(다만 기타 서한에서는 유사한 표현을 수차례 사용한 것으로 추정된다. 예를 들어 매디슨에게 보내는 1809년의 서한에서는 "자유를 위한 제국"이라는 말이 보인다).

그렇다면 범위를 넓혀 독립혁명 시기의 핵심적인 역사자료인 『대륙회의 의

---

14 뷔퐁 백작 조르주루이 르클레르(Georges-Louis Leclerc, Comte de Buffon)를 일컫는다._ 옮긴이

사록』(제3장 참조)을 조사해 보면 어떨까? 매우 공적인 이 의사록에서 사용된 '제국'이라는 말은 영국 제국을 의미하는 경우가 많았으며, 독립선언의 해를 제외하고는 미국을 제국으로 직접적으로 호칭하는 표현은 피했다고 이해해도 좋을 것이다. 제국이라는 말은 적이었던 본국을 강하게 이미지화하는 표현이었고, 영국 제국에 의한 식민지 지배(식민지 제국)를 연상시켰으며, 식민지 측이 부정해야 할 강인한 통합의 존재양식을 함의하고 있었기 때문이었을 것이다.

다만 횟수가 적긴 하지만 파리조약이 체결된 1783년부터 미국을 가리켜 제국으로 호칭하는 사례가 보이는 것은 매우 시사적이다.

그렇다면 역사자료의 범위와 시간 축을 더욱 넓혀서 조사해 보면 어떨까? 필자는 대륙회의 의원들의 서한을 중심으로 1774년부터 1789년에 걸쳐 그들이 남긴 문서를 포괄적으로 수록한 역사자료『대륙회의 대표단 서한』전 26권(1976~2000),[15] 헌법제정회의에 관한 가장 포괄적인 역사자료『패런드 의사록』전 3권(1911),[16] 그리고 합중국 헌법의 비준을 둘러싸고 각 주에서 오갔던 논의를 수록한『엘리엇 토의록』전 5권(1836~1845)[17]의 디지털판을 모두 조사했다.

역시 1783년의 파리조약을 계기로 미국을 제국으로 호칭하는 사례가 상대적으로 증가한다는 것은 확인할 수 있었다. 영국을 제국으로 칭하는 사례가 1770년대 전반에 많은 것과는 대조적이다. 그렇다면 왜 파리조약을 계기로 변화가 발생하기 시작했을까?

당시 사람들 사이에서는 파리조약의 결과로 합중국이 새로 획득한 광대한 국토를 어떻게 부를 것인지에 대한 다양한 발상이 움텄을 것이다. 영국 제국의

---

15 미국 의회도서관에서 스물여섯 권으로 출간된 *Letters of delegates to Congress, 1774-1789*를 일컫는다(https://memory.loc.gov/ammem/amlaw/lwdglink.html 참조)._옮긴이

16 *Farrand's Records*를 지칭하며, 구체적으로는 맥스 패런드(Max Farrand)가 기록한 *The Records of the Federal Convention of 1787*을 가리킨다(https://memory.loc.gov/ammem /amlaw/lwfr.html 참조)._옮긴이

17 *Elliot's Debates*를 지칭하며, 구체적으로 조너선 엘리엇(Jonathan Elliot)이 기록한 *The Debates in the Several State Conventions on the Adoption of the Federal Constitution*을 일컫는다(https://memory.loc.gov/ammem/amlaw/lwed.html 참조)._옮긴이

일부를 획득한 것이었기 때문에 사람들의 뇌리에 떠오른 말이 제국이라고 하더라도 이상하지는 않았을 것이다. 물론 여기에는 긴 전쟁을 치른 결과로 광대한 영토를 수중에 넣었다는 자부심도 포함되어 있었을 것이다. 하지만 북서부조례에서 명확해진 바와 같이(제3장 참조), 이러한 새로운 영토를 합중국의 식민지(또는 속주)로 규정했던 것은 결코 아니었다. 따라서 제국이라는 말에 '신흥의(rising)', '유년기의(infant)' 같은 형용사를 붙임으로써 식민지 지배를 기축으로 삼았던 영국 제국과의 차이를 의식적으로 드러냈다고도 해석할 수 있다.

한편 워싱턴에 주목해 역사자료를 조사해 보면 어떨까? 존 피츠패트릭(John Fitzpatrick)이 워싱턴의 생애를 넓게 아울러 엮은 『조지 워싱턴 문서(George Washington Papers)』 전 39권(1931~1944)의 디지털판[18]을 조사하면 역시 대통령 재임 중에는 '제국'이라는 말을 매우 적게 사용했음을 알 수 있다. 대통령으로서 공화파와 외국을 자극할 것을 우려해 사려 깊게 행동했기 때문이었을까? 또한 미국을 제국으로 칭하는 사례의 거의 절반은 1783년에 집중되고 있다. 워싱턴은 그중에서도 '신흥의 제국'이라는 표현을 선호했다.

워싱턴은 자신의 대통령 취임 연설이나 연차 교서에서 제국이라는 말을 일절 사용하지 않았다. 고별 연설에서도 이 표현을 사용하지 않았다. 전술한 바와 같이 고별 연설의 초고 작성에는 해밀턴이 깊이 관여했는데, 초고 단계에서는 제국이라는 표현이 한 번 언급되었으나 워싱턴의 완성 원고에서는 이 말이 삭제되었다. 이처럼 워싱턴은 공적인 장소에서 또는 공인의 입장에서 제국이라는 말을 사용하는 데 매우 신중했다. 이 점에서는 제퍼슨 등 초기의 대통령도 마찬가지였던 것으로 보인다(오히려 워싱턴 이후의 대통령들이 워싱턴을 모방했다고 할 수 있을지도 모른다). 즉, 적어도 워싱턴에서 매디슨에 이르기까지는 대통령 취임 연설에서 제국이라는 말을 사용했던 사례를 찾아볼 수 없다.

---

18 구체적인 정보는 https://www.loc.gov/collections/george-washington-papers/about-this-collection을 참조하기 바란다._옮긴이

워싱턴이 제국이라는 말을 홀가분하게 사용했던 것은 (몇 가지 예외는 지적할 수 있지만) 주로 부하 군인이나 친한 정치가, 유언서 등 비교적 사적이고 밀폐된 공간에서였던 것으로 파악된다. 이것을 건국의 아버지들이 간직하고 있던 심정을 토로했던 것으로 볼 수 있을까? 그들의 마음속에는 미국의 자유로 신대륙을 뒤덮겠다는 제국의 비전이 이미 존재했을지도 모른다.

'미국의 스핑크스'와 노예제

합중국 헌법의 규정(제1조 제9항)에 따라 1808년 연방의회에서 금지해야 하는 것으로 간주했던 노예 수입(이미 대부분의 주에서 금지되었다)으로 시선을 돌려보자. 영국에서는 1807년 3월에 노예무역 폐지가 결정되었는데, 같은 시기에 미국에서도 논의가 고조되어 역시 같은 달에 제정된 법률에서 1808년 1월 1일 이후로는 국제 노예무역이 국가 전체에서 금지되었다. 그 배경으로는 흑인 노예가 자연 증가함에 따라 국내에서 노예를 조달·유지하는 것이 가능해졌다고 간주된 점, 아이티 혁명의 영향 등이 지적되고 있다. 반노예제 감정이 강했던 북부 도시에서는 아이티 혁명을 호의적으로 받아들이는 경향이 있었지만 남부에서는 혁명의 파급을 우려한 농장주들이 강하게 반발하기도 했다.

그렇다면 노예제에 대한 제퍼슨의 태도는 어떠했을까? 앞 장에서 다룬 바와 같이, 독립선언의 초안에 노예제와 관련해 영국 왕을 비난하는 문구를 삽입했던 제퍼슨은 이 제도를 나쁜 것으로 인식했다. 하지만 그는 몬티셀로에 농장을 지닌 농장주였고 인종적 편견도 불식시키지 못했다. 따라서 그가 표명했던 반노예제 입장은 레토릭(수사)의 영역을 넘어서는 것은 아니었다고 할 수 있다.

제퍼슨에 대한 전기를 집필한 한 역사가[19]가 논박했던 것처럼, 제퍼슨은 '미국의 스핑크스'로서 수수께끼로 가득한 다면적인 인물이었으며, 대노예주로서

---

19 *American Sphinx: The Character of Thomas Jefferson*(1996)을 집필한 조셉 엘리스 (Joseph Ellis)를 일컫는다. _옮긴이

의 사생활, 특히 그가 사랑했다고 추정되는 혼혈의 흑인 노예 샐리 헤밍스(Sally Hemings)와의 관계는 단순히 프라이버시를 뛰어넘는 중요성을 갖고 있다.

제퍼슨은 1782년에 아내[20]를 잃은 후 재혼하지 않았는데, 아내가 친정에서 데려온 흑인 소녀 샐리에게는 아내의 면모가 있었다. 왜냐하면 샐리는 아내의 부친[21]이 자신의 농장의 노예로부터 낳은 자녀라서 아내와는 이복 자매였기 때문이다(샐리는 백인의 피를 3/4 정도 이어받았다). 노예 제도 아래에서는 소유하는 흑인 여성을 성적으로 착취하는 것이 일종의 관행이었고 태어난 아이도 원칙적으로 노예로 간주되었다. 그 결과 노예를 통해 자신의 아이를 낳으면 자신의 재산이 증가하는 것과 마찬가지이기도 했다.

샐리와의 관계가 언제부터 시작되었는지 명확하지 않다. 하지만 제퍼슨은 공사로 파리에 주재하는 동안 자녀의 뒷바라지를 위해 당시 10대였던 샐리를 불러들였는데 그 무렵부터라는 설도 있다. 어쨌든 샐리는 적어도 6명의 자녀를 낳았던 것으로 알려져 있으며 그중에 4명이 성인으로 자랐다. 그 가운데 3명은 외모상으로는 백인으로 통했기에 백인으로 생활했다[이른바 패싱(passing)이라고 불렸다]. 샐리와 제퍼슨의 관계를 둘러싸고 장기간 다양한 의견이 개진되어 왔다. 당시 관직을 얻기 위해 대통령 제퍼슨에게 접근했던 한 신문기자가 자신의 청탁이 무산되자 제퍼슨이 노예에게 자신의 아이를 낳게 했다는 폭로 기사를 썼는데, 제퍼슨 본인은 이를 묵살했다. 19세기 후반에는 샐리의 자녀들 중 한 명이 자신의 부친이 제퍼슨이라고 증언한 바 있었다. 하지만 위인 제퍼슨이 그런 짓을 했을 리 없다고 믿는 견해가 대세였다.

그러나 1990년대 말, DNA 감정을 통해 친자 관계가 과학적으로 거의 증명되었다. 다만 아이들 전체의 부친이 아닐 가능성, 제퍼슨의 동생을 포함해 당시 제퍼슨 가문의 남성 가운데 누군가가 부친일 가능성도 완전히 배제할 수 없어

---

20   마사 제퍼슨(Martha Jefferson)을 일컫는다._옮긴이
21   존 웨일스(John Wayles)를 일컫는다._옮긴이

사건의 전모를 해명하기는 어렵다. 하지만 제퍼슨과 샐리의 성적 관계를 부정하는 것은 무리인 것으로 보인다.

결과에 대해 책임을 지는 것이 정치가의 도리이긴 하지만 그것은 공적 측면에만 해당하는 것일까? 아니면 위인이기 때문에 공과 사 모두 위대하지 않으면 안 되는 것일까? 과묵하며 매우 복잡한 성격의 소유자이기도 한 체격 좋은 이 사나이의 프라이버시는 역사적이면서도 국가적인 관심의 대상이다.

3. 1812년 전쟁

나폴레옹 전쟁과 미국-영국의 대립

프랑스에서는 나폴레옹이 1802년에 종신 통령에, 1804년에 황제에 즉위해 제1제정이 개시되었다. 황제 나폴레옹은 이듬해에는 트라팔가르 해전에서 영국에 패배했지만 아우스터리츠에서 발발한 삼제회전(三帝會戰, Battle of the Three Emperors)에서 승리해 제3차 대프랑스 동맹을 붕괴시켰다. 나폴레옹은 1806년 영국 경제에 타격을 가하기 위해 유럽 대륙 국가들에 대해 영국과의 통상을 금지했다. 이른바 대륙 봉쇄령을 발동했던 것이다.

미국은 중립국으로서 영국과 프랑스 쌍방과의 무역에 종사하면서 수익을 거두었는데, 영국과 프랑스 모두 미국 상선을 나포하고 화물을 압수하는 등 미국의 입장을 존중하지 않았을 뿐만 아니라 특히 영국 해군은 미국의 선원을 대규모로 강제 징용했다. 강제 징용이란 상선의 선원을 체포해서 해군 병사로 징용하는 것으로, 근세 시기에 자주 일어나 사람들을 두렵게 했다. 이 시기에 영국 측은 미국 시민도 영국인으로 간주해 징용의 대상으로 삼았던 것이다.

이에 대항하는 조치로 미국은 1807년 말, '출항 금지법'을 제정했다. 미국 상선이 국외로 출항하는 것을 금지해 분쟁에 휘말리는 것을 피하는 동시에, 영국과 프랑스에 대한 불매 운동 효과를 노렸던 것이다. 하지만 이 조치는 영국과 프랑스에 대해서는 커다란 영향을 미치지 못했다. 오히려 부메랑처럼 돌아와 미국에 경제적 손실을 끼쳤으며, 국민의 불만이 분출되었고 밀무역도 횡행해졌다. 1809년 3월, 제퍼슨은 임기 종료 직전에 이 법을 폐지하는 데 동의하는 한편, 영국 및 프랑스와의 무역만을 금지하는 새로운 법률인 '통상 금지법'에 서명했다.

1808년 치러진 대통령선거에서는 제퍼슨 정권에서 국무장관이었던 공화파의 매디슨이 선출되었고, 이듬해 3월 제4대 대통령에 취임했다. 초대 대통령 워싱턴부터 제4대 매디슨, 제5대 제임스 먼로까지 5명의 대통령 중에 제2대 애덤스를 제외하고 4명이 남부 버지니아 출신이었기 때문에 건국 초기의 정권을 버지니아 왕조라고 부르기도 한다. 이 4명은 모두 노예제 대농장의 경영자였기 때문에 합중국은 노예주의 국가로 세워졌다고 볼 수도 있다.

'통상 금지법'은 어느 정도 효과를 거두기는 했지만, 1810년 5월에는 이 법을 대신해서 새로운 법률이 제정되었다. 영국 및 프랑스와의 무역은 재개했지만 영국과 프랑스 가운데 한쪽이 중립국으로서의 미국의 통상권을 존중해서 방해 행위를 멈춘다면 존중하지 않는 다른 한쪽 국가에 대해 다시 통상 금지를 적용한다는 법률이었다. 나폴레옹은 표면상으로는 이 제안을 받아들였으나, 영국이 곧바로 반응을 보이지 않자 이듬해인 1811년 매디슨 정권이 영국과의 통상 금지를 재차 표명했다.

한편 서부에서도 원주민 여러 부족이 독자적으로 미국-영국과 외교 관계를 맺고 그에 따라 다양한 움직임을 보였다. 인디애나 준주 주지사에 임명된 윌리엄 헨리 해리슨[William Henry Harrison, 제9대 대통령으로 오르는 인물이며, 그의 손자 벤저민 해리슨(Benjamin Harrison)은 제23대 대통령에 올랐다]은 원주민과 적극적으로 조약을 체결하고 토지 매수 정책을 추진하면서 원주민을 문명화하고자 했다. 여기에 반발한 쇼니족의 테쿰세(Tecumse) 등은 여러 부족에게 연대를 호소했다. 예를 들면 남부의 크리크족[22] 가운데 일부는 이 호소에 응해 영국과

---

22   크리크족은 스스로를 무스코기족(Muskogee)이라고 불렀다._옮긴이

결탁하고 미국과 대치했다.

1811년 11월, 테쿰세가 남부로 이동해 방어하는 동안 해리슨이 이끄는 군과 원주민이 충돌해서 쌍방에서 다수의 전사자가 발생했으나 미국 측의 승리로 간주되었다(일명 티피카누 전투). 그 이후 테쿰세는 캐나다 등에서 영국군과 결탁해서 용맹하게 싸웠으며 1813년에 전사했다(티피카누 전투의 영웅으로서 1840년 대통령에 선출된 해리슨은 취임 직후 병사했으며, 그 이후 존 케네디까지 20년마다 선출된 대통령이 암살 또는 병사로 재직 중에 사망했기 때문에 이것을 테쿰세의 저주라고 보는 경향도 있다. 하지만 이것은 20세기 들어 확산된 속설에 불과하다).

1812년 전쟁의 전개

연방의회에서는 연방파가 호전파(War Hawks)라고 비판했던 헨리 클레이(Henry Clay)와 존 칼훈(John Calhoun) 등 젊은 세대의 공화파 의원을 중심으로 점차 영국을 상대로 전쟁을 개시하려는 기운이 높아지고 있었다. 매디슨의 교서를 받아 1812년 6월에는 합중국 역사에서 최초로 타국에 대한 선전포고 법안이 통과되어 매디슨이 서명하고 영국과의 전쟁을 시작했다. 이른바 1812년 전쟁(미국-영국 전쟁)이다. 개전의 배후에는 영국령 캐나다와 스페인령 플로리다를 차지하려는 미국의 영토적 야심이 깔려 있었다. 캐나다 국경과 깊숙한 남부 지역에서 전선이 형성되었으며 테쿰세 등 그 땅의 원주민들도 휘말리는 형태로 미국과 영국이 대치했다.

대서양 연안, 특히 체서피크만 연안에서도 영국과 미국은 충돌했는데, 1814년 8월에는 수도 워싱턴이 영국군의 공격을 받아 전화로 불타올랐다. 그 이후 수도 워싱턴이 다시 적의 공격을 받았던 것은 2011년 9월 11일 테러에 의해서이다(워싱턴은 남북전쟁 중에도 포위되었지만 실제 피해는 없었다).

워싱턴을 공략한 이튿날, 영국군은 메릴랜드의 볼티모어를 함락하기 위해 바다로부터의 공격에 대비해 항구 입구에서 수비를 강화하고 있던 맥헨리 요새를 표적으로 삼았다. 이 전투 현장에서 생겨난 한 편의 시가 현재 미국의 국가 「성

〈그림 4-8〉 보스턴항의 컨스티튜션호. 위는 1973년 인양 당시 선체에서 나온 것으로, 부품 자재로 쓰인 나뭇조각이다.

조기(The Star-Spangled Banner)」이다. 여기에 대해서는 이 책의 맺음말에서 다룰 것이다.

캐나다 앞바다에서 발발한 해전에서는 제1차 바르바리 전쟁에서도 활약했던 컨스티튜션호가 명성을 떨쳤다(〈그림 4-8〉 참조). 이 목조 범선은 마치 철제 범선처럼 적의 포탄을 튕겨냈기 때문에 '올드 아이언사이즈(Old Ironsides)'라는 애칭으로 불렸으며, 현재 미국 해군의 가장 오래된 현역 함선으로 보스턴항에 정박되어 있다.

캐나다를 무대로 하는 루시 모드 몽고메리(Lucy Maud Montgomery)의 『빨간 머리 앤(Anne of Green Gables)』에도 1812년 전쟁의 전사자 무덤 앞에서 당시의 해전을 떠올리는 장면이 있다. 영국령 캐나다 땅에서는 '유나이티드 엠파이어 로열리스트(United Empire Royalist)'라고 불렸던 사람들(미국 독립혁명에서 캐나다로 도주했던 충성파 인물들)이 미국군의 침공에 강력하게 반격했다. 그들에게 이 전쟁은 미국으로부터 조국 캐나다를 방어해 낸 승리의 전투였다.

한편 미국에 있어 이 전쟁은 제2차 독립전쟁으로도 규정된다. 또 한번의 대영전쟁으로 민족주의가 크게 고조되었을 뿐만 아니라 이 전쟁은 미국이 경제적으로 독립하는 계기가 되기도 했다. 전쟁으로 영국 제품을 수입하기 어려워지자 섬유 등 국내 제조업이 발전했던 것이다. 이처럼 미국과 캐나다에서는 이 전쟁이 자국 역사에서 중요한 의미를 갖고 있지만, 영국사에서는 나폴레옹 전쟁의 일환에 불과했다.

1812년 전쟁은 최종적으로 승패가 확실하지 않은 상태에서 평화 교섭을 벌인 끝에 1814년 12월, 벨기에에서 헨트 조약(Treaty of Ghent)이 체결됨으로써 종결되었다. 이러한 통지가 현지에 도착하기 전인 1815년 1월, 앤드루 잭슨(Andrew Jackson)은 해적의 도움을 받아 뉴올리언스 전투에서 영국군을 물리치고 승리를 거두었고 국민적 영웅이 되었다. 그는 나중에 미국 제7대 대통령에 올랐다.

한편 연방파 세력이 강했던 뉴잉글랜드에서는 이 '매디슨 씨(Mr. Madison)의 전투'에 대해 반대의 목소리가 높아 전쟁 협력을 거부했으며, 연방에서 탈퇴할 것을 주장하는 사람도 있었다. 1814년 12월부터는 코네티컷주에서 뉴잉글랜드 등 각 주의 대표가 모여 하트퍼드 회의를 개최해 합중국 헌법의 수정을 요구했다. 이러한 반전 입장은 전쟁 종결 이후 사람들의 강한 반발을 초래했는데, 연방파는 극소수 지역 외에서는 정당으로서의 기능을 거의 상실해 제1차 정당체제가 막을 내리고 있었다.

영국군의 공격을 받아 불타오르고 약탈의 대상이 되었던 수도 워싱턴 지역에서는 대통령 관저와 연방의회 의사당을 비롯해 거의 모든 정부의 건물이 파괴되었다. 그 결과 연방의회는 워싱턴을 포기하는 안을 투표에 부쳤고 9표의 근소한 차이로 간신히 부결되는 일도 발생했다. 하지만 결국 전술한 제임스 호반과 벤저민 라트로브 등에 의해 근사하게 재건되었다. 지금도 백악관 건물의 일부에는 이 전쟁의 흔적을 일부러 복원하지 않고 남겨놓은 곳이 있다.

민족주의 고조와 독립선언문

여기서는 다시 독립선언문에 초점을 맞출 것이다. 독립선언문 원본은 수도 이전과 함께 옮겨졌는데, 워싱턴에서도 보관 장소가 세 차례 변경되었다. 1812년 전쟁에서 영국군이 수도 워싱턴에 불을 질렀을 때에는 버지니아주로 옮겨 간신히 구제되기도 했다.

과거에 연방파는 독립선언문이 지닌 반영국적 성격을 우려했으며 전문에 기재된 혁명권과 자연권 주장이 프랑스 혁명을 상기시킨다고 여겼다. 또한 연방파는 제퍼슨을 적대하는 마음도 있었으므로 독립선언을 소원하게 대하고 오히려 워싱턴을 크게 숭배했다. 하지만 1800년의 혁명으로 상황이 크게 변해 워싱턴은 당파 이미지가 점차 옅어지고 중립적인 상징이 되었다. 한편 1812년 전쟁 이후 민족주의가 고조되자 독립혁명을 재검증하고 신격화하려는 움직임이 생겨나고 국제관계의 변화로 영국과의 관계가 개선되었다. 프랑스 혁명에서 펼친 공포정치의 기억도 희미해지면서 독립선언은 정쟁의 도구가 아니라 국민적 지지를 얻은 성전으로 바뀌었다. 독립기념일 축제(당시에는 두 당파가 따로 경축했다)도 여기에 기여했다.

독립선언문은 원래의 사명을 모두 수행한 문서였지만 상징적 가치가 높았으므로 특정한 형태로 보존해야 했다. 제5대 대통령 제임스 먼로 정권의 국무장관 존 퀸시 애덤스(John Quincy Adams, 나중에 미국 제6대 대통령에 올랐다)는 1820년에 동판 조각가 윌리엄 스톤(William Stone)에게 원본과 한 치의 차이도 없는 완전한 복제품을 제작하도록 명령했다.

윌리엄 스톤은 웨이트 트랜스퍼(weight transfer) 기법으로 3년 동안 작업에 임했다. 이 기법은 물에 적신 얇은 시트를 원본 문서 위에 덮어 잉크 표면을 흡수하고 그 시트를 다시 동판에 활사해 처리하는 방식이었다. 이렇게 하면 완전한 복사본을 찍어낼 수 있지만, 접촉으로 인해 원본의 몸체가 깎여나간다. 당시에는 이 수법이 원본에 미칠 손실이 그다지 심각하게 고려되지 않았던 듯하다.

이 책의 제3장에 실린 독립선언문(<그림 3-8>의 ③과 ④ 참조)은 1823년에 찍힌 윌리엄 스톤의 복제품인데, 원본의 양피지 위에 쓰인 문자에 전술한 기법을 적용하고 이후 보존하는 과정에서 햇볕을 쬐고 시간이 많이 경과했기 때문에 거의 판독이 불가능할 정도로까지 옅어졌다. 당시 독립선언문 원본은 200장을 복제했는데 그중에서 20세기 말 현존한 것은 31장이었다. 2012년 경매에서는 60만 달러의 가치가 매겨졌다. 탄생 후 수많은 세월을 거치면서 독립선언문의 원본 텍스트는 복제되는 형태로 영원한 생명을 가지게 되었던 것이다.

맺음말

이제 마지막으로 1814년 9월 맥헨리 요새에서 발발한 공방전으로 화제를 돌릴 것이다.

맥헨리 요새에서 공방전이 발발하기 얼마 전에 변호사 프랜시스 스콧 키 등은 포로 석방과 관련된 교섭을 위해 볼티모어항의 앞바다에 정박해 있던 영국 함선으로 향했다. 교섭은 순조롭게 진행되었지만 그들은 전투가 종결될 때까지 구류되어 적의 함선 위에서 격렬한 공방전이 벌어지는 광경을 목격했다. 9월 14일 새벽, 영국군의 공격을 방어하는 맥헨리 요새의 모습을 보고 감격했던 키는 풀려난 이후 호텔에서 한 편의 시를 지었다. 이것이 바로 오늘날 미국의 국가인 「성조기(The Star-Spangled Banner)」이다.

이 시는 곧바로 전단으로 인쇄되었고, 9월 20일에는 "멕헨리 요새의 방어(Defence of Fort McHenry)"라는 제목으로 신문에 게재되었으며, 그다음 달에는 악보가 출판되었다. 시에 붙여진 곡은 영국에서 연회 때 부르는 노래 「천상의 아나크레온에게(To Anacreon in Heaven)」이다. 음역이 넓어 부르기 어렵다고 여겨졌던 이 곡은 영국 런던의 아마추어 음악가 클럽 아나크레온 협회(Anacreontic Society)의 테마송이었는데, 18세기 말 미국에도 이 협회가 만들어졌고 이 테마송도 미국에서 인기를 얻었다. 당시에는 하나의 곡에 여러 형태의 가사를 붙이는 이른바 번안 가요가 일반적이었는데, 이 곡에도 멜로디에 맞춰 이미 많은 시가 지어지고 출간되었다.

키도 1805년에 「천상의 아나크레온에게」에 맞춰 제1차 바르바리 전쟁에서 활약했던 병사를 노래한 시 「용사의 귀환(When the Warrior Returns)」을 지었다. 이 시에서는 나중에 「성조기」에서 사용되는 표현이 나오는데 '별이 빛나는 깃발(Star-Spangled Flag)'이라는 표현도 보인다. 따라서 바르바리 전쟁 시기의 시를 전제로 1812년 전쟁 당시의 시를 만들었다고 할 수 있다.

총 4절까지 있는 「성조기」 가사 가운데 1절과 2절을 발췌·번역해서 전투의 상황을 살펴보자.

곡은 "오, 그대는 보이는가, 이른 새벽 여명 사이로"[1]라는 표현으로 시작된다. 그리고 "어제 황혼의 미광 속에서 우리가 그토록 자랑스럽게 환호했던, 넓은 띠와 빛나는 별들이 새겨진 저 깃발이, 치열한 전투 중에도 우리가 사수한 성벽 앞에서 당당히 나부끼고 있는 것이",[2] "포탄의 붉은 섬광과 창공에서 작렬하는 폭탄이 밤새 우리의 깃발이 휘날린 증거이다. 오, 성조기는 지금도 휘날리고 있는가? 자유의 땅과 용자들의 고향에서!"[3] 1절 가사는 이렇게 끝난다.

2절은 포격이 멈춘 요새에 동이 트기 직전의 희미한 안개와 적막 속에서 깃발이 펄럭이는데 이 깃발은 산들바람을 따라 반쯤 가려졌다 반쯤 드러나서 의장이 명확하게 보이지 않다가 아침의 첫 휘광을 받아 빛나는 것을 보고 성조기였음을 알게 된다는 내용이다. 그리고 "오! 영원토록 휘날리소서, 자유의 땅과 용자들의 고향에서!"[4]라고 반복한다.

1 　원문은 "O say, can you see, by the dawn's early light"이다. _옮긴이

2 　원문은 "What so proudly we hailed at the twilight's last gleaming, Whose broad stripes and bright stars, through the perilous fight, O'er the ramparts we watched, were so gallantly streaming?"이다. _옮긴이

3 　원문은 "And the rockets' red glare, the bombs bursting in air, Gave proof through the night that our flag was still there; O say, does that star-spangled banner yet wave O'er the land of the free and the home of the brave?"이다. _옮긴이

4 　원문은 "Oh! long may it wave O'er the land of the free and the home of the brave!"이

〈그림 5-1〉 맥헨리 요새의 성조기
(왼쪽)1914년 사진
(오른쪽) 맥헨리 요새를 수복한 이후
의 성조기

밤중에 계속되었던 영국군의 맹공을 견뎌내며 멕헨리 요새를 사수했는데, 다음날 아침에 빛나는 성조기가 그 사실을 모두에게 보여주었다는 것이다. 그 결과 영국군의 볼티모어 공략은 실패로 돌아갔다.

당시 맥헨리 요새에 게양되었던 성조기는 15개의 줄과 15개의 별을 수놓았던 대형 깃발이었는데, 키의 시 때문에 '성조기(Star-Spangled Banner)'로 유명해졌다. 이 깃발은 맥헨리 요새의 사령관[5]이 보유했는데, 그의 손자[6]가 20세기 초에 스미소니언 협회(Smithsonian Institution)에 기증했다(〈그림 5-1〉 참조). 그동안 이 깃발은 다양한 행사에서 전시되었는데, 일부 사람에 의해 깃발의 천 조각이 몇 차례나 뜯기기도 했다. 버몬트와 켄터키가 연방에 가입하자 1795년부터 시행된 법률에 따라 15개의 줄로 바뀌었는데, 제3장에서 다룬 바와 같이, 1818년에는 원본인 13개의 줄로 되돌아갔다.

4절 가사 중에는 "우리의 좌우명(our motto)"으로 "우리는 하나님을 믿는다(In God is our trust)"라는 표현이 등장한다. 1956년에는 전통적인 정치적 좌우명이던 "여럿이 모여 하나" 대신 "하나님 안에서 우리는 믿는다(In God we trust)"가 합중국의 공식 좌우명이 되었는데, 이 표현과는 다소 어구가 다르지만 "우리는 하나님을 믿는다"라는 것은 최초 시기의 중요한 표현 가운데 하나라고 할 수 있다.

제3장에서 다룬 바와 같이, 미국 국기인 성조기가 사람들로부터 크게 주목받

다._옮긴이
5   조지 아미스테드(George Armistead)를 일컫는다._옮긴이
6   에베네저 애플턴(Ebenezer Appleton)을 일컫는다._옮긴이

고 확고한 지위를 얻은 것은 남북전쟁 때부터였다. 남북전쟁 이전까지는 노래 「성조기」도 애국가로 간주되지 않았다. 이 노래가 공식적으로 미국의 국가가 되기 위해서는 1931년까지 기다려야 했다.

하지만 국기와 국가는 1812년 전쟁을 계기로 서로 맞물렸다. 원주민의 세계에서 시작해 식민지 시대와 독립혁명을 거쳐 건국 시기까지 길고 긴 여정 끝에 완성되었던 것이다. 이 깃발 아래에서 미국은 앞으로 어떤 영광과 시련, 빛과 그림자로 수놓인 이야기를 만들어가게 될까? 이것은 '새 미국사' 시리즈의 제2권, 제3권, 제4권에서 차례로 밝혀질 것이다.

지은이 후기

미국은 미합중국 헌법이 제정된 이후로 230년 동안, 즉 일본국 헌법 이래의 일본보다 3배 이상 긴 세월 동안 면면히 국가를 운영하고 있으며 헌법 제2조에 기초해 초대부터 제45대까지 44명의 대통령을 중단 없이 계속 선출해 왔다 (2019년 기준_옮긴이). 미국은 더 이상 젊은 국가도 아니고 역사가 짧은 국가도 아니다. 또한 식민지 시대와 원주민의 세계로까지 소급하면 이 대륙에서 영위해 온 역사는 세계사이자 인류사 그 자체라고 해도 좋을 것이다. 이 책을 통해 미국사의 장구함과 유구함을 느낄 수 있었다면 필자로서는 매우 기쁠 것이다.

과거의 다양한 역사적 사실은 조용하게 서 있는 것이 아니라 시대의 요청에 따라 형태를 바꾸면서 발상되고 망각된다. 바로 그 메커니즘에 따라 역사 또는 역사학이 영위되는 것이 아닐까? 이것이 근래 기억사가 크게 주목받는 이유이다. 이 책에서는 기억사의 성과를 본문에 밝힘으로써 역사적 사건이 후세에 갖는 의미를 드러내고자 했다. 일부 문장에서는 시간의 흐름을 크게 비약하기도 했지만 가능한 한 자연스럽게 읽을 수 있도록 유의했다. 이 같은 시도가 성공했는지는 독자들의 판단에 맡길 수밖에 없다.

이 책에서는 최근 학계에서 크게 주목을 받고 폭넓게 받아들여지고 있는 최신 접근법인 대서양사(大西洋史, Atlantic History)에 대해서도 적극적으로 소개하고 원용했다. 이 같은 시각은 특히 전반부의 장에 깔려 있다.

이 책에는 필자가 발표해 온 저서와 논문을 재구성하거나 가필한 부분도 있다. 기초가 된 자료의 주요 사항은 참고문헌에 기재했다. 따라서 이제까지 필자가 수행해 온 연구의 정수라 할 수 있다고 자부한다. 또한 그림으로 수록한 동전 등은 모두 필자의 소장품이며, 기념비나 사적의 사진도 대부분 필자가 직접 촬영한 것을 사용했다.

주요 참고문헌 가운데 영어 문헌은 개설, 역사자료 등 매우 일부만 제시했으며, 일본어 문헌을 중심으로 제시했다. 이러한 일본어 문헌 가운데에는 집필 당시 직접 참고하지 않은 것도 포함되어 있는데, 모두 중요한 문헌이므로 일종의 독서 안내로 활용하면 좋을 것이다.

이 지면을 빌려 필자의 학부생 시절부터 장기간 지도해 주고 계신 오사카대학 명예교수 가와키타 미노루 선생께 감사의 뜻을 전한다.

또한 필자의 아내이자 미에대학 교수인 모리와키 유미코, 군마현 현립여자대학 준교수인 가사이 도시카즈는 필자의 원고를 검토해 주었다. 물론 남아 있는 하자는 모두 필자 자신의 책임이다. 아울러 가사이 도시카즈 준교수는 2018년 아메리카학회에서 수여하는 제23회 '시미즈 히로시 상'을 수상했는데, 개인적인 일이지만 필자도 제6회 '시미즈 히로시 상'을 수상한 바 있다. 소장과 연구자에게 주어지는 이 상을 사제가 모두 수상한 것은 교사로서 최고의 행복이었다. 약 30년 동안 대학 교수로 생활하면서 경험한 모든 것이 필자에게는 교사이자 연구자로서 생활의 양식이 되었다. 이제까지 필자의 수업에 참가해 준 학부생과 대학원생들에게 감사의 말을 전하고 싶다.

마지막으로 편집부의 스기타 모리야스 씨는 집필 중에 다양한 면에서 협력해 주었다. 이 책은 스기타 모리야스 씨와의 공동 작업에 의한 성과라고 해도 과언이 아니다. 진심으로 사의를 전한다.

옮긴이 후기

역사적으로 한미 관계는 정치적 자율성을 포함해 민주주의 가치를 공유하는 중요한 이웃이면서 수레의 두 바퀴와 같은 밀접한 관계를 맺어왔다. 이러한 측면에서 미국의 역사를 심층적이고 포괄적으로 이해하는 것은 한반도의 평화와 번영은 물론 동아시아와 세계의 발전 과정을 관찰하고 조망하는 데서도 반드시 필요하다.

이 책 『미합중국의 탄생: 19세기 초까지』는 일본의 이와나미 쇼텐사에서 출간하고 전체 네 권으로 구성된 '새 미국사' 시리즈의 제1권으로, 19세기 초까지의 역사를 매우 독창적인 시각에서 다루고 있는 역작이다. '새 미국사' 시리즈는 다음과 같이 구성되어 있다.

제1권 『미합중국의 탄생: 19세기 초까지』
제2권 『남북전쟁의 시대: 19세기』
제3권 『20세기 아메리칸 드림: 전환기부터 1970년대까지』
제4권 『글로벌 시대의 미국: 냉전 시대부터 21세기까지』

이 책은 '미국이란 무엇인가', '미국의 원형은 어떻게 형성되었는가', '미국은 어디에서 와서 어디를 향해 가고 있는가'라는 질문을 제기하면서 19세기 초까지의 응장한 역사를 다원적인 시각에서 묘사하고 있다. 서술 범위는 구체적으로 원주민의 세계에서부터 식민지 시기, 독립혁명과 헌법 제정, 그리고 새로운 공화국으로서 겪은 시련까지이며, 초기 미국의 역사를 대서양사와 기억사 관점에서도 제시하고 있다.

이 책은 인물 위주의 역사 또는 정권 중심의 역사에 치중되기 쉬운 미국사를 통합과 분열의 거시적인 동학을 통해 규명한다는 '새 미국사' 시리즈의 관점에 입각해 독창적으로 서술하고 있다. 특히 미국과 영국에서 이루어지는 미국사 연구와 담론이 인종적·문화적 편견에 치우칠 수 있는 단점을 지니고 있는 반면, 이 책의 저자가 일본 학계를 대표하는 미국 근세·근대사 분야의 권위자라는 점은 사덕(史德, 주관적 편견보다 객관적 사실을 중시하는 사학자의 자세)을 담보하므로 학술적 차별성이 두드러진다.

이 책을 옮기면서 세 가지 측면을 중시했다. 첫째, 일반 독자들이 쉽게 이해할 수 있도록 생소한 용어에는 영어를 비롯한 다른 언어를 병기해 정확성을 추구했다. 둘째, 본문 내용에 설명이 필요한 항목에는 '옮긴이 주'를 추가했다. 셋째, 이 책의 저자가 수정사항을 전해준 것을 본문 내용에 추가로 반영하고 아울러 일부 오기가 있던 내용을 바로잡아 정확성을 기했다.

무엇보다 어려운 여건 속에서도 이 책이 세상에 나올 수 있도록 물심양면으로 지원해 준 한울엠플러스(주)의 김종수 사장님, 그리고 출간을 위한 제반 작업에 노력을 기울여준 모든 분에게 진심으로 감사를 전한다. 모쪼록 이 책을 통해 독자들이 식민지에서 건국에 이르는 미국의 역사와 그 이후의 흐름을 심층적으로 파악할 수 있기를 바라며, 이 책이 미래의 역동적인 한반도 시대를 조망하고 대비하는 데 조금이라도 도움이 되기를 진심으로 기원한다.

2024년 9월
이용빈

도표 자료

웹사이트는 조직 명칭 등만 간결하게 표기했다.

책 첫머리의 지도: Tindall and Shi, *America*, p.271을 기초로 작성
〈그림 1〉① ⑦ ⑧, 제1장 맨 앞쪽, 〈그림 1-1〉, 〈그림 1-2〉, 〈그림 1-4〉, 〈그림 1-7〉, 〈그림 1-10〉, 〈표 1-1〉, 제2장 맨 앞쪽, 〈그림 2-5〉, 〈그림 2-6〉, 〈그림 2-7〉, 〈표 2-2〉, 제3장 맨 앞쪽 아래, 〈그림 3-1〉, 〈그림 3-12〉, 〈그림 3-13〉, 〈그림 3-14〉, 〈그림 3-15〉, 〈그림 3-17〉, 〈그림 3-18〉 왼쪽, 제4장 맨 앞쪽, 〈그림 4-1〉 왼쪽, 〈그림 4-4〉, 〈그림 4-5〉 왼쪽, 〈그림 4-7〉, 〈그림 4-8〉: 저자 소장·촬영·작성
〈그림 1〉②, 〈그림 1-3〉 아래, 〈그림 4-2〉: 미국 의회도서관
〈그림 1〉③: New-York Historical Society
〈그림 1〉⑤ ⑥; 〈그림 3-8〉③ ④: 국립 공문서관(National Archives)
〈그림 2〉: 和田光弘 編著, 『大學で學ぶアメリカ史』, p.304를 기초로 작성
〈그림 1-1〉 포버티 포인트(Poverty Point): Jon Gibson, *The Ancient Mounds of Poverty Point*(University Press of Florida, 2001), p.81; 카호키아(Cahokia): William Iseminger, *Cahokia Mounds: America's First City*(History Press, 2010), p.88; 메사 베르데(Mesa Verde): National Park Service
〈그림 1-3〉 위: *A Map of the World, 1506, Designed by Giovanni Matteo Contarini, Engraved by Francesco Roselli*, 2nd ed. (British Museum, 1926).
〈그림 1-5〉: 아일랜드 국립미술관
〈그림 1-6〉: William C. Wooldridge, *Mapping Virginia: From the Age of Exploration to the Civil War*(University of Virginia Press, 2012), p.57을 기초로 작성
〈그림 1-8〉① ②: (Digital Archives) "Virginia Company Archives: The Ferrar Papers, 1590-1790, from Magdalene College, Cambridge"
〈그림 1-9〉: Jack P. Greene and J.R. Pole, eds., *The Blackwell Encyclopedia of the American Revolution*(Basil Blackwell, 1991)의 면지를 기초로 작성
〈그림 2-1〉: 和田光弘, 『紫煙と帝國』, p.146을 기초로 작성
〈그림 2-3〉: Tindall and Shi, *America*, Brief 4th ed. (1997)을 기초로 작성
〈그림 2-4〉: F. Nivelon, *The Rudiments of Genteel Behavior*(London, 1737), Plate 3.
〈표 2-1〉: Aaron S. Fogleman, "From Slave, Convicts, and Servants to Free Passengers: The Transformation of Immigration in the Era of the American Revolution", *Journal of American History*, 85(1998), p.44를 토대로 작성
제3장 맨 앞쪽 위: Imprint Society, ed., *The Bloody Massacre: Together with a Print of the Event Taken from the Plate Engraved by Paul Revere*(Imprint Society, 1970).
〈그림 3-4〉: E.T. Paull, *Paul Revere's Ride*(E.T. Paulle Music Co., 1905).
〈그림 3-7〉: 보스턴 미술관
〈그림 3-8〉①: Christian Y. Dupont and Peter S. Onuf, eds., *Declaring Independence: The Origin and Influence of America's Founding Document*(University of Virginia Library, 2008), p.viii.
〈그림 3-16〉: John Grafton, *The American Revolution: A Picture Sourcebook*(Dover Publications, 1975), p.147.

<그림 3-18> 오른쪽: Architect of the Capitol

<그림 4-1> 오른쪽: 보스턴 미술관

<그림 4-3> ①: Weems, *The Life of George Washington*, p.161.

<그림 4-3> ④: Paltsits, ed., *Washington's Farewell Address*, p.136.

<그림 4-5> 오른쪽: White House Historical Association

<그림 5-1> 왼쪽: *National Star-spangled Banner Centennial, Baltimore, Maryland, September 6 to 13, 1914*(National Star-spangled Banner Centennial Commission, 1914), p.66.

<그림 5-1> 오른쪽: National Museum of American History

지도: 마에다 시게미(前田茂實)(책 첫머리 지도, <그림 2>, <그림 1-9>, <그림 2-1>, <그림 2-3>, <그림 3-9>, <그림 4-6>)

참고문헌

주로 일본어 문헌을 기록했으며, 각 장별로 처음 나온 것만 기재했다.

머리말

有賀貞·大下尙一·志邨晃佑·平野孝 編. 1994. 『世界歷史大系 アメリカ史』, 山川出版社.

ベネディクト·アンダーソン 著. 白石隆·白石さや 譯. 1997. 『想像の共同體: ナショナリズムの 起源と流行』增補版, NTT出版.

紀平英作 編. 1999. 『新版世界各國史24 アメリカ史』, 山川出版社.

和田光弘. 2003. "歷史: 植民地時代から建國へ", 吳十嵐武士·油井大三郎 編, 『アメリカ研究入 門』 第3版, 東京大學出版會.

和田光弘. 2009. "植民地時代: 17世紀初頭~1960年代", 有賀夏紀·紀平英作·油井大三郎 編, 『ア メリカ史研究入門』, 山川出版社.

제1장

飯山千枝子. 2017. 『母なる大地の器: アメリカ合衆國南西部プエブロ·インディアンの'モノ'の 文化史』, 晃洋書房.

內田綾子. 2014. "先住民の世界", 和田光弘 編著, 『大學で學ぶアメリカ史』, ミネルヴァ書房.

大西直樹. 1997. 『ニューイングランドの宗教と社會』, 彩流社.

大西直樹. 1998. 『ピルグリム·ファーザーズという神話: 作られた'アメリカ建國'』, 講談社選書 メチエ.

小倉いずみ. 2004. 『ジョン·コットンとピューリタニズム』, 彩流社.

エドムンド·オゴルマン 著. 青木芳夫 譯. 1999. 『アメリカは發明された: イメージとしての 1492年』, 日本經濟評論社.

川北稔. 1983. 『工業化の歷史的展開: 帝國とジェントルマン』, 岩波書店.

近藤和彦. 2018. 『近世ヨーロッパ』, 山川出版社.

1965, 1983, 1984. 『大航海時代叢書』 第1期 第1卷, 第2期 第17·18卷, 岩波書店.

田中英夫. 2005. 『英米法總論』上, 東京大學出版會.

アレクシド·ト·クヴィル 著. 松本禮二 譯. 2005. 『アメリカのデモクラシー』 第1卷上, 岩波文庫.

富田虎男. 1986. 『アメリカ·インディアンの歷史』改訂版, 雄山閣出版.

增井志津代. 2006. 『植民地時代アメリカの宗教思想: ピューリタニズムと大西洋世界』, 上智大 學出版.

シドニー W. ミンツ 著. 川北稔·和田光弘 譯. 1988. 『甘さと權力: 砂糖が語る近代史』, 平凡社.

森本あんり. 1985. 『ジョナサン·エドワーズ研究: アメリカ·ピューリタニズムの存在論と救濟 論』, 創文社.

ラス·カサス著. 長南實 譯. 石原保德 編. 2009. 『インディアン史』, 岩波文庫.

トビー·レスター著. 小林力 譯. 2015. 『第四の大陸: 人類と世界地圖の二千史』, 中央公論新 社.

和田光弘. 1998. "イギリス領13植民地の成立と展開", 『アメリカ合衆國の歷史』, ミネルヴァ書 房.

和田光弘. 2000. 『紫煙と帝國: アメリカ南部タバコ植民地の社會と經濟』, 名古屋大學出版會.

和田光弘. 2004. 『タバコが語る世界史』, 山川出版社.

Barbour, Philip L. ed. 1986. *The Complete Works of Captain John Smith*, Vol. 2, University of North Carolina Press.

Columbus, Christopher. "Letter of Columbus to the Nurse of Prince John", *American Journeys Collection*(Wisconsin Historical Society Digital Library and Archives).

Crosby, Alfred W. 1972. *The Columbian Exchange: Biological and Cultural Consequences of 1492*, Greenwood Press.

Elliott, J. H. 1992. "A Europe of Composite Monarchies", *Past and Present*, 137.

Hothem, Lar. 2007. *Ornamental Indian Artifacts: Identification and Value Guide*, Collector Books.

Kehoe, Alice Beck. 2017. *North American before the European Invasions*, 2nd ed., Routledge.

Neill, Edward D. 1867. *Terra Mariae; or Threads of Maryland Colonial History*, J.B. Lippincott.

제2장

秋田茂. 2012. 『イギリス帝國の歴史: アジアから考える』, 中公新書.

淺羽良昌. 1991. 『アメリカ植民地貨幣史』, 大阪府立大學經濟學部.

アメリカ學會 譯編. 1950. 『原典アメリカ史 植民地時代』第1卷, 岩波書店.

池本幸三. 1987. 『近代奴隷制社會の史的展開: チェサピーク灣ヴァジニア植民地を中心として』, ミネルヴァ書房.

イマニュエル・ウォーラースデイン著. 川北稔 譯. 2013. 『近代世界システム』I・II・III, 名古屋大學出版會.

大下尚一・有賀貞・志邨晃佑・平野孝 編. 1989. 『史料が語るアメリカ 1584~1988: メフラウーから包括通商法まで』, 有斐閣

笠井俊和. 2017. 『船乘りがつなぐ大西洋世界: 英領植民地ボストンの船員と貿易の社會史』, 晃洋書房.

川北稔. 1986. 『瀟落者たちのイギリス史: 騎士の國から紳士の國へ』, 平凡社.

川北稔. 2008. 『民衆の大英帝國: 近世イギリスとアメリカ移民』, 岩波現代文庫.

ジャック・P. グリーン 著. 大森雄太郎 譯. 2013. 『幸福の追求: イギリス植民地期アメリカの社會史』, 慶應義塾大學出版會.

トマス・ジェファソン 著. 中屋健一 譯. 1972, 『ヴァジニア覺え書』, 岩波文庫.

ロバート・L. スティーヴンソン 著. 田中西二郎 譯. 1974. 『寶島』, 旺文社文庫.

アダム・スミス 著. 水田洋 譯. 1970. 『國富論』上, 河出書房新社.

バーナード・ベイリン 著. 和田光弘・森丈夫 譯. 2007. 『アトランティック・ヒストリー』, 名古屋大學出版會.

トマス・ペイン 著. 小松春雄 譯. 1976. 『コモン・センス』, 岩波文庫.

マーカス・レディカー 著. 和田光弘・小島崇・森丈夫・笠井俊和 譯. 2014. 『海賊たちの黃金時代: アトランティック・ヒストリーの世界』, ミネルヴァ書房.

マーカス・レディカー 著. 上野直子 譯, 2016. 『奴隷船の歴史』, みすず書房.

和田光弘. 2006. "植民地の生活と産業", アメリカ學會 譯編, 『原典アメリカ史 社會史史料集』, 岩波書店.

和田光弘. 2008. "イギリス領北米植民地社會の形成(史料59~史料74)", アメリカ學會 編, 『世界史史料7 南北アメリカ 先住民の世界から19世紀まで』, 岩波書店.

Armitage, David and Michael J. Braddick. eds. 2009. *The British Atlantic World, 1500-1800*, 2nd ed., Palgrave.

Miller, Joseph C., Vincent Brown and Jorge Cañizares-Esguerra et al.(eds.). 2015. *The Princeton Companion to Atlantic History*, Princeton University Press.

Tindall, George Brown and David Emory Shi. 1999. *America: A Narrative History*, 5th ed., Norton.

제3장

明石紀雄. 1993. 『トマス・ジェファソンと'自由の帝國'の理念: アメリカ合衆國建國史序說』, ミネルヴァ書房.

有賀貞. 1988. 『アメリカ革命』, 東京大學出版會.

ゴードン・S. ウッド 著. 池田年穂・金井光太郎・肥後本芳南 譯. 2010. 『ベンジャミン・フランクリン, アメリカ人になる』, 慶應義塾大學出版會.

ゴードン・S. ウッド 著. 中野勝郎 譯. 2016. 『アメリカ獨立革命』, 岩波書店.

大森雄太郎. 2005. 『アメリカ革命とジョン・ロック』, 慶應義塾大學出版會.

金井光太朗. 1995. 『アメリカにおける公共性・革命・國家: タウン・ミーティングと人民主權との間』, 木鐸社.

スコット・M. グアンター 著. 和田光弘・山澄亨・久田由佳子・小野澤透 譯. 1997. 『星條旗: 1777-1924』, 名古屋大學出版會.

齋藤眞. 1992. 『アメリカ革命史研究: 自由と統合』, 東京大學出版會.

アダム・スミス 著. 水田洋 譯. 1970. 『國富論』下, 河出書房新社.

A. ハミルトン, J. ジェイ, J. マディソン 著. 齋藤眞・中野勝郎 譯. 1999. 『ザ・フェデラリスト』, 岩波書店.

ドン・ヒギンボウサム 著. 和田光弘・森脇由美子・森丈夫・望月秀人 譯. 2003. 『將軍ワシント: アメリカンにおけるシヴィリアン・コントロールの傳統』, 木鐸社.

ケネス・E. フット 著. 和田光弘・森脇由美子・久田由佳子・小澤卓也・内田綾子・森丈夫 譯. 2002. 『記念碑の語るアメリカ: 暴力と追悼の風景』, 名古屋大學出版會.

和田光弘. 1997. "アメリカンにおけるナショナル・アイデンティティの形成: 植民地時代から1830年代まで", 北川稔 編, 『岩波講座世界歷史17 環大洋革命』, 岩波書店.

和田光弘. 2005. "記憶裝置としての空間 稱えられる敵: アメリカ獨立革命の記念碑から", 北川稔・藤川隆男 編, 『空間のイギリス史』, 山川出版社.

和田光弘. 2006. "獨立革命・近代世界システム・帝國", 紀平英作・油井大三郎 編著, 『シリーズ・アメリカ研究の越境』, ミネルヴァ書房.

和田光弘. 2014. "アメリカ獨立革命", 和田光弘 編著, 『大學で學ぶアメリカ史』, ミネルヴァ書房.

和田光弘. 2016. 『記錄と記憶のアメリカ: モノが語る近世』, 名古屋大學出版會.

Frisch, Michael. 1989. "American History and the Structures of Collective Memory: A Modest Exercise in Empirical Iconography", *Journal of American History*, 75.

Jackson, Donald and Dorothy Twohig. eds. *The Diaries of George Washington*, Vol. 5, University Press of Virginia, 1979.

Library of Congress. ed. 1904-1937. *Journals of the Continental Congress, 1774-1789, Edited from the Original Records in the Library of Congress*, 34 vols., U.S. Government Printing Office.

O'Brien, Harriet E. comp. 1929. *Paul Revere's Own Story: An Account of His Ride as Told in a Letter to a Friend*, Privately Printed.

제4장

明石紀雄. 2003. 『モンティチェロのジェファソン: アメリカ建國の父祖の內面史』, ミネルヴァ

書房.

明石紀雄. 2004. 『ルイス=クラーク探險: アメリカ舒鳧開拓の原初的物語』, 世界思想社.

五十嵐武士. 1984. 『アメリカの建國: その榮光と試鍊』, 東京大學出版會.

石川敬史. 2008. 『アメリカ連邦政府の思想的基礎: ジョン・アダムズの中央政府論』, 溪水社.

遠藤寛文. 2017. "新大陸における'帝國'の殘滓: 1812年戰爭期の'親英勢力'とアメリカの自畫像", 《アメリカ研究》 51.

遠藤泰生 編. 2017. 『近代アメリカの公共圈と市民: デモクラシーの政治文化史』, 東京大學出版會.

イリジャ·H. グールド 著. 森丈夫 監譯. 2016. 『アメリカ帝國の胎生: ヨーロッパ國際秩序とアメリカ獨立』, 彩流社.

中野勝郎. 1993. 『アメリカ連邦體制の確立: ハミルトンと共和政』, 東京大學出版會.

橋川健龍. 2013. 『農村型事業とアメリカ資本主義の胎動: 共和國初期の經濟ネットワークと都市近郊』, 東京大學出版會.

アレグザンダー・ハミルトン 著. 田島惠兒・濱文章・松野尾裕 譯. 1990. 『アレグザンダー・ハミルトン 製造業に關する報告書』, 未來社.

久田由佳子. 2014. "新共和國の建設", 和田光弘 編著, 『大學で學ぶアメリカ史』, ミネルヴァ書房.

バーナード・ベイリン 著. 大西直樹・大野ロベルト譯. 2010. 『世界を新たに フランクリンとジェファソン: アメリカ建國者の才覺と曖昧さ』, 彩流社.

松本幸南. 2011. 『建國初期アメリカ財政史の研究: モリス財政政策からハミルトン體制へ』, 刀水書房.

安武秀嶽. 2011. 『自由の帝國と奴隸制: 建國から南北戰爭まで』, ミネルヴァ書房.

蜂屋邦夫 譯. 2008. 『老子』, 岩波文庫.

和田光弘. 1999. "アメリカの建國と首都ワシントンの誕生", 《NIRA政策研究》 12-10.

Elliot, Jonathan. ed. 1836-1845. *The Debates in the Several State Conventions, on the Adoption of the Federal Constitution, as Recommended by the General Convention at Philadelphia, in 1787*, 2nd ed., 5 vols., Printed for the Editor.

Ellis, Joseph J. 1996. *American Sphinx: The Character of Thomas Jefferson*, Knopf.

Farrand, Max. ed. 1911. *The Records of the Federal Convention of 1787*, 3 vols., Yale University Press.

Fitzpatrick, John C. ed. 1931-1944. *The Writings of George Washington from the Original Manuscript Sources, 1745-1799*, 39 vols., U.S. Government Printing Office.

Paltsits, Victor H. ed. 1935. *Washington's Farewell Address: In Facsimile, with Transliterations of all the Drafts of Washington, Madison, & Hamilton*, New York Public Library.

Weems, Mason Locke(alias Parson Weems). 1812. *The Life of George Washington: with Curious Anecdotes*, 12th ed., Mathew Carey.

미국사 연표(1492~1814)

- 1492년 이전 사항 및 1752년 이전 사항의 월 표기는 생략한다.
- [   ] 안에 표기한 것은 그 해에 취임한 미국 대통령을 의미한다.

1492년   크리스토퍼 콜럼버스, 제1차 항해
1497년   존 캐벗, 북미 탐험(~1498년)
1499년   아메리고 베스푸치, 남미 연안 탐험(~1500년)
1507년   마르틴 발트제뮐러, 『세계지 입문』 출간
1587년   존 화이트 등 로어노크섬에 식민지 이주
1607년   버지니아에 제임스타운 건설
1619년   최초의 버지니아 식민지 의회 개최, 동 식민지에 흑인 수입
1620년   메이플라워 서약
1649년   메릴랜드 식민지, '종교 관용법' 제정
1660년   항해조례(해상 헌장) 제정
1664년   영국, 뉴암스테르담 점령
1675년   뉴잉글랜드에서 필립왕 전쟁 발발(~1676년)
1676년   버지니아에서 베이컨의 반란 발생
1686년   제임스 2세, 뉴잉글랜드 왕령 건설(~1689년)
1692년   세일럼의 마녀사냥(~1693년)
1702년   앤 여왕 전쟁(~1713년)
1744년   조지왕 전쟁(~1748년)

1754년

3월   프렌치-인디언 전쟁 개시
6월   올버니 회의 개최

1763년

2월   파리조약 체결
10월   국왕 선언선 설정

1764년

4월   '설탕법(미국 세입법)' 제정

1765년

3월   '인지세법' 제정

1766년

3월   '인지세법' 철폐, '선언법' 제정

1767년

6월   '톤젠드법' 제정

1770년

3월   보스턴 학살 사건 발발

4월   '톤젠드법' 폐지

1773년

5월   '차세법' 제정

12월   보스턴 차 사건 발발

1774년

6월   '퀘벡법' 제정

9월   제1차 대륙회의 개최(~10월)

10월   대륙연맹 결성

1775년

4월   렉싱턴 콩코드 전투 발발

5월   제2차 대륙회의 개최

6월   벙커힐 전투 발발

7월   무장의 원인과 필요성에 대한 선언, 올리브 가지 청원

1776년

1월   토머스 페인 『상식』 출간

7월   대륙회의, 독립을 결의하고 독립선언 채택

9월   영국군, 뉴욕시를 점령

12월   트렌턴 전투 발발

1777년

6월   성조기에 관한 결의

9월   영국군, 필라델피아를 점령(~1778년 6월)

10월   새러토가 전투 발발

11월   연합규약 채택

1778년

2월   미국·프랑스, 우호통상조약 및 동맹조약 체결

1780년

2월	러시아, 무장중립동맹 제창
10월	킹스마운틴 전투 발발

1781년

1월	카우펜스 전투 발발
3월	연합규약 전체 스테이트에서 비준·발효(이후 연합회의); 길퍼드 코트하우스 전투 발발
10월	미국·프랑스 연합군, 요크타운 전투에서 승리

1782년

6월	연합회의, 국새를 제정
11월	미국-영국, 강화예비조약 조인

1783년

9월	파리조약 조인
11월	영국군, 뉴욕시에서 철수

1785년

5월	연합회의, 공유지조례 제정

1786년

8월	셰이즈의 반란(~1787년 2월)
9월	아나폴리스 회의 개최

1787년

5월	필라델피아에서 헌법제정회의 개최
7월	연합회의, 북서부조례 제정
9월	헌법제정회의, 합중국 헌법 채택

1788년

6월	합중국 헌법, 9개 스테이트의 비준 획득
7월	연합회의, 헌법 발효 선언

1789년 [제1대 조지 워싱턴]

2월	대통령선거 실시
4월	뉴욕시 제1회 연방회의에서 개표, 조지 워싱턴이 초대 대통령에 선출
11월	노스캐롤라이나, 합중국 헌법 비준

1790년

1월	알렉산더 해밀턴, 『공공 신용에 관한 첫 번째 보고서』 제출
5월	로드아일랜드, 합중국 헌법 비준
12월	연합의회, 필라델피아에서 개최; 해밀턴, 『공공 신용에 관한 두 번째 보고서』 제출

1791년

2월   미합중국 은행법 제정

3월   버몬트주, 연방에 가입(14번째)

12월   해밀턴, 『제조업에 관한 보고서』 제출; 권리장전 발효

1792년

12월   대통령선거에서 조지 워싱턴 재선

1793년

4월   조지 워싱턴, 유럽 전쟁에 중립 선언

12월   토머스 제퍼슨, 국무장관 사임

1794년

7월   위스키 반란(~10월)

11월   영국과 제이 조약 체결

1796년

9월   조지 워싱턴, 고별 연설 발표

12월   대통령선거에서 존 애덤스 당선

1797년 [제2대 존 애덤스(연방파)]

10월   XYZ 사건 발발

1798년

6월   '귀화법', '외국인법' 제정

7월   '적성국 국민법', '치안법' 제정

1799년

12월   조지 워싱턴 사망

1800년

12월   대통령선거 실시

1801년 [제3대 토머스 제퍼슨(공화파)]

2월   수도 워싱턴의 연방회의 하원에서 토머스 제퍼슨이 대통령으로 선출

6월   제1차 바르바리 전쟁(~1805년 6월)

1803년

2월   '마베리 대 매디슨 재판' 판결

4월   프랑스로부터 루이지애나 구입

1804년

5월   루이스-클라크의 탐험(~1806년 9월)

6월   수정헌법 제12조 제정

12월   대통령선거에서 토머스 제퍼슨 재선

1807년

3월   '노예 수입 금지법' 제정(1808년부터 금지)

12월   '출항 금지법' 제정

1808년

12월   대통령선거, 제임스 매디슨 당선

1809년 [제4대 제임스 매디슨(공화파)]

3월   '통상 금지법' 제정

1812년

6월   1812년 전쟁 개시

12월   대통령선거에서 제임스 매디슨 재선

1814년

9월   프랜시스 스콧 키, 「성조기」 작사

12월   하트퍼드 회의 개최(~1815년 1월); 헨트 조약 조인, 1812년 전쟁 종결

찾아보기

지은이 와다 미쓰히로(和田光弘)

히로시마현(廣島縣) 출생(1961)

오사카대학(大阪大學) 문학부 사학과 졸업(1984)

오사카대학 대학원 문학연구과 박사후기과정 수료(1989)

오사카대학 문학부 조수, 오테몬가쿠인대학(追手門學院大學) 문학부 강사,

나고야대학(名古屋大學) 문학부 조교수 등 역임

현재 나고야대학 대학원 인문학연구과 교수(문학 박사)

(전문 분야: 미국 근세·근대사)

저서:『담배 연기와 제국: 미국 남부 '담배 식민지'의 사회와 경제(紫煙と帝國: アメリカ南部タバコ植民地の社會と經濟)』(2000),『담배가 말하는 세계사(タバコが語る世界史)』(2004),『미국사 연구 입문(アメリカ史研究入門)』(공저, 2009),『역사의 장(場): 사적, 기념비, 기억(歷史の場: 史跡·記念碑·記憶)』(공편저, 2010),『대학에서 배우는 미국사(大學で學ぶアメリカ史)』(편저, 2014),『기록과 기억의 미국: 물건이 말하는 근세(記錄と記憶のアメリカ: モノが語る近世)』(2016),『미국문화 사전(アメリカ文化事典)』(공저, 2018) 외

옮긴이 이용빈

인도 국방연구원(IDSA) 객원연구원 역임

미국 하버드대학 HPAIR 연례학술회의 참석(안보 분과)

미국 연방의회 상원 외교위원회, 연방의회 하원 군사위원회 참석

이스라엘 크네세트(국회), 미국 국무부, 미국 해군사관학교 초청 방문

이스라엘 히브리대학, 미국 샌프란시스코주립대학, 미국 하와이대학 학술 방문

홍콩국제문제연구소 연구원

저서: *East by Mid-East*(공저, 2013) 외

역서:『슈퍼리치 패밀리: 로스차일드 250년 부의 비밀』(2011),『시리아: 아사드 정권의 40년사』(2012),『러시아의 논리』(2013),『이란과 미국』(2014),『망국의 일본 안보정책』(2015),『현대 중국의 정치와 관료제』(2016),『이슬람의 비극』(2017),『홍콩의 정치와 민주주의』(2019),『푸틴과 G8의 종언』(2019),『미국의 제재 외교』(2021),『美中 신냉전?: 코로나19 이후의 국제관계』(2021),『현대 중국의 정치와 외교』(2023),『벼랑 끝에 선 타이완: 미중 경쟁과 양안관계의 국제정치』(공역, 2023),『미국과 중국』(근간) 외

한울아카데미 2538
새 미국사 시리즈 제1권
미합중국의 탄생: 19세기 초까지

지은이 와다 미쓰히로
옮긴이 이용빈
펴낸이 김종수
펴낸곳 한울엠플러스(주)
편집 신순남

초판 1쇄 인쇄 2024년 10월 2일
초판 1쇄 발행 2024년 10월 15일

주소 10881 경기도 파주시 광인사길 153 한울시소빌딩 3층
전화 031-955-0655
팩스 031-955-0656
홈페이지 www.hanulmplus.kr
등록번호 제406-2015-000143호

Printed in Korea.
ISBN 978-89-460-7538-2 93940